U0799362

推开个人破产之门丛书

总 主 编 刘 静

副总主编 任一民 齐砺杰

PERSONAL INSOLVENCY IN THE 21ST CENTURY

21世纪 个人破产法

美国和欧洲比较研究

A Comparative Analysis of the US and Europe

[英] 伊恩·拉姆齐(Iain Ramsay) 著

刘静 译

法律出版社 LAW PRESS·CHINA

北京

Personal Insolvency in the 21st Century

By Iain Ramsay

© Iain Ramsay 2017

This translation of Personal Insolvency in the 21st Century is published by arrangement with Bloomsbury Publishing Plc.

All Rights Reserved.

英文原著著作权归属于原作者。

中文版由布鲁姆兹伯利出版公司授权法律出版社有限公司独家出版发行。

版权所有。

著作权合同登记号

图字：01-2020-2670

《推开个人破产之门丛书》编委会

主　任： 刘　静

副主任： 任一民　齐砺杰

编　委： 季　诺　赵坤成　蔡　斌　陈英骅
蒋太仁　钱为民　王泽轩　陈　默
徐雅婷

作者简介

［英］伊恩·拉姆齐（Iain Ramsay）

拥有英国爱丁堡大学和加拿大麦吉尔大学的法律学位。1986~2007年，任加拿大约克大学奥斯古德霍尔法学院教授。2008年至今，任英国肯特大学法学院教授。兼任美国威斯康辛大学麦迪逊分校、日本东京大学、日本京都立命馆大学、澳大利亚悉尼大学客座教授。菲耶索尔欧洲大学学院访问学者。2000~2002年任加拿大个人破产工作组成员。

对加拿大个人破产进行了开创性的实证研究。研究领域包括：消费信贷、破产（特别是个人破产）、消费市场监管、消费者法律及政策。撰写了大量关于消费信贷、比较消费者破产的文章和著作，出版专著《消费者法律与政策——关于消费者市场规范的文本和材料》（2007年出版，2012年修订再版），编辑、参编和撰写了《全球视野下的消费者破产》等十几部著作，在具有影响力的期刊和出版社发表70多篇专业论文以及著作的部分章节。

国际破产学会和美国法律学会成员。2001~2007年，任国际消费者法协会主席；2008年，任国际法协会国际消费者保护委员会委员；2011~2013年，任世界银行自然人破产问题工作组起草委员会成员；2014~2016年，任联合国消费者保护准则修订版金融服务工作组成员。曾应邀在多个国家就消费者法、政策和个人破产发表专题演讲。

译者简介

刘 静

北京外国语大学法学院副教授、个人破产法研究中心主任。中国人民大学法学博士，美国迪堡大学、哥伦比亚大学访问学者，最高人民法院第四批研修学者。兼任北京市法律谈判研究会副会长、中国行为法学会规范制定委员会理事、中国法学会民事诉讼法学会理事。

多年来致力于个人破产法学的研究和中国个人破产法的立法推动工作。出版专著《个人破产制度研究：以中国的制度构建为中心》、译著《英国公司和个人破产法》（合译），主持国家发展和改革委员会、教育部、中国法学会、四川省社科等省部级课题和横向课题多项，在国内外公开发表学术论文多篇。

中文版序

在许多国家，家庭信贷越来越多地驱动着经济增长，伴随信贷民主化，过度负债的问题也开始凸显。于是，个人破产法便成为重要的信贷市场安全网。自 1979 年起，受资本主义经济变化、金融危机和利益集团的影响，全世界范围内发生了一系列值得关注的个人破产立法改革，以至于世界银行 2013 年发布报告，专门论述基于个人破产制度的价值形成的"国际通识"。欧盟已经颁布了重整指令，提议确定一个针对商自然人的更加宽容的免责等待期，以促进企业家精神的发展；世界银行在其发布的《2017 年消费者金融保护最佳实践》中指出，消费者应该有通过破产在合理期间内获得免责的资格。

尽管各国个人破产法有趋同的趋势，但是各国的立法仍然展现了对个人破产不同的处理方式。许多国家设立了两种形式的个人破产程序:一是清算程序,个人放弃自己拥有的财产以换取债务豁免;二是替代性清偿计划,个人通过在一定期间内偿还部分债务来获得剩余债务的豁免。这种替代性清偿计划可能还允许个人保有一些重要的财产,如住房。第一种清算程序是美国运用得最普遍的程序,在破产程序中,通过债务豁免,使善意的债务人能够重新融入社会经济,为债务人提供迅速重新开始的机会。相反,过去25年间,替代性清偿计划在很多欧洲国家得到发展并一直处于主导地位。但在美国,对于债务人在多大程度上清偿部分债务是否应当作为获得债务豁免的条件,一直是一个历史性的争议问题。替代性清偿计划的支持者在美国2005年破产法改革中取得了局部胜利,但是,最近的改革提议增加了回归宽容的个人破产法的可能性。

对于希望确立个人破产法的政策制定者来说,了解各国个人破产处理模式差异背后的原因是很重要的。这些差异是在何种程度上由社会经济条件、利益集团的影响,文化价值观或法律渊源所导致的?要想解释个人破产制度的差异是很复杂的,因为个人破产法很少是单一的政治冲突的结果。因此,理解个人破产法的稳定性和变革,需要从历史比较的角度去分析社会变化和内生法律发展所引致的政策改变。本书采用这种观点,并检视了1979年以来美国和欧洲的个人破产立法的政治与制度变迁,同时也意识到美国和欧洲具有截然不同的制度发展史。本书还讨论了国际社会在2008年金融危机之后对个人破产制度的反应,这些反应加快了关于个人破产制度的性质和角色的跨国叙事及政策建议之形成。因此，当中国创设自己独特的个人破产法制度时，这本书也许有助于探讨中国破产制度的改革。

我衷心感谢刘静教授将我的书翻译为中文。我理解北京外国语大学个人破产法研究中心及其他同仁在为构建中国个人破产制度的过程中付出的巨大努力，我希望中国个人破产制度的立法和研究取得重大进展。

(伊恩·拉姆齐)

坎特伯雷，肯特，英国

2021 年 3 月 7 日

前言:致明日将起之风

1979年以来,中国经历了日新月异的改革,个人破产立法提上了议事日程,世界各国则经历了一个引人注目的个人破产法改革周期。本书作者伊恩·拉姆齐教授是国际破产学会和美国法律学会的当选成员;先后出任国际消费者法协会主席、联合国消费者保护准则修订版金融服务工作组成员、国际法协会国际消费者保护委员会会员。他撰写了大量关于消费信贷、比较消费者破产的文章和著作,出版本书和专著《消费者法律与政策——关于消费者市场规范的文本和材料》(2007年出版,2012年修订再版),主持撰写和编辑了《全球视野下的消费者破产》等十几本著作,在具有影响力的期刊和出版社发表了70多篇专业论文以及著作的部分章节,在国际破产法学界具有举足轻重的地位。对于刚刚推开个人破产之门的中国读者来说，伊恩·拉姆齐教授的研究领域涉及消费信贷；破产，尤其是个人破产；消费市场监管；消费者法律及政策。其论述建立在对诸多个人破产法既有研究成果进行批判分析的基础上，既需要典型国家个人破产制度的基本认知，又需要比较法的思维能力、跨学科知识背景，阅读理解和研究揣摩都具有一定的难度。好在伊恩·拉姆齐教授的笔触尽管收敛冷静，却也丝丝入扣、引人入胜，各种层次的读者都可以读到直击自己灵魂与智慧的“21世纪个人破产法”。

笔者认为，本书对个人破产现象、个人破产制度发展与改革以及个人破产法律政策从功能主义、法律变迁以应对社会需求、个人破产叙事、利益集团分析、民族文化价值观和法律渊源等方面，进行了丰富而又生动的解释，提请读者关注个人破产法形成和改革的时机、路径依赖和非预期后果在制度形成中的作用与渐进的结果。对于破产法及消费者保护法、金融法等学科领域的学者、立法者和相关专业人士，以及法科学生来说，本书是一本信息量极大、线索丰富、脉络清晰的宝藏著作。作者用富有活力的表述，将宏大的叙事拆分并镶嵌到不同的法域和历史环境中，将深刻的人文精神和理性的社会科学理论寓于具体的规则观察和偶然或必然的现象分析中，应用大量实证分析，从学者、立法者和司法者、执业者的不同角度出发，结合经济学和法律社会学，进行了客观而卓越的跨学科研究和比较法研究。

柏林洪堡大学国际破产法博士后、研究员简·奥科·休尔认为:“伊恩·拉姆齐教授这一著作是对过去几十年个人破产法及其立法发展最翔实的著述之一,也对立法发展背后的驱动力作出了最好的社会法律解释。”

阿尔伯塔大学法学院安娜·伦德副教授在书评中指出:“拉姆齐强调了个人破产日益凸显的重要性及其研究对政策制定的潜在影响,从而有力地证明了个人破产法研究的重要性。他还为他的读者提供了智慧的饕餮盛宴……拉姆齐指出了通向哲学沃土的道路。他的书是一封激动人心的邀请函,邀请我们加入他的耕耘。”

笔者唐突地接受了这份沉重而又令人着迷的邀请。

笔者认为,就个人破产制度的适用条件、框架结构、免责条件和费用来源而言,欧洲体系内部以及欧洲与美国之间一直存在巨大的差异,宽容的个人破产免责模式与新自由主义的“消费者负责任”政策形成了鲜明对比。本书从比较公共政策研究开始,尝试解释这些差异。个人破产制度的差异展示了历史的偶然性、政治利益集团、意识形态以及这几种因素融合作用的影响,而不是基于国家之间的文化传统差异。作者富有洞察力地探索不同国家个人破产法律和政策的发展历程,启示性地寻求过度负债群体的形成原因,分析各国个人破产制度的适用主体,检视各国不断变化的个人破产法制后隐藏并发挥重大作用的政治机理和经济根源、利益格局和制度背景、必然因素和偶然因素,剖析关于个人破产的叙事在各国政策选择中发挥的重要作用。

在本书中,作者首先指出,资本主义经济的变化、金融危机和政治利益集团等因素的糅合,促成了这轮深刻的个人破产制度改革。他继而分析了2008年大衰退之后,国际组织如何更加重视家庭债务增长在加深金融不稳定方面的重要影响,以及个人破产法在提供新起点方面的作用。

作者将美国破产史描述为功能主义与政治经济学在消费者破产比较研究中的应用。美国是一个以市场为导向的社会,通过迅速免除债务,将市场风险分摊给债权人,以确保债务人重新进入信贷市场。美国个人破产法的立法者、债权人、法官和破产执业者都对法律修改产生了巨大影响,使之成为一部复杂的法律,伊恩·拉姆齐教授将其发展称为"一个适应性的进化过程"。他肯定了美国个人破产制度体系的重要性,认为应当从多维视角而不是简单的层面理解其制度变更的每一步,并重申美国的破产制度体系一直是各国重要的、持续的参照,既可以在规则和技术层面加以摒弃或者移植,也可以在理念或者功能方面进行比较和选择。

本书第三章指出,英国和美国在破产法制上有相同的起源和传统,却有不同的发展轨迹。英国的破产令、管理令、个人自愿安排、债务纾缓令、债务管理计划等程序,组成了一个相对务实与基于经验的复杂制度体系,反映了一个制度漂移、层叠和转换的过程,富有开创精神的私营中介机构将个人自愿安排从为商人设计的法律程序转化为消费者救济程序。作者将出其不意的进化描述为“务实的调整,发挥了法律满足社会需求的能力”。英格兰和威尔士的行政部门和相关团体构建了英格兰和威尔士个人破产制度的知识体系,他们普遍同意“能够清偿则应当清偿”的主流叙事,在个人破产法的管理和政策制定中发挥了重要作用。第三章还对管理令的改革延滞、“负责任的冒险”叙事、中产阶级消费者适用自愿安排等问题进行了分析。

本书第四章介绍了独具特色的法国经验,法国的制度背景对政治变革的重要性、叙事的作用以及初始事件的长期影响。新自由主义思潮与“社会保障理念”之间的此消彼长,是法国解决过度负债问题的大背景。法国的消费信贷可能越来越多地被用于解决工资停滞和社会保障体系开支削减的问题。国家管理和控制了为债务人创设和实施破产程序的叙事正当化的过程。法兰西银行的参与从最初的实验性、偶然性变为法国个人破产制度的稳定特性。法国政府各部门和技术官僚在尝试谨慎和务实地改革过度负债制度中发挥了不同作用。作为学习型和改革型个人破产法的典范,法国个人破产制度在20年间进行了7次实质性修改。当前,法国的破产程序更接近盎格鲁—撒克逊法系的破产程序。对过度负债的处理是法国信贷市场监管法律的重要组成部分。法国就信贷和过度负债监管推出了一系列深入的改革措施,包括降低个人恢复程序的成本和确保债务人更容易重新进入信贷市场。尽管法国的过度负债整理制度越来越被视为一种行政制度,但在个人破产制度发展过程中,法国法院通过调整具体规则发挥了非常重要的作用。

在本书第五章中,作者将瑞典消费者破产的仁慈模式界定为“有限的仁慈”,认为瑞典是“一个相对严格的债权人导向型的国家”,它的个人破产制度并不代表债务免除的社会福利路径,破产程序具有很高的进入门槛,导致人均申请率相对较低。作者介绍了瑞典消费者信贷市场监管、债务整理体系的发展,瑞典推行了一些以降低成本和实现更高效的强制执行为目标的改革。瑞典的妥协政治导致了这样一种“平衡”,相较债务人重新开始的经济和社会效益,该国更加强调“良好清偿文化”的重要性。这个叙事是一个反复出现的主题,它不能简单归结为维护金融业的利益,它似乎是瑞典人都认同的叙事。在瑞典,国家承担了执行和咨询的功能,个人债务人不必为适用债务整理程序缴纳费用,似乎与更“社会化”的债务免除模式相匹配。但是,瑞典的债务整理制度的严格性也限制了其制度功能,并可能会不得不根据欧盟破产指令进行调整。

作者认为,欧盟成员之间的社会政策差异仍然与美国和欧洲之间的差异一样大。本书第六章介绍了大衰退之后的欧洲破产法改革、欧盟个人破产政策、叙事和监管的发展。欧盟提议统一个人破产法,以促进企业家精神,破产法改革已经成为欧盟应对欧元区危机的一部分。本章还探讨了个人破产制度的发展在多大程度上代表了一个新兴的国际共识或欧洲范式。

本书第七章讨论了新自由主义政策和个人破产的关系,新自由主义鼓励国际市场的开放,削弱劳动者的权利,减少福利津贴,并信奉消费主义和创业精神,其成本包括相当数量的人生活在极度负债的边缘。本书强调了个人破产制度范式中的持续不确定性,并提出了这样一个问题:各国相继制定个人破产法是否代表了新自由主义政策的一大进步或重要补充?在将个人破产法界定为社会安全网、社会化保险之外,本书还介绍了一种隐晦的观点:在债务驱动的新自由主义经济中,破产法具有规范这种经济模式并使之合法化的双重功能,可以对债务人和金融资本之间的阶级矛盾作去政治化的处理。

这是一个漫长的邀请。

从王之洲博士2016年向我推荐这本出版在即的专著,已经过去5年了。最开始联系伊恩·拉姆齐教授,并没有回音。后来,念念不忘的我偶然和法律出版社陈妮编辑说起这件事情,她说出版社之间可以尝试联系,才将翻译工作重新提上日程。其间,经历了疫情和延期,最初辅助我翻译这本书的几个学生都毕业了,这本书才真正付梓。我不擅长写论文几乎和我不擅长说话一样,我只喜欢胡乱看几本书,在不合适的时候说几句一看便是外行的话。我的博士研究生导师汤维建教授在10多年前为我推开了个人破产这扇窗,我便断断续续、踉踉跄跄地蜗行到了今天。看完电影《冈仁波齐》,孩子说,死了一个老人,生了一个孩子。我觉得翻译之路其实也是朝圣,走到神山固然是好，在这旅途上叩拜的每一个长头、每一次相逢，亦是珍贵；也是磨砺和煎熬，时而凉风习习，时而水深火热；也和生死一样，差一点，都不能瓜熟蒂落或逃之夭夭。所以，随着信贷的普惠开放，中国个人破产法的制定、研究和完善，也是一条风光无限而又艰难曲折的今山古道。关于清算、重整与和解制度的程序与实体差异、各种方案的成立方式、破产迁徙、社会包容、金融消费者的保护、NINA 债务人的特殊保护等问题的展开，个人破产制度理念的深入人心，与个人破产制度息息相关的征信、社会信用、合法催收等问题，以及保障个人破产制度良好运行的人、财、物等制度基础如何实现，都要一步一步地通过国家立法层面和学术界、司法界的深耕细作，通过有效的叙事管理和制度统筹得以实现。而在适用主体上采取普遍主义的中国个人破产立法，更是需要智识、格局和不容迟疑的制度起点。

本书翻译期间，和伊恩 · 拉姆齐教授的交流并不多，教授保持着英式的礼貌和距离，一如他淡然而不失暖意的序言。很多问题是通过教授的学生谢平尧博士不厌其烦地沟通、揣摩与解答才得以解决的。伊恩 · 拉姆齐教授是世界银行《自然人破产处理报告》（2013年）的合著者。该报告的主持人杰森教授应邀出席了 2018 年在北京召开的“个人破产立法与营商环境”国际研讨会，无论是专业问题的讨论，还是精神层面的追问，杰森教授都对北京外国语大学个人破产法研究中心和我本人给予了莫大帮助。在个人破产制度还看不到光的时候,志同道合的“破界”好友发起了“中国个人破产立法研究”这个项目,在智识、物质和人力等各方面对项目给予了全力支持。反对和质疑的声音同样是鞭策。近几年是中国个人破产制度起步并且快速发展的时期,我有幸得到破产法学领域诸多学者、法官和执业人士的指点和帮助,勤勉朴质的许仕宦教授、开朗达观的郑有为教授,每次开会都能让我聆听到真知灼见的王新欣教授、王卫国教授、李曙光教授、韩长印教授、杨忠孝教授……在最高人民法院民二庭研修的时光,也是我能够换位思考,更加开放包容地理解个人破产制度的一次启程。编辑校对烦琐艰辛,蒙法律出版社毛镜澄编辑忽略我的各种拖延和花式任性,这本书才能呈现于读者面前。北京外国语大学法学院的学生们帮我分担了大量琐碎繁重的基础工作和辅助工作,他们是:张尧、周珣、陈彦妮、张璨、李慧雪、钟志豪、徐一斐、张环宇、张亦静。我经常说,没有你们,我是坚持不下来的。

大暑时节,深圳个人破产第一案正在掀起新一波传媒热潮,各地法院试点的个人债务清理制度也在进行更加务实的案例和理论剖析,学者的研究也更加切中立法难题。潮起潮落,检视个人破产制度所面临的迫切立法之需、保障制度不为不法者滥用的规则和细节设计、程序结构的完善,同意义本身一样可贵。个人破产立法的根本源于人的需求,也终将推动诚实而不幸或不慎的债务人获得新的开始,使债权人获得公平清偿的各项权益得到切实保护,让社会中的每一个人具有或者再生出前行的力量，使社会和经济持续稳定而又富有活力地发展。

致明日将起之风。

2021 年 7 月 27 日于四川天台山

21 世纪的个人破产

自 1979 年以来，世界见证了一个明显的个人破产法改革周期。资本主义经济的变化、金融危机和利益集团都对这一改革周期产生了影响。本书在关注个人破产法发展过程中的时机、路径依赖和预期外影响的同时，探讨了利益集团和不同叙事在塑造与推动各国（或地区）改革中的作用。

首先，本书具体介绍了美国、法国、瑞典以及英格兰和威尔士的个人破产法，分析了在 2008 年大衰退之后，国际金融机构如何更多地关注家庭债务对金融稳定的重要性以及个人破产法在提供重新开始机会方面的作用。个人破产法改革已经成为欧盟应对欧元区危机的一项举措，欧盟还倡导统一个人破产法，以促进创业精神。其次，本书探讨了这些发展在多大程度上代表了关于个人破产的国际新共识,以及其与新自由主义(neo-liberalism)的关系。最后,本书讨论了个人破产法在国际上的兴起究竟代表了进步,还是一项应对影响广泛的新自由主义政策之代价的权宜之计。

前言与致谢

我非常感谢因利华休姆信托基金会(Leverhulme Trust)于2014年为我提供了一项研究基金,我才有时间从事这本书的相关研究,并访问了美国和瑞典。

在美国,宾夕法尼亚大学(University of Pennsylvania)的图书管理员莱斯利·奥尼尔(Leslie O'Neil)为我提供了大量帮助,让我可以使用比德尔法律图书馆(Biddle Law Library)的国家破产档案馆。我还与破产法官们和一位美国联邦托管人进行了交流,收获颇丰。我从许多美国学者身上获益良多,尤其是已故的琼·布劳克(Jean Braucher)。他们长年累月地通过法学与社会学协会的协作研究网,研究与家庭债务和消费者破产相关的问题。1996年比尔·惠特福德(Bill Whitford)在以"法律与社会"为主题的格拉斯哥国际会议上,倡导消费者破产的比较社会法研究,他的见解、他对我的支持和与他的交往使我受益匪浅。约翰娜·尼米(Johanna Niemi)是我早期以个人破产为主题的另一本书的合著者,感谢她抽出时间阅读了本书的初稿,并给出了非常有用的建议和评价。我还要感谢和我探讨个人破产问题的各位欧洲学者,贾森·基尔伯恩(Jason Kilborn's)对于欧洲个人破产体系的开创性研究,给予我智识性的帮助。与约瑟夫·斯普纳(Joseph Spooner)的讨论也给了我很多启发。

在瑞典,一些团队和个人协助我开展研究。他们是:安妮娜·佩尔森(Annina Persson)、理查德·阿斯特罗姆(Richard Astrom)、安妮·索菲·亨里克森(Anne-Sophie Henrikson),以及瑞典消费者保护局(Swedish Consumer Protection Agency)的维伦·诺德南卡尔(Vihelm Nordenanckar)。我与瑞典执行局(Kronofogdemyndigheten, Kronofogden)、瑞典商业与信贷信息局(Swedish Business and Credit Information Agency)和瑞典银行家协会的官员们进行了有意义的会谈。我还约见了几位债务顾问,他们都为我提供了有价值的背景资料。

在法国,与法兰西银行(法国主要的消费贷款机构和消费者利益集团)官员们的交流,使我获益良多。

英格兰和威尔士破产管理署帮助我收集了英国破产救济的各种数据。

感谢杰里米·奥卡就(Jeremy Okonjo)和安德尔·达尔珀柯威

修特(Indre Dapkeviciute)为我的研究提供的帮助,后者为我提供了关于"破产迁徙"的宝贵资料。

书名中的"personal insolvency"旨在给出一个比消费者破产更广的范围。"insolvency"和"bankruptcy"在某些专业领域内,具有不同的法律含义,但本书不是一个专业的法律文本,我将在本书中(无差异地)交替使用"insolvency "和"bankruptcy"这两个词。

本书第四章是对我的文章《两个债务人的往事:法国和英国对过度负债浪潮冲击的回应——经济低迷的30年中发生的故事》["*A Tale of Two Debtors*: *Responding to the Shock of Over-Indebtedness in France and England—A Story from the Trente Piteuses*" (2012) 75 MLR 212]进行大量修订和更新后的版本。比尔·惠特福德(Bill Whitford)发表在《天普大学法律评论》特刊上的文章对本书第一章和第四章的部分观点进行了概述,该文章名为《美国例外主义、历史制度主义和消费者破产法的比较研究》[(2015) 87 *L. Temple Rev.* 947]。

自2008年经济大衰退以来,关于信贷、债务和破产的研究数量激增。有关个人破产的研究也有所增加,但仍有许多关于个人破产的社会与经济功能的重要问题值得研究。我希望这本书能激励更多人来探索这个重要的法律领域。

最后,感谢托尼·威廉姆斯(Toni Williams),尽管肩负繁重的行政职务,她仍然阅读了本书的数章并予以点评。如果没有她的鼓励,这本书恐怕难以付梓。

我深知比较研究不可避免地有些肤浅，我对书中讨论的不同地区法律的解读可能存在一些偏差。前文提及的所有人都与这些偏差和问题无关。

哈特出版公司的汤姆·亚当斯(Tom Adams)非常高效地安排了文本的出版工作。感谢凯丽·沃纳(Ceri Warner)和珍妮特·麦克米伦(Janet MacMillan)的审稿校对。

肯特大学艾略特学院

2017 年 1 月

目　录

第一章　个人破产法的兴起 1

第一节　简介

1883 年,一位杰出的英国政府官员,英国《1883 年破产法》的起草者之一,托马斯·亨利·法勒(T. H. Farrer)这样写道:

> 另一个重要的问题是,要为那些周工资收入很低或只有周工资收入的劳动者设置某种与破产类似的程序,可以让他们在无力清偿债务时,以适当的成本和合理的条件获得债务的免除,使当前郡法院的法官尽可能地避免对不清

偿小额债务的债务人判处监禁。[1]

约瑟夫·张伯伦(Joseph Chamberlain)主持起草的英国《1883 年破产和无力清偿法》引进了管理令程序,对法勒的前一问题作出了回应,该程序后来被称为"贫困男性的破产"。管理令程序规定,个人在一定年限内清偿部分债务后,剩余债务的清偿责任可得以免除。20 世纪,管理令程序经历了曲折的发展历程,[2]并影响了美国(United States,US)20 世纪 30 年代破产法[3]及欧洲 20 世纪 80 年代破产法的改革。但是,到了 21 世纪,随着其他债务免除机制的出现,英格兰和威尔士的管理令程序的发展非常缓慢。

2013 年国际货币基金组织(International Monetary Fund,IMF)的专家们回顾了他们在欧元区危机后,就通过新的个人破产法向欧洲各国政府提供咨询和施加影响的经验,将新兴的欧洲个人破产模式归纳为一个 3~5 年的清偿计划,债务人在前述计划执行完毕时免予清偿剩余债务。[4] 个人破产救济理念的发展具有延续性,与之相对应的是,家庭债务对经济的影响发生了巨大变化,并引发了 2008 年

---

〔1〕 T. H. Farrer, *The State in Its Relation to Trade*, London, Macmillan and Co., 1883, pp. 35-36. 对于破产的讨论参见"国家对合同义务的一般限制"一章。

〔2〕 参见本书第四章,原著第 105 页。

〔3〕 参见本书第三章,原著第 68 页。

〔4〕 See Y. Liu and C. Rosenberg, *Dealing with Private Debt Distress in the Wake of the European Financial Crisis: A Review of the Economics and Legal Toolbox*, Washington, D. C., International Monetary Fund, 2013.

经济大衰退。此外,由于女性成为破产程序的主要申请者,[5]贫困 2
男性的破产已经转变为贫困群体的破产。2012 年 IMF 得出以下结论:相较其他诱因而言,由家庭债务大幅增加而引发的经济衰退复苏起来更缓慢。[6] 在畅销书《家庭债务》中,经济学家阿蒂夫·迈恩(Atif Mian)和阿米尔·苏非(Amir Sufi)对 2008 年经济大衰退进行分析,得出了以下观点并加以系统阐述:在经济衰退期间,通过快速有效的破产程序减少家庭债务累积,能够恢复消费者的需求,产生积极可贵的宏观经济效应。[7] 2013 年世界银行(World Bank)发布了关于个人破产的报告,论证了个人破产的债务免除机制在恢复生产力与降低家庭及社会成本的同时,能够鼓励更负责任的借贷行为和会计行为,将风险分配给能够分散这些风险的最佳主体。[8] 欧盟建

---

〔5〕 参见本书第三章第六节,原著第 99 页。

〔6〕 IMF, *World Economic Outlook*, (Washington, D. C., IMF, 2012) 91. F. Bornhorst and M. Arranz, "Growth and Importance of Sequencing Debt Reductions Across Sectors", in M. Schindler and others (eds.), *Jobs and Growth: Supporting the European Recovery* (Washington, D. C., International Monetary Fund, 2014) ch. 2. 英格兰银行在 2014 年得出结论:"有证据表明,英国高水平的家庭债务与更为严重的经济衰退以及更为漫长的复苏之间存在关联。" P. Bunn and M. Rostom, "Household Debt and Spending", (2014) 3 *Bank of England Quarterly Bulletin* 304.

〔7〕 A. Mian and A. Sufi, *House of Debt: How They (and You) Caused the Great Recession, and How We Can Prevent It from Happening Again* (Chicago, University of Chicago Press, 2015).

〔8〕 See J. Kilborn, J. Garrido, C. Booth, J. Niemi, and I. Ramsay, *World Bank Report on the Treatment of the Insolvency of Natural Persons* (Washington, D. C., World Bank, 2013); See also S. JM Garrido, "The Role of Personal Insolvency Law in Economic Development", (2013) 5 *The World Bank Legal Review* 111. 加里多(Garrido)指出:"破产法与经济发展之间的联系经常被忽略……有效的个人破产制度能为债务人提供解决方案,同时为开放包容的经济发展实现更为广泛的目标。"

议个人破产法在其内部实现进一步的统一,并将之作为推动统一的信贷和资本市场发展的组成部分。[9] 21 世纪早期,个人破产法已经成为重要的市场制度,成为信贷市场的基础准则。

本书将分析 1979 年以来美国和欧洲个人破产法的政策与制度发展,并指出,各国(地区)自此进入了各具特色的监管体制和历史传承并存的时期,这有助于理解各国(地区)个人破产法发展的差异。1979 年之后,个人破产制度在整个欧洲和其他地区得以确立或进行改革(见表 1.1),更多的过度负债者适用了个人破产程序,[10] 因此,这一阶段尤为重要。其间,美国颁布了《1978 年破产改革法》,玛格丽特 · 撒切尔(Margaret Thatcher)于 1979 年开始在英国(UK)主政,
3 新自由主义的影响力日益增强,家庭债务的增长成为许多国家经济增长的动力,[11] 其在某些情况下甚至取代停滞不前的工资水平刺激

---

〔9〕 参见本书第六章,注释 111。原著第 176 页。

〔10〕 如本书第三章图 3.3 所示:1987 ~ 2015 年英格兰和威尔士、加拿大和美国千人破产率的上升。原著第 71 页。

〔11〕 See for example C. Crouch, "Privatised Keynesianism: An Unacknowledged Policy Regime", (2009) 11 *The British Journal of Politics & International Relations* 382, 382; A. Barba and M. Pivetti, "Rising Household Debt: Its Causes and Macroeconomic Implications—a Long-Period Analysis", (2009) 33 *Cambridge Journal of Economics* 113, 113; R. G. Rajan, *Fault Lines: How Hidden Fractures Still Threaten the World Economy* (Princeton, Princeton University Press, 2010). "看起来有些讽刺的是,在历史上,政府总是将宽松的信贷政策当作权宜之计,却无法直接解决中产阶级更深层次的焦虑。" R. G. Rajan, Fault Lines: How Hidden Fractures Still Threaten the World Economy (Princeton, Princeton University Press, 2010). 8 – 9; W. Streeck, *Buying Time: The Delayed Crisis of Democratic Capitalism* (London, Verso Books, 2014) 32 – 46. For an overview of studies see B. Kus, "Sociology of Debt States, Credit Markets, and Indebted Citizens", (2015) 9(3) *Sociology Compass* 212. 进一步的讨论参见本章第三节,原著第 24 页。

经济发展。[12] 1987～2007年，英国家庭的债务收入比从90%上升至160%。[13] 许多国家（地区）的不平等状况进一步加剧，[14]这段时期发生的金融危机比以往任何一个历史时期都要多。[15] 资本主义世界正在发生转变。[16]

表1.1 个人破产和债务整理——1978年以来欧洲和美国重要的立法改革年份

国家（地区）	年份
奥地利	1993年
比利时	1997年、2005年、2009年
塞浦路斯	2015年
捷克共和国	2006年、2008年
丹麦	1984年、2000年、2005年、2010年
英格兰和威尔士	1986年、1990年（未生效）、2002年、2007年、2015年
爱沙尼亚	2003年、2010年

〔12〕 参见本章第三节，原著第24页。

〔13〕 See P. Bunn and M. Rostom, "Household Debt and Spending in the UK", Bank of England Staff Working Paper no. 554 (London, Bank of England, 2015) 1.

〔14〕 See discussion in T. Piketty, *Capital in the Twenty-First Century* (Cambridge Mass, Harvard, 2014); B. Milanovic, *Global Inequality: A New Approach for the Age of Globalization* (Cambridge Mass, Harvard, 2016).

〔15〕 See C. Kindelberger and P. Aliber, *Manias, Panics and Crashes: A History of Financial Crises* (Hoboken NJ, Wiley, 2005) 15. See also C. M. Reinhart and K. Rogoff, *This Time is Different: Eight Centuries of Financial Folly* (Princeton, Princeton University Press, 2009).

〔16〕 关于这些转变，可能最好也最有预见性的分析来自M. Castells, *The Information Age: Economy, Society and Culture* (Oxford, Blackwell, 1998)。

续表

	国家(地区)	年份
	芬兰	1992年、2015年
	法国	1989年、1995年、1998年、2003年、2010年、2014年
	德国	1994年(1999年生效)、2001年、2013年
	希腊	2010年、2013年、2015年
	匈牙利	2015年
	爱尔兰	1988年、2012年、2015年
	意大利	2012年
	拉脱维亚	2007年、2009年、2010年、2013年
4	立陶宛	2013年
	卢森堡	2000年、2013年
	荷兰	1998年、2007年、2008年
	挪威	1992年
	波兰	2009年、2014年
	葡萄牙	2004年、2012年
	罗马尼亚	2015年
	俄罗斯	2015年
	苏格兰	1985年、1993年、2002年、2007年、2010年、2014年
	斯洛伐克	2004年、2006年、2011年
	斯洛文尼亚	2007年、2015年
	西班牙	2013年、2015年
	瑞典	1994年、2007年、2011年
	美国	1978年、1984年、1994年、2005年

资料来源:作者自行统计。

个人破产制度首先可以分为“旧”制度与“新”制度。“旧”制度主要分布在普通法系国家，它们从 19 世纪中叶开始承认没有商人身份的个人可以适用破产制度免除债务。[17] 在以下不同的时期，这些国家（地区）的破产制度主要适用于消费者而不是企业：20 世纪 30 年代的美国，[18] 1971 年之前的加拿大，[19] 以及 20 世纪 90 年代末期的英格兰和威尔士。[20] 20 世纪 80 年代以前，欧洲大陆国家还没有承认没有商人身份的个人实现债务免除的可能性，它们成为“新”个人破产制度的所在地。

当前，欧洲和美国有两种个人破产程序。第一种“直接”破产程序意味着个人放弃不可豁免的财产，换来一定期限后绝大多数无担保债务的免除，这一期限短至美国法规定的几个月，长至有些国家[21] 法律规定的 3～5 年。第二种破产程序则要求个人清偿部分债务，并往往在 3～5 年后换来剩余债务的免除。在美国、加拿大和英 5
国，人们可以在两种程序中进行选择，而欧洲的主导程序则是清偿模

---

〔17〕 在英格兰和威尔士，只有商人才能破产的规定废止于 1861 年。

〔18〕 参见本书第二章，原著第 34 页。

〔19〕 See Office of Superintendent of Bankruptcy, Canada, Annual Report, 1971，其中第 3647 项和第 3045 项分别提到了消费者破产和企业破产；See *Report of the Study Committee on Bankruptcy and Insolvency Legislation* (Tassé Report) (Ottawa, Government of Canada, 1970)，其中第 2.1.13 项指出，“消费者或工薪阶层债务人的困境是加拿大破产法领域必须面对的最重要问题之一”。

〔20〕 参见本书第三章图 3.2，原著第 71 页。

〔21〕 加拿大，9 个月；英国，12 个月；澳大利亚和新西兰，3 年。欧盟委员会建议为“诚实的企业家”设置 3 年的期限。参见第六章的讨论，原著第 152 页。

式。消费者应该尽可能用收入进行清偿,而不是选择直接破产,已经成为当代的重要主题。富有争议的是,债务人应该以收入的多大比例或者应尽多大努力进行清偿,才能换来剩余债务的免除。对消费者来说,即使在诸如英格兰和威尔士这些消费者原本拥有程序选择权的法域内,其能够自由地进入直接破产程序,较快地获得债务免除,“直接”破产程序也越来越成为一种“受限制的政策性选择”。[22]

经历了20世纪80年代的信贷和资本自由化之后,欧洲建立了破产免责制度。这里随之出现了两大“关键节点”。[23] 第一个关键节点是20世纪80年代晚期和20世纪90年代,包括北欧国家的银行业危机,法国的小规模次贷危机,以及德国统一之后的调整,这些事件都带来了债务整理法改革的第一波浪潮,一些国家出现了短暂的波动(如法国),一些国家的改革则层叠在现有的企业破产法改革之上(如德国)。《美国联邦破产法》规定收入清偿模式的第13章程序、英格兰的管理令程序以及丹麦早期的改革,都对前述破产法改革产生了影响。[24] 所

---

〔22〕 参见本书第三章的讨论,原著第68页。

〔23〕 “关键节点”指的是“应急时期,在此期间,对行为通常所作的限制会被取消或放宽”。J. Mahoney and K. A. Thelen (eds.), *Explaining Institutional Change: Ambiguity, Agency, and Power* (Cambridge, Cambridge University Press, 2010).

〔24〕 贾森·基尔伯恩(Jason Kilborn)教授提供了关于这些制度发展的有价值的英文文献。See e. g. J. Kilborn, *Comparative Consumer Bankruptcy* (Durham NC, North Carolina Press, 2007); J. Kilborn, “Twenty Five Years of Consumer Bankruptcy in Continental Europe: Internalizing Negative Externalities and Humanizing Justice in Denmark”, (2009) 18 *International Insolvency Review* 155.

有欧盟国家都考虑过美国的债务人直接免责的程序理念，最后都将其摒弃，并转而采纳另一种模式，即债务人在获得免责前，必须先经历相当长的债务清偿期间的模式。在法国，相关法律出台的最初目的是让个人经过一段时期后，最终清偿所有债务。在制度推进过程以及个人获得救济的资格方面，这些改革最初收到的反馈都是消极的。法国的法院不堪重荷。德国和瑞典的许多债务人在获得司法救济之前徒劳地试行自愿和解。在所有的国家（地区），很多破产申请人既没有清偿能力，也没有什么财产。降低司法成本的目标推动了改革，以解决法律实施过程中遭遇的各种问题。其他方面的改革，包括增加个人破产程序的适用和缩短免责前的考察期，更难以推动和改变；于是，带来了个人等待免责时执行零清偿计划等现象。在21世纪初，中欧和东欧加入欧盟的新成员国制定的破产法，通常效法并不理想的德国模式。[25]

经济大衰退和随后的欧元区危机是第二个关键节点。美国国会 6

〔25〕 关于德国制度的系统性实证研究极少，其中一项研究对21世纪初德国破产法的实施进行了尖锐批评，see W. Backert, D. Brock, and K. Maischatz, "Bankruptcy in Germany: Filing Rates and the People Behind the Numbers" in J. Niemi, I. Ramsay, and W. C. Whitford (eds.), *Consumer Credit, Debt and Bankruptcy: Comparative and International Perspectives* (Oxford, Hart Publishing, 2009)。他们指出，许多债务人没有还款能力："必须质疑在允许剩余债务免除之前，设置长达6年的良好行为期（Wohlverhalten）到底有多大意义。当债权人明显不可能获得清偿并且有证据表明债务人的生活质量低下时，为什么要将人们置于经济'缓刑'之下？"

否决了在破产中减免抵押贷款余额以应对止赎拍卖危机的提案。[26] 三大组织(欧盟委员会、IMF 和欧洲中央银行)以及欧洲学期程序(经济政策指导和监管的年度周期)要求或者强烈建议西班牙、葡萄牙和希腊等几个国家建立与修订公司及个人破产法,这是它们获得欧盟救助的条件,或者是基于欧盟对金融稳定协议而提出的监管新要求。[27] 爱尔兰的改革正在进行中,但国际组织影响了对其最初提案的修改。[28] 由于个人破产不存在统一的国际标准,[29] 对欧洲消费者破产机制的系统性实证研究也寥寥无几,国际机构不得不一边摸索前进,另一边制定政策。[30] 经济大衰退促使人们重新思考家庭债务管理和个人破产在欧洲实现信贷与资本市场一体化规划中的作用。

就制度的适用条件、框架结构、免责条件和费用来源而言,欧洲体系内部以及欧洲与美国之间一直存在巨大差异。本书从比较公共

〔26〕 参见第二章第五节,原著第 56 页。

〔27〕 参见第六章,原著第 152 页。

〔28〕 关于爱尔兰改革的讨论参见 J. Spooner, "Long Overdue: What the Belated Reform of Irish Personal Insolvency Law Tells Us about Comparative Consumer Bankruptcy", (2012) 86 *American Bankruptcy Law Journal* 243; J. Spooner, "Sympathy for the Debtor? The Modernization of Irish Personal Insolvency Law", (2012) 25(7) *Insolvency Intelligence* 97。

〔29〕 这与企业破产形成对比,国际机构用联合国国际贸易法委员会《破产法立法指南》(UNCITRAL Legislative Guide on Insolvency)来评估各国的破产法。

〔30〕 苏珊·布洛克·利布(Susan Block-Lieb)巧妙地将其称为"毫无准备的尝试"。S. Block-Lieb, "Austerity, Debt Overhang, and the Design of International Standards on Sovereign, Corporate, and Consumer Debt Restructuring", (2015) 22 *Indiana Journal of Global Legal Studies* 487.

政策研究开始,尝试解释这些差异。现存的差异部分源于时机,而不是因为深植于国家之间的文化差异。尽管盎格鲁—撒克逊破产法体系(Anglo-Saxon systems)最初不是为消费者设计的,免责最初是为了换取债务人合作而设计的机制,[31]但这些制度可以转化为消费者所用,这种转化有时通过富有开创精神的私营中介机构进行转换,而无须付出高昂的立法改革政治成本。这种变革的低透明度路径往往导致随后的立法采纳那些似乎能满足社会需求的措施。戴维·莫斯 7
(David Moss)和吉布斯·约翰逊(Gibbs Johnson)指出,相对而言,美国的个人破产法毫无计划地兴起,他们认为:"至少从20世纪初开始,研究消费者破产的学者发现:它是一个令人困惑的制度,似乎从来没有人想要建立这样的制度。"[32]相反,在20世纪80年代末的法国和瑞典等国,在强大的金融利益群体的压力下,通过有效的立法改革规定"不清偿债务的权利",[33]需要付出高昂的政治成本。毫无悬念的是,由于程序准入和债务免责受到严格限制,最初的尝试遭遇了一些阻碍。

本书第二章至第五章审视了美国、英格兰和威尔士、法国以及瑞

---

〔31〕 See J. McCoid Ⅱ, "Discharge. The Most Important Development in Bankruptcy History", (1996) 70(1) *American Bankruptcy Law Journal* 163.

〔32〕 D. Moss and G. Johnson, "The Rise of Consumer Bankruptcy: Evolution, Revolution or Both", (1999) 73 *American Bankruptcy Law Journal* 311.

〔33〕 该词语来自里佩尔(Ripert)在20世纪30年代发表的文章。See G. Ripert, "Le droit de ne pas payer ses dettes", (1936) *Dalloz, Recueil Hebdomadaire Chronique* 57.

典不断变革的个人破产法和法律政策,概述相关的政治利益、政治背景和制度背景,以及叙事在各国(地区)政策选择中发挥作用。选取这些国家有以下几方面的原因和考虑:首先,美国信贷和破产制度通常是国际标杆,是各国效仿或规避的对象。它影响了 20 世纪 90 年代初期的欧洲破产法改革。〔34〕 其次,欧洲的政策制定者和智囊团在最近指出,美国能够比欧洲各国更快地从经济衰退中复苏,是因为美国自由的破产法能使债务人获得一个重新开始的机会。〔35〕 因此,我从更长的历史维度考量美国破产法,阐释美国国内就个人债务免除的条款持续存在的争议。尽管与美国拥有相似的法律起源,英格兰和威尔士在个人破产制度上却采取了与美国不同的道路。法国建立了解决过度负债问题的独特制度,这一制度被有些发展中国家视为一种国际典范。〔36〕 瑞典法则代表了兼具斯堪的纳维亚资本主义和

〔34〕 See N. Huls, "American Influence on European Consumer Bankruptcy Law", (1992) 15 *Journal of Consumer Policy* 125, 135 – 137.

〔35〕 V. Jourova (Director General, Justice), "Insolvency Law in Europe—Giving People and Businesses a Second Chance" (speech at the Conference on "Insolvency law in Europe: current trends and future perspectives", Jurmala, Latvia, 23 April 2015), 载欧盟委员会官网, http://ec.europa.eu/commission/2014 – 2019/jourova/announcements/insolvency-law-europe-giving-people-and-businesses-second-chance_en:"在美国,债务免除的平均期限不到 1 年,而在大多数欧盟国家则为 5 年至 7 年。有证据表明,更短的债务免除期限使美国家庭能够更快地从危机中恢复过来。" See also G. Steinhauser and M. Dalton, "Lingering Bad Debts Stifle European Recovery", *Wall St. Journal* (New York, 31 January 2013).

〔36〕 例如,影响巴西的改革提案, see Consumers International, *Model Law on Family Insolvency for Latin America and the Caribbean* (2011), 载国际消费者联会官网, www.consumersinternational.org/media/880320/a%20model%20law%20on%20family%20insolvency%20for%20latin%20america%20and%20the%20caribbean.pdf。

社会福利模式特点的个人破产制度。

现有文献清晰地将个人破产制度进行了分类。北欧国家与“福利主义”相关联,法国的过度负债制度被界定为消费者保护制度,而美国的破产法制度则带有市场调整的特征。[37] 这些形象的特征虽 8
然有所助益,但可能没有捕捉到这些制度真实的特质。因此,本书第五章指出,瑞典并不代表债务免除的社会福利路径,而是一种严格的债权人导向的制度。简·霍耶尔(Jan Heuer)则基于实证研究对个人破产法的基本规范结构进行了分类。“市场模式”(美国、加拿大)提供了快速的债务免除,将市场风险分配给更能控制风险的债权人,并确保债务人能重新进入信贷市场。“限制模式”(英格兰和威尔士、苏格兰、澳大利亚、新西兰)与市场模式有相似之处,但是它们都将对债务人的重大限制作为一种公共保护机制纳入立法。“责任模式”(德国、奥地利)强调了债务人清偿债务的个人责任。最后,“仁慈模式”(丹麦、芬兰、挪威、瑞典、法国)代表了一种需求导向的制度,向债务人提供的救济和免责的性质与范围在很大程度上取决于政府决策者的自由裁量。[38]

---

〔37〕 See J. Niemi, “Collective or Individual? Constructions of Debtors and Creditors in Consumer Bankruptcy” in J. Niemi, I. Ramsay, and W. Whitford (eds.), *Consumer Bankruptcy in Global Perspective* (Oxford, Hart Publishing, 2003) 41 – 60.

〔38〕 See J. Heuer, “Social Inclusion and Exclusion in European Consumer Bankruptcy Systems” (on file with author) and J. Heuer, “Private Überschuldung und Sozialpolitik: Varianten der staatlichen Regulierung von Verbraucherinsolvenz und Rechtschuldbefreiung”, (2015) 61 (3) *Zeitschrift für Sozialreform* 315.

霍耶尔的分类强调了不同的制度运行所依据的规范理念,如德国规定在余债免除前设立清偿期;将债务顾问纳入破产法,向消费者讲授正确的信贷行为方式;规定债务人有义务在清偿期内寻找工作。这种路径似乎受到了德国的奥尔多自由主义(ordoliberal ideas)关于负责任的公民理念的影响。[39] 这些标准理念也可能反映了政治利益。德国最初的立法反映了德国银行和债务顾问就免责前的良好行为期的重要性达成了共识。

破产制度的差异展示了历史的偶然性和利益集团以及意识形态的影响。德国意识形态和利益集团融合的例子表明,对于将当前的德国个人破产法的特质归结于文化因素的观点,我们应该持审慎态度。欧洲国家个人破产法的差异提出了这样一个问题:伴随家庭信贷问题的国际化(2008年大衰退的后果之一),这些国家的制度会在多大程度上出现趋同?因此,第六章的分析转向国际层面,探讨大衰退之后个人破产国际"共识"的出现,因为国际组织和区域性主体更
9 加关注家庭债务在助长金融不稳定性和延长债务引发的衰退方面的

〔39〕 关于奥尔多自由主义的讨论参见 M. Foucault, "The Birth of Bio-Politics", *Lectures at the College of France* 1978 – 79 [A. Davidson (ed.), trans. G. Burchell] (Basingstoke, Palgrave Macmillan, 2010) 81。根据路德维·埃哈德(Ludwig Erhard)的观点,国家"为公民同时带来了自由和责任"。

影响。有学者认为,企业破产法的跨境法律秩序[40]已经遍及全世界。我不作这样宽泛的判断,但我建议通过“良好方案”和“跨境经验”形成一套共同的观念。三大组织和欧洲学期敦促一些国家推行破产制度改革,欧盟也在推动破产法规范的统一,将其作为统一个人信贷市场基础规则的组成部分。历史上商人和非商人的区别在当今欧盟的方案中再次出现,这一方案提倡对企业家实行自由宽松的债务免除,而对消费者采取更谨慎的态度。

最后,第七章提出这样一个问题:20 世纪 80 年代初期以来,个人破产法的发展是否代表一种进步?这似乎是一个很奇怪的问题,因为大多数研究者将个人破产法界定为帮助债务人摆脱困境的途径。它是社会安全网的组成部分,是一种社会化的保险,[41]可能还是其他社会保障的最后补充。[42] 世界银行认为,通过个人破产程序为债务人提供重新开始的机会能够提高生产力,促进创业精神,实现经济

---

〔40〕 格雷戈里·沙弗尼(Gregory Shaffer)将跨国法律秩序定义为“特定领域法律规范和制度形式的跨国成果及其跨境移植,无论其是否涉及跨国行为或纯粹涉及本国事务”。G. Shaffer (ed.), *Transnational Legal Ordering and State Change* (Cambridge, Cambridge University Press,2013)6 – 7. 参见第六章,原著第 152 页。

〔41〕 伊丽莎白·沃伦(Elizabeth Warren)和杰伊·韦斯特布鲁克(Jay Westbrook)认为,西方民主国家的精妙之处在于,在维持社会稳定的同时保持资本主义的活跃性优势,以及通过市场对个人和群体造成不可避免的冲击等各种手段以维持生产力。破产是该机制不可分割的组成部分。See E. Warren and J. L. Westbrook, *The Law of Debtors and Creditors: Text, Cases, and Problems* (New York, Aspen Law & Business,2006)353 – 354.

〔42〕 关于监管型私法保护(如破产)与福利国家关系的讨论, see H. Haber, “Regulation as Social Policy: Home Evictions and Repossessions in the UK and Sweden”, (2015)93(3) *Public Administration* 806。

稳定。然而,在说明破产法对于实现这些目标的作用时,很难找到可靠的证据,更困难的是,还需要对破产者进行纵向研究并找到可靠的相反事实对照人群。有研究曾质疑个人是否真的通过破产获得了重新开始,[43]美国的一些研究也质疑《美国联邦破产法》第 13 章清偿模式是否真的让众多房屋所有人获得利益,但最近的一项经济计量研究表明,该程序有助于帮助债务人减轻财务困境带来的不利影响。[44]

对破产法更隐晦的一种观点是:在债务驱动的新自由主义经济

---

〔43〕 See e. g. E. Cohen-Cole, B. Duygan-Bump, and J. Montoriol-Garriga, "Who Gets Credit after Bankruptcy and Why? An Information Channel", (2013) 37 *Journal of Banking & Finance* 5101 (limited debt availability after bankruptcy). See also S. Han and G. Li, "Household Borrowing after Personal Bankruptcy", (2011) 43 *Journal of Money, Credit and Banking* 491; S. Han and W. Li, "Fresh Start or Head Start? The Effects of Filing for Personal Bankruptcy on Work Effort", (2007) 31 *Journal of Financial Services Research* 123. 关于瑞典重整法律有限效果的研究参见 R. Ahlström, S. Edström, and M. Savemark, "Is Debt Relief Rehabilitative? An Evaluation of Debt Relieved Persons, Health, Life Quality and Personal Finances Three Years after Conducted Debt Relief", 2014: 15 (Stockholm, The Swedish Consumer Agency, 2014); R. Ahlström, S. Edström, and M. Savemark, "Over-Indebtedness as a Risk Factor for Inequality in Health and Life Quality among Swedes—A Survey of Debts, Health and Living Conditions among Over-indebted Households in Sweden" (Stockholm, The Swedish Consumer Agency, 2014); R. Ahlström, "The Costs to Society of Over-indebtedness in Sweden—Loss of Production, Health Care Expenditures, Sick-Leave and Disability Pensions" (The Swedish National Audit Office, 2015)。在欧盟提议统一协调破产法的背景下,我将在本书第六章进一步讨论这些问题,特别是破产法与创业精神之间的关系。

〔44〕 See e. g. K. Porter, "The Pretend Solution: An Empirical Study of Bankruptcy Outcomes", (2011) 90 *Texas Law Review* 103; S. Green, P. Patel, K. Porter, "Cracking the Code: An Empirical Analysis of Consumer Bankruptcy Outcomes"(载社会科学研究网 2016 年 9 月 16 日, https://papers. ssrn. com/sol3/papers. cfm? abstract_id = 2839060) 指出,"诸多研究……发现进入第 13 章程序的消费者中,只有大约三分之一完成了清偿计划并因此获得债务免除"; cf W. Dobbie and J. Song, "Debt Relief and Debtor Outcomes: Measuring the Effects of Consumer Bankruptcy Protection", (2014) 105 *American Economic Review* 1272。

中,破产法具有规制这种经济模式并使之合法化的双重功能,可以对债务人和金融资本之间的阶级矛盾作去政治化的处理。根据这一观点,消费者债务是对过剩人口的又一种剥削形式,它延缓而不是解决了生产力下降和工资增长停滞的问题。这一制度中,更高层面的违约赋予了个人破产法一种规制作用,使失败个体化,从而隐藏其阶级维度。按照这种观点,美国的破产法自 1978 年以来的历史,是一部通过收入测试和强制咨询制度规制债务人,从而采取措施增进金融群体利益的历史。〔45〕 在这一叙事背景下,美国 2005 年《破产滥用防止及消费者保护法》(Bankruptcy Abuse Prevention and Consumer Protection Act of 2005,BAPCPA)展现了金融说客限制债务人适用破产程序和维护金融机构利益的能力。

苏珊娜·斯韦登伯格(Susanne Soederberg)的分析强调了破产法在社会控制和个人赋权方面的不同特质。无论采用哪种观点,阶级问题都是十分重要的。债务免除的不平等适用是一个政治“火药桶”。1883 年英格兰〔46〕管理令的出台就是为了应对一项指责,即破产和债务免除只适用于中产阶级,而工薪阶层债务人会因为债务问题深陷牢狱之灾。在最近的欧元区危机期间,西班牙和希腊爆发了

---

〔45〕 See e. g. S. Soederberg, *Debtfare States and the Poverty Industry: Money, Discipline and the Surplus Population*, (London, Routledge, 2014) 49, 86 – 87, 95 – 97. 参见下文的讨论,第七章,原著第 189 页。

〔46〕 这里的英格兰包括英格兰和威尔士。苏格兰拥有自己的破产法律。

围绕大规模减免债务而组织的政治运动。2015年欧洲中央银行认识到因企业和个人债务重整的标准不同而带来的政治正当性问题。个人破产法的适用资格对于“确保解决社会敏感度更低的不良风险敞口投资组合问题的政治意愿不被削弱而言，十分重要”。[47]

11 第二节 对个人破产法传统和改革的诠释

解释个人破产法发展的工具包括功能主义、法律改革回应社会需求的观点、[48]利益集团分析、[49]国家文化价值观[50]以及“法律起源”——“法律起源”说认为，以法国为代表的大陆法系地区和英美

---

〔47〕 ECB, *Financial Stability Review*, (Frankfurt, ECB, May 2015) 148.

〔48〕 See I. Ramsay, “Functionalism and Political Economy in the Comparative Study of Consumer Insolvency: An Unfinished Story from England and Wales”, (2006) 7 *Theoretical Inquiries in Law* 625, 645 – 664. 对功能主义系统性的分析和批评参见 R. Michaels, “The Functional Method of Comparative Law” in M. Reimann and R. Zimmermann (eds.), *The Oxford Handbook of Comparative Law*, 1st edn (Oxford, Oxford University Press, 2006)。

〔49〕 这些分析经常汲取公共选择分析的意见。关于美国制度，参见 E. A. Posner, “The Political Economy of the Bankruptcy Reform Act of 1978”, (1997) 96 *Michigan Law Review* 47; D. A. Skeel, *Debt's Dominion: A History of Bankruptcy Law in America*, (Princeton, Princeton University Press 2014) 14, 15。加拿大的制度参见 I. Ramsay, “Interest Groups and the Reform of Canadian Consumer Bankruptcy Law”, (2003) 53 *University of Toronto Law Journal* 379。

〔50〕 See N. Martin, “The Role of History and Culture in Developing Bankruptcy and Insolvency Systems: The Perils of Legal Transplantation”, (2005) 28 *Boston College International and Comparative Law Review* 1.

法系地区在法律规制方面呈现不同的风格。[51] 这些解释方法提供了重要的见解,也为本书的写作提供了借鉴。利益集团分析说强调了金融利益集团作为长期持续参与者的地位,他们可以在“备受关注”和“无人问津”的政治领域[52]或者通过市场的作用塑造个人破产法。对国家文化价值观或法律起源的追溯提示人们关注历史和思想在法律形成过程中发挥的作用,以及依靠现有制度解决新问题的趋势。然而,文化解释可能会忽略历史冲突的影响、政治利益集团在推行特定理念中的作用,以及文化争议、意象和神话的推动作用。[53] 在破产的政治争论中,传统文化经常扮演工具的角色,[54]并非带来一系列的限制。

当代个人破产法不是单个政治冲突的结果,有关其稳定性和变革的比较研究的实质是对个人破产政治博弈演进的研究。[55] 因此,

---

〔51〕 R. La Porta, F. Lopez-de-Silanes, and A. Shleifer, "The Economic Consequences of Legal Origins", (2008) 46 *Journal of Economic Literature* 285.

〔52〕 P. Culpepper, *Quiet Politics and Business Power Corporate Control in Europe and Japan*, (Cambridge, Cambridge University Press, 2011).

〔53〕 See discussion in J. Spooner, "Fresh Start or Stalemate? European Insolvency Law Reform and the Politics of Household Debt", (2013) 21(3) *European Review of Private Law* 747.

〔54〕 P. DiMaggio, "Culture and Cognition", (1997) 23 *Annual Review of Sociology* 263.

〔55〕 P. Pierson, *Politics in Time: History, Institutions, and Social Analysisy* 1st edn (Princeton, Princeton University Press, 2004).

12 我采纳了历史制度主义[56]的一些观点，将政策调整视为外部的社会变革和内生力量共同作用的产物，并试图在将法律视为自治系统和粗放的功能主义观点之间，寻求一条中间道路。这种方法有助于理解个人破产法，因为个人破产法是一门技术性很强的学科，既有自己的内在动力和专业群体，又是一个受到社会经济、政治变革、政党政治，以及恪守承诺、个人责任和救济困苦群体等公共价值观影响的领域。本书关于各国制度的章节强调了不同的利益集团和叙事方式在不同的制度框架内发挥的作用。这些制度性差异包括议会、政府机构、专家委员会和法院在法律制定及发展中的作用。美国政治机构的权力分散，许多机构拥有否决权，使其很难进行彻底的、根本性的

---

〔56〕 历史制度主义有很多著作和文章。其中有影响力的著作和文章包括：P. Pierson, *Politics in Time: History, Institutions, and Social Analysisy* 1st edn (Princeton, Princeton University Press, 2004); J. Mahoney, D. Rueschemeyer, and K. A. Thelen (eds.), "How Institutions Evolve: Insights from Comparative Historical Analysis" in J. Mahoney and D. Rueschemeyer (eds.), *Comparative Historical Analysis in the Social Sciences* (Cambridge, Cambridge University Press, 2000); W. Streeck and K. Thelen, "Introduction: Institutional Change in Advanced Political Economies" in W. Streeck and K. Thelen (eds.), *Beyond Continuity: Institutional Change in Advanced Political Economies* (Oxford, Oxford University Press, 2005); J. Mahoney and K. Thelen, *Explaining Institutional Change: Ambiguity, Agency, and Power* (Cambridge, Cambridge University Press, 2010)。关于不同制度主义的实用总结，参见 V. A. Schmidt, "Taking Ideas and Discourse Seriously: Explaining Change through Discursive Institutionalism as the Fourth '*New* Institutionalism'", (2010) 2 *European Political Science Review* 1。法律学者运用制度主义的例子包括 O. A. Hathaway, "Path Dependence in the Law: The Course and Pattern of Legal Change in a Common Law System", (2001) 86 *The Iowa Law Review*; J. Bell, "Path Dependence and Legal Development", (2012) 87 *Tulane Law Review* 787。

改革。[57] 这与英国议会模式的"选举独裁"以及法国和瑞典的专家政治占据重要地位形成鲜明对比。[58] 美国的立法架构可能会为批准偏向利益集团的条款提供更多机会，而美国破产法的去中心化运行又容许实验和学习。"地方性法律文化"的持续存在就是一个例子。[59]

改革的时机也许很重要。我已经提到，英美法系许多国家很早就废除了只有商人才能破产的规定，这具有重要意义。路径依赖[60]

---

〔57〕 美国《1978 年破产改革法》在破产改革委员会设立 10 年后得以施行。美国 2005 年《破产滥用防止及消费者保护法》在国家破产审查委员会设立 10 年后开始施行。关于这些法律的历史，参见 K. N. Klee, "Legislative History of the New Bankruptcy Code", (1980) 54 *American Bankruptcy Law Journal* 275。关于美国 2005 年《破产滥用防止及消费者保护法》，参见 S. Jensen, "A Legislative History of the Bankruptcy Abuse Prevention and Consumer Protection Act of 2005", (2005) 79 *American Bankruptcy Law Journal* 485。

〔58〕 See S. Steinmo, *The Evolution of Modern States: Sweden, Japan, and the United States* (*Cambridge, Cambridge University Press*, 2010); M. Prasad, *The Politics of Free Markets: The Rise of Neoliberal Economic Policies in Britain, France, Germany, and the United States*, (London, University of Chicago Press, 2006) 238 – 239. 参见下文讨论，第四章，原著第 105 页。

〔59〕 See T. A. Sullivan, E. Warren, and J. L. Westbrook, "Persistence of Local Legal Culture: Twenty Years of Evidence from the Federal Bankruptcy Courts", (1994) 17 *Harvard Journal of Law & Public Policy* 801. 破产法第 13 章和第 7 章的州际差异长期存在，说明相互学习的程度仍不高。

〔60〕 这一概念的精妙之处的论述参见 P. Pierson, *Politics in Time: History, Institutions, and Social Analysisy* 1st edn, (Princeton, Princeton University Press, 2004) 44 – 53。

13 表明:相对偶然的历史选择可能会产生长期和无法预料的影响,[61]并带来可能难以改变的制度结构。[62]

关键节点可以为改革推动者或政策企业家提供机会,为决策领域提供新的论断,并推动改革提上议事日程。2008 年大衰退就是这样一个关键节点,第六章将探讨它对个人破产法的影响。关键节点可能不仅仅是外部事件,例如,严重的经济衰退,也可能是由当时难以解释的社会现象引发的——例如,为什么在明显繁荣的经济时期,破产会持续增加?这些事件为决策者提供了寻求新的诊断和进行改革的机会。

“关键节点”用以描述稳定状态被巨大变革打断的图景。然而,关于法律实践的研究往往强调,当不同群体推行不同的措施和解释时,个人破产规范层面发生了许多不易察觉的变化和政治冲突。即

〔61〕 大卫·斯凯尔(David Skeel)提到了路径依赖,他认为,美国消费者破产法在 1898 年早期拒绝英格兰的“官僚主义”而依赖法院,则需要律师和法官参与到破产管理中。随后,这些群体对行政管理体系的抗拒,增加了 20 世纪 30 年代新政期间以及 20 世纪 60 年代政治试验的成本,后一阶段的尝试则用英格兰官方接管人的模式取代了行政管理模式。如果美国《1898 年破产法》于 20 世纪 30 年代首次颁布实施,则行政管理模式可能得以采用。“了解美国破产法原本能走向何种方向的最好方法是考虑一个简单的反事实命题。假设进入 20 世纪后,这个国家仍没有联邦破产法。如果联邦破产在新政中仍然不确定,国会可能会以完全不同的方式处理破产问题……(新政安全网)的其他各个方面都是行政管理性而非司法性的。不需要耗费心力就可以猜到,如果新政立法者是从零开始的,很可能已经创设了一个行政管理性的破产制度。” D. A. Skeel, *Debt's Dominion: A History of Bankruptcy Law in America*, (Princeton, Princeton University Press 2014) 100.

〔62〕 之前制度选择的负累可能会影响以后的操作空间。J. S. Hacker, *The Divided Welfare State: The Battle Over Public and Private Social Benefits in the United States*, (Cambridge, Cambridge University Press, 2002) 54.

使我们最初关注的是书本中的法律，破产法的许多重要变化也不是通过基本的立法，而是经由通知、法院规则、协定和指导准则实现的。[63] 表1.1只列出了各国（地区）的基本立法，因而低估了破产法持续的调整和改革。个人破产法通常是无人问津的政治领域，一个看起来没有什么专业技术含量、政治家和公众也兴趣索然的领 14
域。[64] 法院和行政官员执行法律时可能会改变法律的初衷或使法律目的落空。许多破产法官反对美国2005年《破产滥用防止及消费者保护法》修正案的规定，加上美国国会没有在修正案通过之前征询破产法官的意见，可能会导致这些条款不能实现其预设目标。[65] 私主体和中介机构可以通过法律创造性地"转换"[66]实现意外的目标，

〔63〕 立法本身可能依赖行政法令，这些法令提供了潜在的否决点。参见下文第三章第三节中关于行政部门未能实现改革英格兰和威尔士管理令的立法的讨论。决策制定的低透明度有时会产生误导。因此，两位政治学者声称，英格兰在1990年通过的《法院和法律服务法》（Courts and Legal Services Act 1990）的第13条允许消费者在3年期限的管理令结束后免除债务，消费者破产法已经得到修订。See W. Schelkle, "A Crisis of What? Mortgage Credit Markets and the Social Policy of Promoting Homeownership in the United States and in Europe", (2012) 40 *Politics & Society* 59; G. Trumbull, *Strength in Numbers: The Political Power of Weak Interests* (Cambridge, Harvard University Press, 2012). 但是，虽然议会颁布了前述法案，第13条却从未生效。这一否决权对英格兰和威尔士的公共与私人清偿选择的平衡产生了重大影响。

〔64〕 See my discussion in I. Ramsay, "Interest Groups and the Politics of Consumer Bankruptcy Reform in Canada", (2003) 53 *University of Toronto Law Journal* 379, 412 - 418. 关于英格兰和威尔士个人自愿安排协定发展的讨论参见本书第三章第五节，原著第81页。

〔65〕 关于申请的系列规定的失败，参见本书第三章（注151），原著第100页。

〔66〕 "转换"描述的情境是：规则相同，但相关主体"积极利用情境内在的模糊性"进行不同的解释或实施不同的行为。J. Mahoney and K. Thelen, *Explaining Institutional Change: Ambiguity, Agency, and Power*, (Cambridge, Cambridge University Press, 2010) 17.

完成个人破产法的重大变革。英格兰和威尔士的执业会计师将原本为公司董事提供债务免除的个人自愿安排(individual voluntary arrangements,IVA)制度转换为大规模的消费者救济程序。[67] 一些群体也可能破坏预期的立法目标,正如 20 世纪 50 年代和 60 年代美国金融机构对“重新开始”政策的抵制。[68] 私营中介机构在法律转换中的作用的相关研究,显示了制度设计的局限性。虽然美国的破产立法一再向消费者推广《美国联邦破产法》第 13 章清偿计划的理念,但收效甚微。[69]

制度主义者已经创造出专门的词汇——“转换”、“漂移”[70] 和“层叠”——来描述政治策略的变化和停滞。[71] 我已经提及转换的重要性。本书第三章将通过英格兰破产法的发展来阐释“漂移”是一种不作为的政治。“层叠”意味着“增加的新规则不会取代现有规

---

〔67〕 参见第三章第四节,原著第 86 页。

〔68〕 参见第二章第三节,原著第 42 页。

〔69〕 大致参见本书第二章第三节,原著第 42 页。

〔70〕 J. Mahoney and K. Thelen, *Explaining Institutional Change: Ambiguity, Agency, and Power*, (Cambridge, Cambridge University Press, 2010) 17:“当规则形式上不变,而其影响由于外部条件的改变而发生变化时,漂移就发生了。” Citing J. S. Hacker, “Policy Drift: The Hidden Politics of US Welfare State Retrenchment” in W. Streeck and K. Thelen (eds.), *Beyond Continuity: Institutional Change in Advanced Political Economies*, 1st edn (Oxford, Oxford University Press, 2005). “当参与者选择不对这样的环境变化作出回应时,他们的不作为能够让制度的影响产生变化。”

〔71〕 哈克(Hacker)说,这些通常是“政治家们想要改变既定的政策承诺时所采用的隐蔽的策略”: J. S. Hacker, “Policy Drift: The Hidden Politics of US Welfare State Retrenchment” in W. Streeck and K. Thelen (eds.), *Beyond Continuity: Institutional Change in Advanced Political Economies*, 1st edn (Oxford, Oxford University Press, 2005) 16。

则，而是在现有规则和政策的基础上运行或与之并列运行”，这可能“改变现有的制度或向新制度让步”。[72] “层叠”可能是因为直接废除立法需要付出较高的政治成本。[73] 它也许代表着一种政治策略，通过增加例外规则，使其随着时间的推移为更加直接地替代现行法做好准备，从而影响现行法。美国金融利益集团在1984年破产改革中引入的“实质性滥用”修正案，使“债务人群体正在滥用破产程序” 15
的观念正当化，并对主导美国2005年破产法修正案(《破产滥用防止及消费者保护法》)的个人责任议程起到了推进作用。“层叠”也可能单纯地导致法律内部的分裂。2002年英格兰在历史悠久的准刑事性质的破产法规上“层叠”了创业精神的议题，就带来了法律内部分裂的结果。

特伦斯·哈利迪(Terence Halliday)和布鲁斯·卡拉瑟斯(Bruce Carruthers)利用制度观察和社会法学研究的成果提出了名为“递归性”的法律变革周期理论。[74] 该理论认为，很多立法经历了一个周

---

〔72〕 See J. Mahoney and K. Thelen, *Explaining Institutional Change: Ambiguity, Agency, and Power*, (Cambridge, Cambridge University Press, 2010) 15.

〔73〕 参见第二章第四节，关于美国《1978年破产改革法》颁布后美国金融利益群体的策略，参见原著第50页。

〔74〕 See T. Halliday and B. Carruthers, *Bankrupt: Global Lawmaking and Systemic Financial Crisis*, (Palo Alto, Stanford University Press, 2010) 15 – 32；这一方式最开始的发展参见 T. Halliday and B. Carruthers, “The Recursivity of Law: Global Norm-Making and National Lawmaking in the Globalization of Corporate Insolvency Regimes”, (2007) 112 *American Journal of Sociology* 1135。

期。新法律通常包含模棱两可和相互矛盾的条款,这些条款会带来一些意想不到的后果、相互矛盾的解释和新的遵守方式,从而引发新一轮的改革,使法律最终达致新的平衡。这些改革周期往往是由公愤和危机引发的。哈利迪和卡拉瑟斯认为,美国19世纪90年代、20世纪30年代和70年代末期企业破产法的改革,就是前述循环的力证。他们将前述分析应用于亚洲金融危机后跨国公司破产规范的发展后得出结论:改革的过程是一种"试错"、"创新和调整"以及"从经验中学习"的过程。虽然全球层面的法律原则可能在融合,但各地区的法律规范和实践仍然存在诸多差异。[75]

哈利迪和卡拉瑟斯的分析似乎也符合20世纪80年代以来欧洲一系列的个人破产法改革,各国最初大多"敷衍了事"地颁布了仅发挥部分作用的法律,随着时间的推移,这些法律规范通过法院、立法机构或者私营中介机构得以调整。经济大衰退引发了新一轮个人破产法的改革运动,其在欧洲范围内实现了个人破产法规范新的平衡态势,在法律实施和细节方面,各国仍存在重大差异。

然而,企业破产和个人破产的发展动力之间存在重大差异。尽管有破产迁徙(bankrupty tourism)的现象存在,跨境破产的问题在个人破产法领域中的意义也并不大。[76] 在企业破产法领域,在各国就

---

〔75〕 See T. Halliday and B. Carruthers, *Bankrupt: Global Lawmaking and Systemic Financial Crisis*, (Palo Alto, Stanford University Press, 2010) 33 - 35.

〔76〕 参见下文讨论,第六章第五节,原著第173页。

企业破产对经济发展和国际金融稳定的重要性达成共识的基础上，少数国际组织推动了改良的美国(《联邦破产法》第 11 章程序)拯救文化的国际化。个人破产法中没有具有共同目标的类似群体，也没有任何国家对推动其个人破产法的国际化具有强烈兴趣。英格兰的律师和政策制定者可能会希望将伦敦打造为对企业重组有吸引力的平台，但不会希望伦敦成为欧盟公民利用英格兰宽松的破产制度寻求免责的地方。

企业拯救模式的作用可以表述为让每个人均受益，包括债权人 16
和更广泛的群体；而个人破产法则主要代表了从债权人到债务人的适度再分配。由于个人破产法改革也经常被描述为从一组消费者(清偿自身债务的人)到另一组消费者(不清偿债务的人)的再分配，因此它经常引发争议，这块“烫手山芋”最好还是留待国家决策者自行解决。

叙事在个人破产政策中的作用

叙事提供了一整套思想框架，涵盖政策目标、待解决问题的性质以及实现这些目标最合适的方式。[77] 在设置议题、巩固政治联盟(如债务顾问和债权人同意将过度消费作为过度负债的原因)，以及为破产制度中的政府机构和各种参与者的工作赋予意义方面，叙事

〔77〕 See P. A. Hall, “Policy Paradigms, Social Learning, and the State: The Case of Economic Policymaking in Britain”, (1993) 25 *Comparative Politics* 275.

十分重要。[78] 破产制度的参与者，如法官、会计师、律师、咨询局，推动了关于破产者的“社会建构”、关于债务人的叙事以及破产程序合理运用的发展。[79] 这些参与者经常推动破产政策的制定，因此，他们对有关债务人叙事的说明可能是具有影响力的。[80] 由于公众对破产或破产者的概念可能知之甚少，利益集团、政策企业家和学术“模式推广者”都有动机去推动特定的叙事。关键节点（大衰退）可以为改变结论和政策应对提供机会。美国破产申请数量的激增，为金融利益集团推广“破产滥用”的叙事和“生活方式导致破产”的观念提供了机会，这也是限制破产程序准入的政治战役的组成部分。400 美元“破产税”的观点提出之后，尽管它几乎没有得到任何实证经验的支持，但仍被美国和英国的立法辩论引用。[81] 无独有偶，在

---

〔78〕 See M. Blyth, *Great Transformations: Economic Ideas and Institutional Change in the Twentieth Century* (Cambridge, Cambridge University Press, 2002); see also Schmidt, V. A. Schmidt, "Taking Ideas and Discourse Seriously: Explaining Change through Discursive Institutionalism as the Fourth '*New* Institutionalism'", (2010) 2 *European Political Science Review* 1.

〔79〕 P. Rock, *Making People Pay* (London, Routledge, 1973); J. Braucher, D. Cohen, and R. M. Lawless, "Race, Attorney Influence, and Bankruptcy Chapter Choice", (2012) 9 *Journal of Empirical Legal Studies* 393; I. Ramsay, *Debtors and Creditors—A Socio-Legal Perspective* (Abingdon, Butterworths Law, 1986).

〔80〕 他们的解释对引导个人选择特定的解决方案时有切实的影响。美国的研究表明：律师在决定建议个人适用破产法第 7 章还是第 13 章程序时，对债务人抱有种族偏见。

〔81〕 See E. Warren, "The Phantom $400", (2004) 13 (2) *Journal of Bankruptcy Law and Practice* 77. 关于美国的引文，参见下文第二章（注释 124），原著第 56 页。关于英国，参见下文关于英国《2002 年企业法》(*Enterprise Act* 2002) 的辩论，本书第三章第四节，原著第 86 页。

21 世纪,英国银行和一些专业人士塑造了债务人"超前消费"的形象。[82] 大衰退使家庭债务和家庭破产问题全球化,国际组织及其顾 17
问迅速围绕个人破产、经济复苏和创业精神推出国际性政策文件。[83] 这些建立国际个人破产法共识的早期叙事可能会产生深远影响。

个人破产的叙事是由相互对立和冲突的观点组成的。它包括重新开始、第二次机会、防止社会排斥和促进创业精神(负责任地冒险)的概念。反对个人破产的叙事包括:具有影响力的契约必须遵守(*pacta sunt servanda*)——"债务应当清偿"的"共识",保持"良好的清偿文化"——控制道德风险,以及在"可以清偿,应该清偿"("can pay, should pay")的口号中反映出来的个人责任的重要性。这些观点充当了政治辩论的工具,政策制定者经常声称他们平衡了这些价值。但是,由于最佳平衡是很难衡量的,这可能导致各国的状况大不相同。此外,诸如重新开始或金融包容等核心概念也是模棱两可的。重新开始可能被解释为单纯的债务免除,或更复杂的财务复苏。关于重新开始的范围,破产中个人需要付出多少人力资本向债权人清偿,哪些特定类型的财产不应该用于清偿,哪些债务不应当在重新开始时被豁免——这些问题都没有明确的答案。金融包容大致包括一

〔82〕 参见第三章第五节,原著第 94 页。

〔83〕 参见第六章,原著第 152 页。

系列措施，从通过信贷咨询、就业建议获得单纯的债务免除，到确保个人充分地融入社会。[84]

关于破产的主流叙事在一定程度上反映了利益相关者“讲故事的能力”，[85]他们将自己的故事与更普遍的社会价值联系起来。任何特定群体的成功都可能依赖产生有影响力观点的国家背景，约翰·坎贝尔（John Campbell）和奥弗·佩德森（Ove Pedersen）将其形容为一个国家的“知识体系”——“提出影响公共讨论和政策制定的数据、研究成果、政策建议及其他观点的组织体系和制度体系”。[86] 它包括政治智囊团、学术研究人员、政府咨询机构的定位以及他们与立法机关的关系。知识体系变化将影响政策体系中有
18 影响力观点的产生和传播方式。例如，在美国的消费者破产发展的过程中，律师、法律学者和法官通过全国破产大会（National

〔84〕 See D. Beland, “The Social Exclusion Discourse: Ideas and Policy Change”, (2007) 35 *Policy and Politics* 123. 他认为，金融包容“使适度的政策改革合法化，完全符合对经济自由主义的温和理解”。

〔85〕 J. F. Witt, “Narrating Bankruptcy/Narrating Risk”, (2003) 98 *Northwestern University Law Review* 303.

〔86〕 J. L. Campbell and O. K. Pedersen, *The National Origins of Policy Ideas: Knowledge Regimes in the United States, France, Germany, and Denmark* (Princeton, Princeton University Press, 2014).

Bankruptcy Conference)[87]和全国破产法官协会(National Association of Bankruptcy Judges)[88]等机构发挥了重要影响。然而,1978年之后,代表债权人利益的政策企业家破坏了这种影响。[89] 这种破坏情况催生了美国20世纪70年代后期日益剧烈的"理念之战",这象征着美国战后政策制定方面的共识已经破裂。政策企业家将消费者破产从技术问题转换为处理个人责任的政治问题。[90] 与之相反,法国的知识体系由国家技术官僚主导,他们希望采取一种认同度更高的

---

[87] 1932年成立的全国破产大会起草了美国《1938年钱德勒法》(1938 Chandler Act)的许多条款,并于20世纪50年代和60年代每年向国会提出破产法修正案,评论和反对其他主体的提案。在20世纪60年代前,它是一个由约50名成员组成的精英团体,包括破产执业者、破产法官和法学教授。参见在司法委员会破产问题小组委员会听证会上,美国国家破产会议副主席弗兰克·肯尼迪的证词,内容是美国参议院第二次会议关于第100号参议院联合决议的议案,议案旨在设立一个委员会研究美国破产法(1969年)第50条。进一步的讨论参见本书第二章第三节,原著第42页。

[88] 在美国《1978年破产改革法》出台之前,该组织名为全国破产公断人大会(National Conference of Bankruptcy Referees)。其提出了国会法案。参见下文的讨论,第二章第三节,原著第42页。

[89] See E. Warren, "The Changing Politics of American Bankruptcy Reform", (1999) 37 *Osgoode Hall Law Journal* 189. 约翰·费边·威特(John Fabian Witt)指出了"政策企业家"在美国破产历史中的重要性。这描述了特定群体怎么能够战略性地塑造关于风险和应对冒险精神的法律途径的观点。See J. F. Witt, "Narrating Bankruptcy/Narrating Risk", (2003) 98 *Northwestern University Law Review* 303. 约翰·波特(John Pottow)在分析美国2005年《破产滥用防止及消费者保护法》颁布前后的游说形势时,提出了这一主题。J. A. E. Pottow, "A U. S. Perspective on the Contextual Terrain of Political Economy in Insolvency Reform" in S. Ben-Ishai and A. Duggan (eds.), *Canadian Bankruptcy and Insolvency Law: Bill C-55, Statute c. 47 and Beyond* (Markham, LexisNexis, 2007).

[90] J. A. E. Pottow, "A U. S. Perspective on the Contextual Terrain of Political Economy in Insolvency Reform" in S. Ben-Ishai and A. Duggan (eds.), *Canadian Bankruptcy and Insolvency Law: Bill C-55, Statute c. 47 and Beyond* (Markham, LexisNexis, 2007) 386-387.

政策路径。

专家对破产原因的认知及对破产的态度与公众之间可能存在分歧。例如,2012 年英国破产重整执业者协会(The Association of Business Recovery Professionals,R3,破产执业者同业协会)研究了公众对于破产的态度,发现有 82% 的人认为,某些债务人利用破产制度免除了因无节制消费而负担的债务,有 65% 的人认为大多数债务人可以通过控制他们的消费行为来避免破产。[91] 现有大多数实证研究关注失业等问题对破产的重要影响(见表 1.2 至表 1.6),[92] 与前述将个人财务管理不善作为破产原因的观点形成了鲜明对比。根据破产重整执业者协会的研究,大众对破产原因的普遍看法不能简单地用 20 世纪 70 年代以来新自由主义的个人责任观念的兴起来解释。20 世纪 60 年代后期,保罗·罗克(Paul Rock)在一项就伦敦人
19 对债务人的看法进行的小规模调查中发现,在回答“你认为人们负债的主要原因是什么”时,61% 的受访者认为是“自控力不足”,20% 的

〔91〕 See “Personal Debt Snapshot GB population calls for tighter controls on payday loans and a tougher bankruptcy regime to curb reckless spending”,载英国破产重整执业者协会官网,https://www. r3. org. uk/media/documents/policy/research_reports/personal_debt_snap/R3PersonalDebtSnapshotW8_FINAL,pdf。数据基于对以下观点的回应:“大多数人可以通过控制非理性的消费来避免破产”和“有些人通过利用破产来免除那些由于不理性消费而积累的债务”。

〔92〕 2014 年,欧盟一项关于过度负债的研究得出结论:“宏观经济因素成为财务困境最重要的原因之一……高失业率以及失业的增加与各种负债的增加之间存在联系。” Civic Consulting, *Overindebtedness of European Households: Updated Mapping of the Situation, Nature, Cause, Effects and Initiatives for Alleviating its Impact*, (*Brussels*, 2014) 8.

人认为是“太容易获得贷款”,9%的人认为是“贫困”。[93] 量入为出和清偿债务的“共识”是一种强大的传统观念。[94] 它为某些利益集团提供了肥沃的土壤,他们在媒体上宣扬“破产人是不负责任或不谨慎的人”这一观点。[95] 政治家对媒体报道的(债务人)形象非常敏感,因为新闻报道是一种替代性的政治诉求。将破产政策的制定从技术专家主导的问题转变为政治问题可能会降低专家话语的影响力,而且意味着破产改革的制度背景(专家委员会、议会)可能会影响改革的结果。

任何叙事都包含的核心问题是个人申请破产的原因。表1.2至表1.6列出了英格兰和威尔士、法国、德国和荷兰的债务人过度负债和破产的若干原因。这些数据揭示了失业、信贷过度扩张、分居和离婚的影响,以及那些允许独资企业主适用破产法的国家中个体商户

〔93〕 See P. Rock, *Making People Pay*, (London, Routledge, 1973) 17, Table 1.5.

〔94〕 关于2008年金融危机之后与债务相关的常识观念推动英国接受财务紧缩的有趣讨论,参见L. Stanley, "'We're Reaping what We Sowed': Everyday Crisis Narratives and Acquiescence to the Age of Austerity", (2014) 19 (6) *New Political Economy* 895。See also D. Graeber, *Debt: The First* 5,000 *Years*, (New York, Melville House Publishing, 2011) 2–3,在这本书的开头,作者在先记录了一段谈话,关于免除发展中国家债务的想法,其中一个人以“但是”回应,似乎这种反对是不言而喻的:“他们借了钱!当然应该清偿债务。”他在书中得到总结:这个原则是“公然的谎言”,只有一些人需要还债(第391页)。

〔95〕 参见下文第二章第四节关于美国的内容,原著第52页;以及下文第三章第五节关于英格兰破产者是“放纵的借款人”和2005年银行家限制个人自愿安排程序适用的运动,原著第92页。拉斐尔·埃弗拉特(Rafael Efrat)指出,《纽约时报》在20世纪60年代改变了对破产者的描述,将其描绘成不负责任或无能力的形象,而不是以前典型的欺诈者形象,更加强调他们在多大程度上面临失业和其他环境变化。R. Efrat, "The Evolution of Bankruptcy Stigma", (2006) 7 *Theoretical Inquiries in Law* 365.

经营失败的重大影响。[96] 在美国,一项关于消费者破产的重大研究将就业问题(67.5%)、离婚(22.1%)和医疗费用(19.3%)列为个人破产的原因。[97]

20 **表1.2 2015年英格兰和威尔士官方接管人记录的破产原因**

破产原因	非商业案件(11,095例)/%	所有案件(14,905例*)/%
与商业相关的破产	—	25
超前消费	19	14
关系破裂	16	12
失业	12	9
疾病/事故	11	8

〔96〕 最近,在一项为欧盟委员会准备的欧盟范围内针对"利益相关者"的调查得出的结论是,失业和"资金管理"方法等宏观经济因素是过度负债的重要原因。"无能力处理金融产品"或"缺乏资金管理技能"被近2/3的受访者勾选为过度负债的最重要原因。然而,过度负债的家庭似乎在强调失业和工作变化的重要性,将其视为主要原因。See Civic Consulting, *The Over-Indebtedness of European Households: Updated Mapping of the Situation, Nature and Causes, Effects and Initiatives for Alleviating Its Impact Final Report*, (Brussels, Civic Consulting, 2013) 92 - 93, 162. 瑞典一项针对遇到债务问题的个人的研究将不可预见的支出(54%)和疾病、失业、死亡等"类似情况"(32%)作为主要原因。See Swedish Enforcement Authority, *Everyone Wants to Pay Their Fair Share: Causes and Consequences of Overindebtedness Report*, 2008:1B (Stockholm, Swedish Enforcement Authority, 2008) 31.

〔97〕 See T. A. Sullivan, E. Warren, and J. L. Westbrook, *The Fragile Middle Class: Americans In Debt*, (New Haven, Yale University Press, 2000) Fig 1.2:"与工作相关的收入中断是到目前为止美国中产阶级遭遇财务问题最重要的原因。" See T. A. Sullivan, E. Warren, and J. L. Westbrook, *The Fragile Middle Class: Americans In Debt*, (New Haven, Yale University Press, 2000) 75. 关于医疗债务参见 D. Himmelstein, D. Thorne, E. Warren, and S. Woolhandler, "Medical Bankruptcy in the United States, 2007: Results of a National Study", (2009) 122 (8) *The American Journal of Medicine* 741 - 746。虽然这项研究关于美国62%的破产是由医疗费用引起的说法受到了质疑,医疗费用仍然是美国人破产的重要原因。

续表

破产原因	非商业案件(11,095 例)/%	所有案件(14,905 例*)/%
家庭收入减少或破产人的收入显著减少	24	18
投资	1	1
其他	17	13
总计	100	100

* 有 955 例其原因被记录为"未知/不提供",这些案例没有包括在表格内。

资料来源:破产管理署,2015 年根据年龄、性别和无力清偿的原因对破产进行的分类(载英国政府网,https://www.gov.uk/government/statistics/individual-insolvencies-by-location-age-and-gender-england-and-wales-2015)。

表 1.3　法国——过度负债的原因比例

状态	原因	2001 年/%	2004 年/%	2007 年/%	2007 年(rp)/%
主动	过度借贷	19.4	14.6	13.6	5.4
	财务管理不当	7.7	6.4	6	2.4
	房屋支出	3.1	1.2	1.2	0.9
	过度消费	2.2	1.4	1.3	1
被动	失业/失去工作	26.5	30.8	31.8	32
	分居/离婚	15.5	14.7	14.7	14.5
	事故/疾病	9.1	10.8	11.3	18.8
	收入减少	6.9	6.2	6.2	7.3
	死亡	2.5	2.4	2.5	3.6
	其他	7.1	11.5	11.4	14.1
	总计	100	100	100	100

注:rp = 个人恢复。

资料来源:法兰西银行:《关于消费者适用过度负债委员会程序的调查》(2001 年、2004 年、2007 年)。

21 **表 1.4 2014 年过度负债的主要原因**

原因	比例/%
失业或职位降级	23
预算受限	17
定期使用信贷	14
危机事件	41
代际援助	5

资料来源:法兰西银行:《对过度负债原因的研究(2014)》,第 7 ~ 8 页,载法兰西银行官网,https://www. banque-france. fr/fileadmin/user_upload/banque_de_france/La_Banque_de_France/study-of-paths-leading-to-over-indebtedness. pdf。

表 1.5 德国——2014 年过度负债的主要原因

原因	比例/%
失业、工作减少	26.8
分居/离婚	9.0
疾病	7.7
消费行为	8.6
经营失败	10.0
收入匮乏	10.5
其他	27.4
总计	100

资料来源:金融服务研究所(IFF):《2015 年过度负债报告》。

表 1.6 荷兰——2012 年债务整理的偶然因素

原因	比例/%
离婚	22
收入减少	58
过度支出	32
补偿或赔偿行为	33

资料来源:《自然人债务整理法(WSNP)》,2012 年监管数据,表 3.6。

关于破产原因的统计数据在政治上十分重要,因为它们勾勒出破产人的基本样貌,并暗示政策回应的思路——“关于破产性质的叙事总是影响着立法议程”。[98] 信贷的过度使用可能意味着债务人需 22
要更多的财务知识、咨询、规制,或需要更大限度地限制贷款发放。失业是一种不幸的遭遇,这可能意味着需要对现行社会安全网作进一步检视。法国就是一个过度负债的统计数据发挥政治意义的鲜明例子。法兰西银行收集的表 1.3 中的统计数据强调了“被动负债消费者”受到外部环境变化的重大影响。这种概念推动了法国过度负债法律的自由化,并为债权人和债务人之间达成共识提供了可能,因为统计数据表明:债权人和债务人都不应对过度负债承担责任。然

[98] R. M. Lawless and E. Warren, “The Myth of the Disappearing Business Bankruptcy”, (2005) 93 *California Law Review* 743, 746. They cite, for example, B. Mann, *Republic of Debtors: Bankruptcy in the Age of American Independence* (Cambridge, Harvard University Press, 2009); E. Balliesen, *Navigating Failure: Bankruptcy and Commercial Society in Antebellum America* (Chapel Hill, The University of North Carolina Press, 2001); J. F. Witt, “Narrating Bankruptcy/Narrating Risk”, (2003) 98 *Northwestern University Law Review* 303.

而,法国国家审计署(Cour des Comptes)质疑这些统计数据的基础,并开展了一项新的官方研究(见表 1.4)。这些统计数据说明,需要对个人做更多的金融"扫盲"行动,需要更多地关注导致过度负债的个人失败。英格兰和威尔士 2005 年的一项研究似乎证明了前述"过度借贷债务人"的形象,该研究记录了个人适用自愿安排程序的原因,该程序允许个人在通常为 5 年的期限内清偿部分债务。前述研究者得出结论,适用个人自愿安排程序的债务人中,83% 的债务人选择个人自愿安排的原因是其"支出超过了收入",这被解读为个人超前消费而且"仅仅是因为……(他们)没有进行合理的财务预算"。〔99〕 然而,支出超过收入的现象引出了以下问题:为什么支出会超过收入?

这些数据的社会影响表明,处理此等数据时应持谨慎的态度。首先,统计数据可能体现过度负债这一社会现实的大概情况。其次,一系列因素的组合可能经常存在。在收入暂时减少后,个人可能会通过使用信用卡维持原来的生活方式,希望自己能够重新找到工作,但这可能会导致债务继续增加。在这种情况下的破产应被归类为"支出超过收入"还是失业?这可能取决于分类者的观点。这些数据通常是由不同群体(监管机构、政策制定者、破产执业者、学者)基于

---

〔99〕 Price Water house Coopers, *Living an Tick: The 2lst Century Debtor*(London, PwC, 2006)20. 我对该研究进一步的讨论请参见 I. Ramsay, "'Wannabe WAGS' and 'Credit Binges': The Construction of Over indebtedness in the UK" in Niemi, Ramsay, and Whitford, *Consumer Credit, Debt and Bankruptcy Comparative and International Perspectives* (Oxford, Hart Publishing, 2009) 85 - 86。

不同目的采集的。数据的分类可能基于债务人的实际陈述、对债务人或者中介机构递交的文件的解释。鉴于解释破产原因的难度，数据可能会受到数据采集者的观念或实践的影响。罗伯特·劳利斯和伊丽莎白·沃伦曾经论述过美国政府官员如何通过分类的方式使破产企业在大众视野中消失，从而确立了“破产主要是过度消费的消费者问题”这一叙事。[100]

最后，这些数据通常为破产申请提供了大量不同的原因。适用 23
破产程序的决定实际上可能取决于各国破产准入的特定制度框架，包括司法程序的成本和收益。[101]

关于破产申请原因的数据推动了关于破产自由化对消费者动机、信贷的可得性和债务人特征的影响的辩论。经济上的分析认为，破产是一种消费保险的形式。[102] 当道德风险的概念与保险关联时，意味着个人如果受到破产保险的保护，他们就会承担更多的信贷风险，面临债务困境时就更愿意寻求破产救济。大衰退之后，因为破产

---

〔100〕 R. M. Lawless and E. Warren, “The Myth of the Disappearing Business Bankruptcy”, (2005) 93 *California Law Review* 743, 746. 他们援引了以下研究：B. Mann, *Republic of Debtors: Bankruptcy in the Age of American Independence* (Cambridge, Harvard University Press, 2009); E. Balliesen, *Navigating Failure: Bankruptcy and Commercial Society in Antebellum America* (Chapel Hill, The University of North Carolina Press, 2001)。

〔101〕 See discussion in R. J. Mann and K. Porter, “Saving up for Bankruptcy”, (2009) 98 *Georgetown Law Journal* 289.

〔102〕 See e. g. B. Adler, L. Polak, and A. Schwartz, “Regulating Consumer Bankruptcy: A Theoretical Inquiry”, (2000) 29 *The Journal of Legal Studies* 585.

免责会影响清偿文化，政府往往会以道德风险为由拒绝引入破产免责制度，国际组织在推动改革时也经常表现出对道德风险的担忧。[103] “道德风险”是一个奇怪的词语，因为它在常识中代表对个人行为的评价，尽管经济学家坚持认为它是一个技术概念。然而，它不仅是一个技术概念，还为本来缺乏特征的债务人形象的塑造起到形成作用，[104]暗示通过引入破产免责让债务人形象因前述特征而被进一步贬低。[105] 这一概念不仅表述了一种现象，还在关于债务的公共辩论中起到了塑造债务人特征的作用。

道德风险的影响很难衡量，应该区分事前影响和事后影响。个人的信贷选择可能受到许多因素的影响，包括信贷产品的大量广告推销以及其他消费者的行为。行为经济学的观点认为，一般而言，个人消费者在签订信贷契约或增加借款时不太可能考虑破产的可能性。[106] 而债权人则有动力监督和控制信贷行为。这一发现提出了

---

〔103〕 参见第六章，原著第152页。

〔104〕 建立在语言表述的观念和经济的作用在于创造而不是描述现象的基础上，参见 D. Mackenzie, F. Muniesa, and L. Siu, *Do Economists Make Markets? On the Performativity of Economics*(Princeton, Princeton University Press, 2007)。

〔105〕 相关讨论参见 in T. Baker, “On the Genealogy of Moral Hazard”, (1996) 75(2) *Texas Law Review* 237。

〔106〕 相关讨论参见 S. Schwartz, “Personal Bankruptcy Law: A Behavioural Perspective” in Niemi, Ramsay, and Whitford, *Consumer Bankruptcy In Global Perspective* (Oxford, Hart Publishing, 2003) 68 – 71。其认为，消费者的行为偏差可能会造成对借贷风险的低估。基于行为偏差使破产免责正当化的经典文章参见 T. Jackson, “The Fresh Start Policy in Bankruptcy Law”, (1985) 98 *Harvard Law Review* 1393。

一个问题,即在限制性的破产法可能促使公司减少监督和过度冒险时,债权人存在发生道德风险的可能性。为破产免责设置障碍可能 24 会促进这种借贷模式的发展,即通过高比例的违约借款人而盈利的模式。[107]

就关注事后决策而言,例如,当某人失业并面临借贷困难时,我们可能会希望他或者她权衡破产免责的成本和利益。这些成本并不纯粹是经济成本,还包括对丧失声誉的担忧和破产耻辱,这些因素仍然非常重要。[108] 这里的危险在于,由于道德风险的特性和责任的隐秘性,关于道德风险的政策考量可能会减少对破产免责的社会效益的考虑。这些效益,包括纾解困难、提高生产率、减少个人为逃避催收而离开正常经济生活的可能性、减少债务对家庭和国家的外在影响、采取措施激励债权人负责任地放贷和进行会计核算,并且将风险转移给通常最有能力承担和分散清偿风险的债权人。

所有个人破产制度都有防范道德风险和蓄意投机行为的机

〔107〕 See R. Mann,"Bankruptcy Reform and the 'Sweat Box' of Credit Card Debt", (2007) *Illinois Law Review* 375.

〔108〕 在对企业法免责程序自由化的审查中,英格兰和威尔士破产管理署得出结论:破产依然带来很大的耻辱感。参见第三章第四节,原著第 86 页。关于美国的情况,参见 T. Sullivan, E. Warren and J. Westbrook, "Less Stigma or More Financial Distress: An Empirical Analysis of the Extraordinary Increase in Bankruptcy Filings", (2006) 59 *Stanford Law Review* 213。

制。[109] 在创建制度时，国家往往会为破产程序的适用和退出设置不必要的、复杂的或者限制性的条件，这大大增加了破产的处理成本，并过度阻碍个人寻求救济。例如，瑞典就为破产程序的适用设置了很高的门槛。[110] 因此，瑞典债务整理计划的债务人平均年龄在55岁以上，且未清偿债务登记册中有一种不能获得免责的"永久债务人"。个人破产在很多国家仍然会带来耻辱，这可能导致作为过度负债解决方案的破产程序不能得以充分适用。

第三节　家庭债务、新自由主义和个人破产法

自20世纪80年代以来，许多国家家庭债务的增加构成了本项
25 研究的框架(见图1.1)。消费者而不是企业已经成为金融机构的重要利润来源，在工资停滞不前的年代，信贷成为维持需求的一种机制。[111] 戴维·哈维(David Harvey)写道，撒切尔主义使"债务文化"发展成"原本乏味的英国生活"。[112] 沃尔夫冈·斯特里克(Wolfgang

〔109〕 例子包括最低债务水平、破产的适格、破产限制令、附条件的免责、善意要求、良好行为期、破产前的强制咨询条件、要求在申请破产前已尝试协商解决。程序的经济成本可能成为程序障碍。未披露财产或提供虚假信息可能导致无法免责。

〔110〕 参见第五章，原著第133页。

〔111〕 参见本章注释11。

〔112〕 D. Harvey, *A Brief History of Neoliberalism*, (Oxford, Oxford University Press, 2005) 61.

Streeck)等批评家认为,债务文化是资本主义"为现有的社会和经济秩序争取时间"的一种手段。[113] 甚至有更多的主流经济学家担心"债务是危险的"。[114]

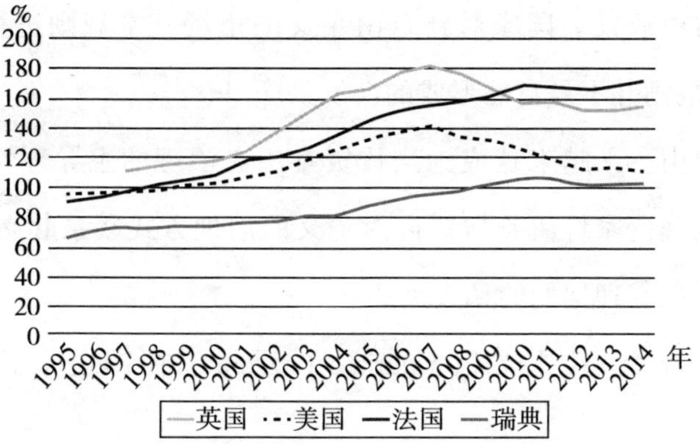

图 1.1　1995~2014 年特定欧洲国家和美国家庭的债务收入比例（英国从 1997 年开始）

资料来源:经济合作与发展组织国民核算一览表(多年份):家庭债务,载经济合作与发展组织在线图书馆网 2015 年 12 月 14 日,http://www.oecd-ilibrary.org/economics/national-accounts-at-a-glance-2015_na_glance-2015-en。

自金融危机发生以来,各种各样的研究都考察了家庭信贷在经济中的作用,但对个人破产的讨论并不充分。新自由主义在美国和

---

[113] W. Streeck, *Buying Time: The Delayed Crisis of Democratic Capitalism*, (London, Verso Books, 2014) 4.

[114] A. Mian and A. Sufi, *House of Debt : How They (and You) Caused the Great Recession, and How We Can Prevent It from Happening Again*, (Chicago, University of Chicago Press, 2015) 12; see also A. Turner, *Between Debt and the Devil: Money, Credit, and Fixing Global Finance*, (Princeton, Princeton University Press, 2015) 49.

欧盟仍然是一种强有力的学说,学者们指出,它在大衰退后的强大韧性。[115] 新自由主义鼓励国际市场的开放,削弱劳动者的权利,减少
26 福利津贴,并信奉消费主义和创业精神。[116] 然而,新自由主义并不是回归自由放任。国家对新自由主义的市场基本规则进行组织建构,这些规则并不是自然形成的自发秩序。[117]

新自由主义越来越成为当代资本主义治理的主导理性。[118] 欧洲大陆的理论家将债务与新自由主义的治理方式联系起来,要求个人负责任地管理他们的私人生活。

莫里吉奥·拉扎拉托(Maurizio Lazzarato)在《塑造负债者:论新

---

〔115〕 See T. Williams,"Continuity Not Rupture:The Persistence of Neoliberalism in the Internationalisation of Consumer Finance Regulation" in T. Wilson (ed.), *International Responses to Issues of Credit and Over-indebtedness in the Wake of Crisis*, (Surrey, Ashgate Publishing, 2013) ch. 2; P. Dardot and C. Laval, *The New Way of the World: On Neoliberal Society*, (London, Verso Books, 2014) 2:"这种危机不仅没有削弱新自由主义政策,还戏剧化地强化了新自由主义,通过那些越来越积极地推动金融市场竞争的国家制定的紧缩计划的形式。" See also V. A. Schmidt and M. Thatcher (eds.), *Resilient Liberalism in Europe's Political Economy*, (Cambridge, Cambridge University Press, 2013).

〔116〕 See also V. A. Schmidt and M. Thatcher (eds.), *Resilient Liberalism in Europe's Political Economy*, (Cambridge, Cambridge University Press, 2013) 3.

〔117〕 东欧从共产主义到资本主义的转变,清晰地演绎了信贷市场的构建必须涵盖新的信贷技术以及个人的变化。See discussion in A. Rona-Tas, "The Rise of Consumer Credit in Postcommunist Czech Republic, Hungary, and Poland" in N. Bandelj and D. Solinger (eds.), *Socialism Vanquished, Socialism Challenged* (Oxford, Oxford University Press, 2012); A. Guseva and A. Rona-Tas, *Plastic Money: Constructing Markets for Credit Cards in Eight Postcommunist Countries* (Stanford, Stanford University Press, 2014).

〔118〕 达尔多(Dardot)和拉瓦尔(Laval)将新自由主义视为"理性的一种形式",其不仅对"治理者的行为进行架构,还包括被治理者的行为"。P. Dardot and C. Laval, *The New way of the World: On Neoliberal Society* (London, Verso Books, 2014).

自由主义的条件》(*The Making of the Indebted Man*:*An Essay on the NeoLiberal Condition*)一书中,[119]继续探讨了福柯(Foucault)首次提出的主题,[120]该书指出,在当代社会,像工厂这种传统意义上的“规训场所”越来越少,我们已经进入一种控制的社会,[121]而债权人与债务人的关系是当代资本主义的核心。债务主导型经济的增长塑造了负债者的主体性,使个人“发展出一种适合‘负债者’的生活方式、规训、态度和行为,负债者则应该学会合理地利用信贷市场”。[122] 信用评级技术和信贷机构发挥重要的分类、引导和制约的作用。鼓励个人检查他们的信用评级,并学习如何提高他们的信用评级,就像他们检查自己的胆固醇水平一样。全球金融知识和

---

〔119〕 M. Lazzarato, *The Making of the Indebted Man*: *An Essay on the Neo-Liberal Condition* (Cambridge, Massachusetts Institute of Technology, 2012).

〔120〕 See M. Foucault, *The Birth of Biopolitics*: *Lectures at the Collège de France*, 1978 – 1979 [A. Davidson (ed.), trans. G. Burchell] (Basingstoke, Palgrave Macmillan, 2010). 引导个人将自己视为企业,试图改善自身人力资本并与其他个人不断竞争。新自由主义假定了一种新形式的经济理性人,即“自我的企业家”,个人必须利用自己的人力资本,不断调整和寻求自我完善,并负责管理个人的风险。这种风险的个人化在美国被雅各布·哈克(Jacob Hacker)描述为“风险大转移”。See J. S. Hacker, *The Great Risk Shift*: *The New Economic Insecurity and the Decline of the American Dream*, revised edition (Oxford, Oxford University Press, 2008).

〔121〕 See G. Deleuze, “Postscript on the Societies of Control”, (1992) 59 *October* 3. 这一“政府性”的概念——个人在工作地、学校等多个场所经历过规制与塑造——是新自由主义“远程治理”的特征。

〔122〕 Lazzarato, *The Making of the Indebted Man* : *An Essay on the Neo-Liberal Condition*, (Cambridge, Massachusetts Institute of Technology, 2012) 104.

27 教育活动[123]帮助消费者适应这个他们必须“负债生活”的世界。[124] 为了让信贷市场更富有竞争力(如通过加强转换方式),和监管那些可能导致过度负债或“肥胖”[125]的“内在性”[126](如冲动或目光短浅),消费者被列为被监管主体。[127] 这是一个负责任的借款人的世界。因此,新自由主义没有与享乐消费主义相关联,而是与有效管理预算并且负责任的消费者联系在一起的。

---

〔123〕 例如,参见经济合作与发展组织(OECD)网站的相关网页,其中提到:“全世界各经济体越来越认识到财务教育的重要性。”经济合作与发展组织及其国际财务教育网络(INFE)为各国政府提供了独特的政策论坛以供在该事务上交换意见和经验,载经济合作与发展组织官网,http://www. oecd. org/finance/financial-education/。相关评论参见 T. Williams,“Empowerment of Whom and for What? Financial Literacy Education and the New Regulation of Consumer Financial Services”,(2007)29 *Law & Policy* 226。

〔124〕 Lazzarato, *The Making of the Indebted Man: An Essay on the Neo-Liberal Condition*, (Cambridge, Massachusetts Institute of Technology, 2012) 112:“学习如何‘负债生活’已经进入了一些美国学校的课堂。”See also I. RamsaI Ramsay,“Consumer Credit Society and Consumer Bankruptcy: Reflections on Credit Cards and Bankruptcy in an Informational Economy” in J. Niemi-Kiesilainen, I. Ramsay and W. C. Whitford (eds.), *Consumer Bankruptcy in Global Perspective*, (Oxford, Hart Publishing, 2003) 38.

〔125〕 See Williams, “Empowerment of Whom and for What? Financial Literacy Education and the New Regulation of Consumer Financial Services”, (2007) 29 *Law & Policy* 226; D. Marron, “‘Informed, Educated and More Confident’: Financial Capability and the Problematization of Personal Finance Consumption”, (2014) 17 *Consumption Markets & Culture* 491. 有关此主题的讨论参见 N. Moloney, *How to Protect Investors: Lessons from the EC and the UK*, (Cambridge University Press, 2010) 47。有关欧盟的讨论参见 V. Mak and J. Braspenning,“Errare Humanum Est: Financial Literacy in European Consumer Credit Law”, (2012) 35 *Journal of Consumer Policy* 307。

〔126〕 这与传统的外部性经济原理相悖。See G. Loewenstein and others, “Can Behavioral Economics Make Us Healthier?”, (2012) 344 *The British Medical Journal* 3482.

〔127〕 玛格丽特·阿特伍德(Margaret Atwood)将“债务称为新的脂肪”。See M. Atwood, *Payback: Debt and the Shadow Side of Wealth* (Toronto, House of Anansi Press, 2008).

对研究消费信贷的历史学家来说,上述观点并不陌生。伦多尔·考尔德(Lendol Calder)认为,在美国,分期付款债务的增加,要求个人适应这种按月清偿的规制,这将福特主义工厂制度的规制拓展到了私人消费领域。[128] 他还记录了上层决策者为使消费债务常态化与合法化所作出的努力,例如,美国在20世纪30年代将用语从"消费性"债务转变为"消费者"债务。这种有意识地创造债务文化的做法得到了美国劳工和企业利益集团的支持。债务意识形态的这种转变是美国更普遍地向消费主义转变的一部分。为了减少资本家和劳动者之间的阶级冲突,沃尔特·李普曼(Walter Lippman)等奥尔多自由主义学者促进了向消费者身份认同占据主导地位的转型。[129]

当代新自由主义是考察当代破产法一个很有影响力的背景。本书研究的所有国家和国际组织以及欧盟,均受到了新自由主义思想的影响。但个人破产在新自由主义中扮演了什么角色? 新自由主义

〔128〕 See e. g. L. Calder, *Financing the American Dream: A Cultural History of Consumer Credit* (Princeton, Princeton University Press, 2009). Calder drew on J. Baudrillard, "The Consumer Society", *Selected Writings* (Stanford, Stanford University Press, 2001) 81. 这一观点同样由戴维·卡普洛弗(David Caplovitz)在20世纪70年代提出。See D. Caplovitz, "The Social Benefits and Costs of Consumer Credit" in R. M. Goode (ed.), *Consumer Credit* (Sijthoff, Leyden, 1978).

〔129〕 See e. g. Lippman quoted in J. Q. Whitman, "Consumerism versus Producerism: A Study in Comparative Law", (2007) 117 *Yale Law Journal* 340, 361. 关于奥尔多自由主义在法国影响的讨论,参见第四章,原著第105页。

28 颂扬创业精神，本书第六章讨论了宽容的破产法能在多大程度上鼓励企业家和创业者冒险，已经成为欧盟寻求创新和经济增长的主导思想。但欧盟也致力建立富有竞争性的社会市场经济，[130] 提出了反对社会排斥等更广泛的社会目标，并提出了个人破产如何符合“社会化欧洲”的价值观的问题。[131] 社会化欧洲的概念最初侧重劳工权利和非歧视领域的硬法。许多与福利国家相关的社会政策都属于国家的职权范围，但经济一体化，包括流动自由，通过非强制方式对社会政策的影响推动了更深入与广泛的合作与协调。

个人破产法同时涉及经济和社会政策，鼓励创业精神，也解决潜在的社会排斥问题，其通过将某些违约风险转移给最有能力分散这些损失和监督债务人行为的债权人，以消弭债务人的市场风险。迅速地免责能让个人重返信贷市场。然而，这种宽容的个人破产免责模式与新自由主义的“消费者负起责任”的政策形成了鲜明对比。在美国 2005 年《破产滥用防止及消费者保护法》中，作为破产适用条件的“收入测试”和破产者的强制性债务咨询就受到了新自由主义个人责任观念的启发。[132] 在自由主义内部，个人破产法和债务免除之间

---

〔130〕《欧洲联盟运作条约》(TFEU)第 3 条第 3 段。

〔131〕关于欧盟社会政策倡议的有益总结，参见 C. Barnard and G. de Baere, *Towards a European Social Union: Achievements and Possibilities under the current EU constitutional framework* (Leuven, KU Leuven Forum, 2015)，载鲁汶大学官网，http://www. kuleuven. be/euroforum. viewpic. php? LAN = E&TABLE = DOCS&ID = 937，参见下文的讨论，第六章，原著第 152 页。

〔132〕参见下文讨论，第二章第五节，原著第 56 页。

存在紧张关系,是一个既有自由又有规制的场域。

新自由主义还通过对开发和管理自己的人力资本的“自主创业者”的建构,缩小了消费者与生产者之间的关于身份认同的差异。具有商业冒险精神的个人和负责任的消费者之间的传统区别受到了挑战。所有社会阶层的个人都面临风险管理。收入更高的个人可能会积极地迎接这样的机会,而低收入人群则可能被动地利用信贷来应付日复一日的不确定性。[133]

一、错误的两分法——美国的新自由主义 vs. 欧洲的社会市场

最近,瑞典一项关于个人破产的报告[134]得出这样的结论,在应对过度负债的问题上,美国和欧洲之间存在文化差异。

> 在美国,免除债务被视作分散风险的有效方式。过度 29
> 负债被视为市场失灵——市场未能预测风险——的一种表现。通过这种方式,将债务重整视为有效解决过度负债问题的手段是合乎逻辑的,以便个人能够作为消费者和借款人迅速回归市场。在欧洲,过度负债被视为社会问题或道德问题,普遍认为债务人应当承担更多风险。

---

[133] See N. Fligstein and A. Goldstein, “The Emergence of a Finance Culture in American Households,1998 – 2007”,(2015) *Socio-Economic Review* 1.

[134] *An Opportunity for a Fresh Start for Serious Entrepreneurs SOU*, (Statens Offentliga Utredningar/ National Public Inquiry) 2014:44. 参见第五章,原著第133页。

美国和欧洲之间这种粗略的文化对比并不少见,体现了美国和其他国家在信贷、债务和破产方面的深刻分歧。例如,戴维 · 斯凯尔和莫妮卡 · 普拉萨德(Monica Prasad)分别将美国宽容的破产重生描述为"独特的"和"美国式的"。[135] 美国 2005 年《破产滥用防止及消费者保护法》颁布之前,美国破产法中慷慨的重新开始似乎"符合"以需求为导向的经济,[136] 其消费信贷维持消费需求并替代社会再分配。[137] 美国左派和右派的政治团体都支持将获得信贷作为实现中产阶级消费的"标准配置",并为工作者提供平稳消费的一种方法。[138] 然而,高水平的信贷投放带来了过度负债的危险,尽管制定破产法的初衷并不是设置有效的安全网以便工人重获生产能力并进一步消费,但它实际上承担了这一功能。相比那些拥有公共医保和

---

〔135〕 D. A. Skeel, *Debt's Dominion: A History of Bankruptcy Law in America*, (Princeton, Princeton University Press 2014) 1; M. Prasad, *The Land of Too Much: American Abundance and the Paradox of Poverty*, (Cambridge, Harvard University Press, 2012) 183.

〔136〕 M. Prasad, *The Land of Too Much: American Abundance and the Paradox of Poverty*, (Cambridge, Harvard University Press, 2012) 183. See also L. Hyman, "The Politics of Consumer Debt: U. S. State Policy and the Rise of Investment in Consumer Credit, 1920 – 2008", (2012) 644 *The ANNALS of the American Academy of Political and Social Science* 40, 40 – 49.

〔137〕 See R. G. Rajan, *Fault Lines: How Hidden Fractures Still Threaten the World Economy* (Princeton, Princeton University Press, 2010).

〔138〕 See G. Trumbull, *Consumer Lending in France and America: credit and welfare* (Cambridge, Cambridge University Press, 2014). 特朗布尔(Trumbull)认为,政治团体的联盟支持广泛获得信贷的叙事,右翼认为,它是反对共产主义的堡垒;工会认为,它是罢工期间维持收入的重要手段而予以支持。

公共住房福利制度的国家，美国与就业相关的福利和医保体系意味着失业和疾病可能会对个人产生更大影响。美国的“开放式信贷经济”[139]和最低社会福利国家的信贷监管方式与欧洲的社会团结模式形成对比，后者通过国家监管和再分配，为公民提供更高程度的保障。然而，如果欧洲国家就信贷在经济中的作用这一问题越来越多地采用美国模式，而其他条件不变，则类似的破产模式会越来越多。
欧洲个人破产的发展与 20 世纪 80 年代以来的信贷自由化、随之而 30
来的危机和因过度负债增加而带来的社会成本相关联。[140]

笔者就上述美欧比较的陈述发表 3 点评论。首先，美国自由免责破产政策的文化描述弱化了破产适用和债务人相对责任的政治冲突。个人责任的概念不仅是 2005 年美国改革辩论的主导话题，早期也是一个持续存在的主题，[141]并用以支持限制美国的重新开始制度。其次，对“欧洲方式”的论述淡化了欧洲国家在信贷方式和个人破产方面的巨大差异。[142] 欧盟成员国之间的社会政策差异仍然与

---

[139] “开放式信贷经济”是美国破产委员会在 1970 年使用的术语，用来将美国制度与社会主义制度进行对比。它反映了冷战的时代背景。该委员会在关于“破产制度的理念”的章节中指出，“美国普遍支持破产程序，尤其是‘开放式信贷经济’”。See *Report of the Commission of Bankruptcy Laws of the US*, (Washington, Government Printer, 1973) ch. 3.

[140] 注意，在欧洲国家平均未清偿的家庭债务收入比与美国相近(接近 100%)。

[141] 上文中，美国破产委员会(注释 139)指出：“清偿债务的‘道德责任’被广泛接受。”

[142] 参见第六章，原著第 152 页。

美国和欧洲之间的差异一样大。[143] 学者们有时用债务咨询在破产中的角色,说明欧洲个人破产程序采取了更加社会化的路径。然而,与这种印象相反,法国和瑞典没有采取社会福利方式,也没有尝试将债务管理纳入福利制度当中。英格兰通常被称为新自由主义地区,其庞大的公民咨询网络发挥重要的社会福利作用。最后,对整体文化价值观的诉求可能仅仅是为了维护特定群体的利益。前面的瑞典引文声称,美国和欧洲之间存在深刻的文化差异,可能是在打"文化牌",[144] 这是一种政治战略,通过将正好维护金融利益的特定价值提升为深厚的文化价值,以阻止特定的改革。因此,本书驳斥了美国消费者破产法反映了美国持久的文化特征,或者"美国拥有最大限度的消费者主权而欧洲传统中消费者拥有最充分的保护"这一论断。[145] 笔者将在第二章论述美国消费者破产法所反映的价值冲突,这些冲突引发了对消费者破产法的社会功能的持续争论。

新自由主义的美国模式与欧洲社会模式之间的对比,也为以下

---

〔143〕 See e. g. P. Baldwin, *The Narcissism of Minor Differences How Europe and America are Alike* (Oxford, Oxford University Press, 2009).

〔144〕 哈利迪(Halliday)和卡拉瑟斯(Carruthers)在个别国家抵制采用企业破产法国际准则的背景下讨论这个问题。他们将"文化不相容性"描述为拒绝国际金融机构(IFI)建议的常用策略。这种策略十分有效,因为这些机构对批评他们试图对所有国家施加一种普遍适用的方法的观点非常敏感。See Halliday and Carruthers, *Bankrupt: Global Lawmaking and Systemic Financial Crisis*, (Palo Alto, Stanford University Press, 2010) 344 - 345.

〔145〕 J. Q. Whitman, "Consumerism versus Producerism: A Study in Comparative Law", (2007) 117 *Yale Law Journal* 383.

观点奠定了基础：美国消费者破产制度主要是围绕法院和律师而建构的私人制度，欧洲制度则通常是，国家行政机构在管理债务人方面 31 更多地扮演了家长式的角色。[146] 戴维·斯凯尔将英国破产官方接管人制度与美国的“司法程序”进行了对比，前者赋予英国破产法普遍的政府和行政性质；后者以“律师而非行政人员占据主导地位为特点，将美国破产法与世界上其他所有破产法区别开来”。[147]

事实上，欧洲国家的破产法代表了多元化的实现路径，将美国的破产制度描述为非政府主导型，可能是被政府的隐含形象所误导，即韦伯式自上而下的国家管理模式，通过立法确定政治目标，然后经由冷静、客观的政府工作人员予以实施。[148] 这就与通过律师和法官进行私人监管形成了鲜明对比。事实上，美国呈现一个包括法官、第13章程序中的联邦常设管理人、法院指定管理人和联邦公共破产管理署（Federal Public Trustee Service，自2005年以来拥有广泛监督权的监管机构）在内的“联系松散的结构”。[149] 作为美国消费者破产的

---

〔146〕 一些法学学者认为，在成本顾虑的推动下，对债务人的行政化处理正逐步演变为一种趋势，个人破产案件确实很少引发对抗性的权利问题，同等对待债务人的问题也令人担忧。See K. A. Littwin, “The Affordability Paradox: How Consumer Bankruptcy's Greatest Weakness May Account for its Surprising Success”, (2011) 52 *William & Mary Law Review* 1933.

〔147〕 D. A. Skeel, *Debt's Dominion: A History of Bankruptcy Law in America*, (Princeton, Princeton University Press 2014) 38, 43.

〔148〕 See W. Novak, “The Myth of the ‘Weak’ American State”, (2008) 113 *The American Historical Review* 752, 770.

〔149〕 这一词汇来自布鲁金斯学会1971年的报告。See D. Stanley and M. Girth, *Bankruptcy: Problem, Process, Reform*, (Washington, D. C., Brookings Institution, 1971) 147.

"看门人",律师也发挥越来越重要的管理功能。这不是一个韦伯式的垂直官僚机构,但它是一种坚实的破产基础架构,发挥了重要的行政、司法和政治功能,美国体制演绎出重要的"公共领域和私人领域的相互渗透",也是威廉·诺瓦克以下观点的另一例证,即许多历史学家因为一味认定国家应该是一套垂直的官僚体系,从而低估了美国国家的作用。

二、个人破产的人群分布——美国和欧洲

20 世纪 80 年代和 90 年代,特雷莎·沙利文(Teresa Sullivan)、伊丽莎白·沃伦和杰伊·韦斯特布鲁克(Jay Westbrook)在一系列开创性实证研究的基础上得出结论:破产在美国主要是一种中产阶级现象(根据教育、就业状况和住房所有权状况进行定义)。[150] 因此,
32 破产在美国发挥了中产阶级安全网的作用,代表了对高负债经济较

〔150〕 See T. Sullivan, E. Warren, and J. L. Westbrook, *As We Forgive Our Debtors: Bankruptcy and Consumer Credit in America* (New York, OUP, 1989); Sullivan, Warren and Westbrook, *The Fragile Middle Class: Americans In Debt* (New Haven, Yale University Press, 2000). 亦可参见 T. A. Sullivan, E. Warren, and J. L. Westbrook, "Consumer Bankruptcy in the United States: A Study of Alleged Abuse and of Local Legal Culture", (1997) 20 *Journal of Consumer Policy* 223。该文指出:"该制度的功能是为中产阶级提供债务减免。"2010 年,美国副总统办公室发布《白宫中产阶级特别工作组年度报告》(美国副总统,2010 年 2 月华盛顿),该报告依据美国商务部、经济和数据管理局的报告《美国的中产阶级》(美国商务部、经济和数据管理局,2010 年 1 月华盛顿)的第 10 页指出,"中产阶级家庭更多地根据他们的愿景而不是收入予以界定。商务部的报告指出,中产阶级家庭渴望拥有房屋、汽车、为子女提供大学教育、健康和退休保障,以及偶尔的家庭假期……各种收入水平的家庭都渴望成为中产阶级,在一定情况下,他们可以集中预算资金,获得前述被认为是中产阶级生活方式组成部分的生活 6 个要素。"

务实的回应,在这种经济形态中,个人可能会失业,拥有有限的医疗保险或者错误地判断自己的还款能力。这与早期的研究结论有所不同,在此之前,人们认为破产的主要是穷人或从事低收入工作的人。[151]

欧洲国家关于个人破产人群分布的社会科学研究是有限的。不同国家之间的阶层概念也可能存在差异。对个人破产的现有研究经常将职业和收入作为划分阶层的标准。然而,在理解 21 世纪的个人破产对于解决经济和社会排斥问题的作用时,皮埃尔·布迪厄(Pierre Bourdieu)关于阶级与经济、社会和文化资本相关联的理念可能会提供一个更有价值的框架。[152]

一些证据证明,英国[153]和德国[154]的中产阶级正在适用破产程序,更多的法国人在申请适用过度负债委员会的程序,这些都与中产

---

〔151〕 See P. Shuchman, "The Average Bankrupt: A Description and Analysis of 753 Personal Bankruptcy Filings in Nine States", (1983) 88 *Commercial Law Journal* 288; P. Shuchman, "New Jersey Debtors 1982 – 1983: An Empirical Study", (1984) 15 *Seton Hall Law Review* 541. 布鲁金斯学会于 1964 年对破产者进行的一项研究更加模糊地得出结论:破产者"既不代表贫穷也不代表不稳定"。D. Stanley and M. Girth, *Bankruptcy: Problem, Process, Reform*, (Washington, D. C., Brookings Institution, 1971) 42.

〔152〕 该方法的讨论参见 M. Savage, *Social Class in the 21st Century*, (London, Pelican, 2015) 46。

〔153〕 See I. Ramsay, "Between Neo-Liberalism and the Social Market: Approaches to Debt Adjustment and Consumer Insolvency in the EU?", (2012) 35 (4) *Journal of Consumer Policy* 421 – 441.

〔154〕 "申请破产的经历并不仅限于社会底层人士。尽管如此,更多的人声誉较低,如非熟练工人,且很少有人来自上层。" See Backert, Brock, and Maischatz, "Bankruptcy in Germany: Filing Rates and the People Behind the Numbers" in J. Niemi, I. Ramsay, and W. C. Whitford (eds.), *Consumer Credit, Debt and Bankruptcy: Comparative and International Perspectives*, (Oxford, Hart Publishing, 2009) 282.

阶级生活的不稳定性和阶层下沉[155]的现象有关。然而,法国的数据表明,适用过度负债委员会的债务整理程序更像是工人阶层的现象,[156]个人恢复程序则适用于那些既没有清偿能力也没有财产的个人,这些人只有低收入工作或长期失业。在瑞典,2012 年的《赫德伯格报告》(Hedborg Report)得出结论,在瑞典强制执行机构登记的个人通常拥有低收入背景,其债务往往是拖欠公用部门的账单。在当局登记的 500,000 人中,只有 10% 的人有抵押贷款债务,其中,病人和失业者占据了相当大的比例。[157] 英格兰、德国、法国和瑞典的研
33 究表明,这些国家或地区房屋所有人适用破产程序的人数远低于美国。然而,希腊的研究表明,不只是贫困家庭才会申请个人破产,大量房屋所有人也在适用债务整理程序;这反映出希腊拥有非常高的房屋所有率,以及希腊法律很可能对破产抵押贷款进行调整。[158] 此外,在破产制度既适用于个体工商户又适用于非商人的国家,从事商业经营的个人占破产总数的比例高达 20%。[159] 尽管使用"中产阶

〔155〕 参见下文讨论,第四章,原著第 105 页。

〔156〕 参见下文讨论,第四章,原著第 105 页。

〔157〕 参见本书第五章,原著第 133 页。

〔158〕 See E. Marsellou and Y. Bassiakos, "Bankrupt Households and Economic Crisis. Evidence from the Greek Courts", (2016) 39 *Journal of Consumer Policy* 41.

〔159〕 See e. g. England, Germany, Finland noted in Ramsay, "Changing Policy Paradigms of EU Consumer Credit and Debt Regulation"; D. Leczykiewicz and S. Weatherill, *Images of the Consumer in EU Law: Legislation, Free Movement and Competition Law*, (Oxford, Hart Publishing, 2016) 166.

级”这个术语会产生误导，我们仍然可以得出结论：在这些欧洲国家，适用破产的并不限于非常贫困的人群，“富裕的中产阶级下层”也往往会遭遇破产，他们是 20 世纪 80 年代以来世界经济全球化的主要受害者。[160]

一部分债务人与高失业率和社会福利的领取有关。他们可能会利用信贷来补充收入不足，并向中央和地方政府以及金融机构借款。在法国，这是那些适用个人恢复程序的债务人的特征；在英格兰和威尔士，则是适用债务纾缓令（Debt Relief Order，DRO）的债务人的特征，两种程序的债务人都可以在一年内获得免责。单亲父母和失业者往往属于这一群体，女性债务人的比例过高。这一群体对破产法推动重新开始的局限提出了挑战。

第四节　总结

第二章至第五章考察了自 20 世纪 80 年代初以来，4 个发达经济体的个人破产法和政策的发展历程，并将英格兰和美国置于一个更长的历史背景下进行研究。这些章节说明了金融利益集团对债务免

〔160〕 Milanovic, *Global Inequality: A New Approach for the Age of Globalization*, (Cambridge Mass, Harvard, 2016) 20.

除的政策及其执行的持续影响，以及英格兰和法国那些具有特定议程的不同部门和机构的重要作用。各国（地区）改革的不同制度背景往往影响处理债务案件的结构性框架。虽然政策解决方案最初似乎是相对偶然的，如法兰西银行在过度负债管理中的作用，而一旦这些解决方案落实，就形成了重要的路径依赖。债务人的独特叙事在法国和美国制定改革议程上发挥了特别重要的作用。在法国，国家在促进相关叙事中发挥了重要作用，而美国金融界则推进了关于"个人责任"的叙事。

第二章　美国例外主义 34

“没有哪个国家的信用经济能与美国相比，因此没有哪国能有如此多种多样而各不相同的破产经验。”

——弗兰克·肯尼迪(Frank Kennedy)

美国参议院司法委员会破产委员会就通过第100号决议设立委员会以研究美国破产法举行的第二届联合会议的听证会(1968年)

“美国法典作为典范的日子或许正在成为过去。”

——伊丽莎白·沃伦、杰伊·韦斯特布鲁克、凯瑟琳·波特(Katherine Porter)、约翰·波特:《债务人和债权人的法律》(第4版)(马里兰州，弗里德里克，克鲁沃出版社)第320页

第一节　简介

美国消费者破产制度一直是欧洲政策制定者的参考对象。20世纪80年代,《美国联邦破产法》第13章对欧洲改革者是一个有影响力的范式;然而,大多数欧洲国家都没有借鉴第7章程序中的快速破产免责。如今,美国重新开始和创业精神之间的显著联系,吸引了欧洲那些希望推动疲软的欧元区经济增长的政策制定者。当然,在美国本土,这一概念的意义和范围一直饱受争议,正如罗伯特·弗罗斯特(Robert Frost)所言,美国消费者破产的形势变得“扑朔迷离”。[1] 美国个人破产法并不是一套经过严密规划后实施的政策,而是一部关于债务人和债务免责条款的冲突叙事史。在破产法实施中存在巨大的地域差异,因为法官和破产从业者对法律有不同的诠释,后来,这些诠释有时又被立法所采纳。制度设计的失败和预料之外的后果经常出现。尽管债权人在法律发展史中同时影响了“书本上的法律”和“实践中的法律”,但这既不是一种深刻的文化共识,也不仅仅是利益集团施压的结果。与欧洲模式相比,美国破产运行管

〔1〕 摘自诗歌“and all we call american” by Robert Frost, *The Atlantic Monthly*, June 1951, 28 – 29。

理体系也不代表某种反对国家的偏见。如下文所述，只有秉承有限国家的理念，才能坚持这一路径。

快速重新开始不要求债务人以未来收入清偿债务作为免责条件，甚至不要求将资不抵债作为程序的适用条件，这是美国消费者破产法的一个显著特征。莫妮卡·普拉萨德将之描述为"具有美国特色"的制度，[2]戴维·斯凯尔则在21世纪初断言，对债务人如此友好的美国破产法"在世界范围内是独一无二的"。[3] 围绕法院构建的美国制度"赋予律师而不是托管人主导地位"。[4] 然而，美国2005年《破产滥用防止及消费者保护法》的颁布对债务人重新开始加以限

---

〔2〕 M. Prasad, *The Land of Too Much: American Abundance and the Paradox of Poverty*(Cambridge, Harvard University Press, 2012).

〔3〕 D. A. Skeel, *Debt's Dominion: A History of Bankruptcy Law in America*(Princeton, Princeton University Press, 2014). See also W. C. Whitford, "Changing Definitions of Fresh Start in U. S. Bankruptcy Law", (1997) 20 *Journal of Consumer Policy* 179, 179.(美国消费者破产法几乎是世界上唯一承诺"重新开始"的法律，但作者也指出，对重新开始日益增加的限制使其更像一个"陈旧的开始") see also T. Sullivan, E. Warren and J. L. Westbrook, *As We Forgive Our Debtors: Bankruptcy and Consumer Credit in America*(New York, Oxford University Press, 1989). "我们的破产法具有美国式特征……美国(破产)法不仅在细节上，在概念上也具有独特性。"

〔4〕 参见斯凯尔的观察，"自1898年来，破产专业人士对破产法的发展具有独一无二的、最重要的影响", Skeel, *Debt's Dominion: A History of Bankruptcy Law in America*, (Princeton, Princeton University Press, 2014) 47; A. K. Littwin, "The Do-It-Yourself Mirage: Complexity in the Bankruptcy System" in K. A. Porter, ed., *Broke: How Debt Bankrupts the Middle Class*(Palo Alto, Stanford University Press, 2011); A. K. Littwin, "The Affordability Paradox: How Consumer Bankruptcy's Greatest Weakness May Account for its Surprising Success", (2011) 52 *William & Mary Law Review* 1933。

制,美国消费者破产制度越来越具有“行政管理”系统的特点。[5]

娜塔莉·马丁(Nathalie Martin)总结认为,宽松的破产法是美国经济和社会文化的一部分:

> 美国当前的破产制度***直接源于美国独特的资本主义制度,该制度既鼓励创业精神,又鼓励大量消费***。理所当然,在美元统治的社会中,为了保持消费者的高额消费支出,会采用宽容的个人破产制度……***两种制度都是保持经济主体在资本主义游戏中生存与保持活跃的更宏大计划的一部分***。美国的破产制度是这个国家为数不多的社会项目之一,这些社会项目解决了众多社会问题。因此,它们广泛存在并构成了产生这些项目的社会体系的组成部分。[6] (补充强调)

毫无疑问,有关创业精神、消费者支出的维持和社会安全网的叙
36 事,说明了宽容的破产免责制度存在的合理性。但是,债务人通过咨

---

〔5〕 参见下文第六节的讨论,原著第62页;关于美国制度性质的有用讨论参见Littwin, “‘The Affordability Paradox’: How Consumer Bankruptcy's Greatest Weakness May Account for its Surprising Success”, (2011) 52 *William & Mary Law Review* 1933。

〔6〕 N. Martin, “The Role of History and Culture in Developing Bankruptcy and Insolvency Systems: The Perils of Legal Transplantation”, (2005) 28 *Boston College International & Comparative Law Review* 1.

询得以复苏以及个人责任的重要性都在历史上得到了明确的佐证。关于重新开始的适用范围的政治分歧反映了这些目标之间的紧张关系，并体现在整部破产立法政策史中。[7] 美国破产法的大部分历史周期都是由较长的稳定时期和不时因关键节点的刺激而推动的重大立法改革加以划分的，改革往往由"爆发式"增长的破产申请数量而引发。[8] 然而，即使在那些稳定时期，低透明度的法律实践也经常改变书本上的法律，并为改革提供契机。因此，在实践中，债权人不断削弱《美国联邦破产法》第 7 章程序中为重新开始而免责的有效性；公断人在 20 世纪 30 年代拓展了破产法的适用范围，为《1938 年钱德勒法》制定的第 13 章程序奠定了基础；在大衰退之后，作为对联邦立法修正案失败的回应，区域性的多元化探索和试验持续进行。

---

〔7〕 See E. Berglöf, H. Rosenthal and E. L. von Thadden, "The Formation of Legal Institutions for Bankruptcy: A Comparative Study of the Legislative History", (2001) Background paper for the World Development Report, 载曼海姆大学官网, http://vonthadden.vwl.uni-mannheim.de/fileadmin/user_upload/thadden/research/Berg-Rosen-ThadFeb2001.pdf。大卫·斯凯尔将美国破产法视为债权人群体和"支持债务人运动"及民粹主义者之间的妥协。他还指出了政治的作用——债权人的利益影响了共和党，债务人的利益影响了民主党，而破产律师在拓展破产法的适用范围中发挥了作用。D. A. Skeel, *Debt's Dominion: A History of Bankruptcy Law in America*, (Princeton, Princeton University Press, 2014) 16.

〔8〕 这些关键时期包括：美国《1898 年破产法》最初实施的冲突期、第 13 章得到发展的 20 世纪 30 年代、20 世纪 50 年代末直到美国《1978 年破产改革法》出台时期；随后的"理念之战"是债权人在美国 2005 年《破产滥用防止及消费者保护法》出台前呼吁改革的时期，债权人被视为获得了局部胜利；以及破产法对大衰退予以回应的现阶段。See e. g. D. A. Skeel, *Debt's Dominion: A History of Bankruptcy Law in America* (Princeton, Princeton University Press, 2014).

因此,政治因素渗透到这些关注度较低的法律改革之中。

美国消费者破产的历史也是一个预料之外的结果,体现了制度设计的局限。美国《1978年破产改革法》意外地激励了破产法成为维护消费者权利的工具,并创建了试验性的美国托管人办公室。起初,债权人对托管人办公室持反对态度。后来,债权人通过美国2005年《破产滥用防止及消费者保护法》推动托管人办公室成为监管债务人滥用破产的机构,结果却发现,托管人办公室在大衰退中变成了消费者保护机构!美国破产法尽管看起来像私人化的制度,国家却在消费者破产法中扮演重要角色。然而,这里的国家是一种将公主体和私主体松散地连接起来的“权力的基础架构”。[9] 如果没有这种基础架构,而只是移植美国的消费者破产制度,则会带来诸多困难。

从20世纪30年代中期到1978年,破产法改革从“无人问津”变为“备受关注”的政治议题,法律专业人士一直主导破产法的政策制
37 定。[10] 20世纪30年代至美国《1978年破产改革法》出台这一时期,正如有学者所述,一些律师、学者和法官组成了一个联系紧密的小团

---

〔9〕 See W. J. Novak, “The Myth of the ‘Weak’ American State”, (2008) 113 *The American Historical Review* 752.

〔10〕 See P. Culpepper, *Quiet Politics and Business Power Corporate Control in Europe and Japan* (Cambridge, Cambridge University Press, 2011). See also E. Warren, “The Changing Politics of American Bankruptcy Reform”, (1999) 37 *Osgoode Hall Law Journal* 189, 192. 美国《1978年破产改革法》中,那些所谓高明和有瑕疵的规则大多是由破产专业人士负责制定的,(但)在1997~1998年的破产辩论中,特殊利益集团在很大程度上取代了破产专业人士,成为有影响力的参与者。

体,实现了政策上的垄断。[11] 在这段无人问津的政治时代,在将债务人视为信用体系中不幸或能力不足的受害者的基础上,美国制定了"适度地倾向债务人的"[12]破产法。1978 年之后,为债权人利益代言的政策企业家打破了前述垄断格局,他们改变了消费者破产的政策形象,关注破产滥用者和"由于生活方式造成的破产",分别于 1984 年和 1994 年分层渐进地修改了当时的立法,并通过"收入测试"部分地实现了限制破产准入的目标,通过美国 2005 年《破产滥用防止及消费者保护法》中的其他条款,提高了破产申请的成本。2008 年大衰退使破产法保护房屋所有人的功能更加突出。联邦立法没有规定"强裁"条款——该条款可以使第 13 章程序债务人获得减免贷款本金的机会——但地方性司法实践已承诺为房屋所有人提供部分破产免责。通过联邦国会实现"爆炸性"的立法改革存在困难,这意味着在某处受挫的人更换了阵地,而政治行动仍在其他领

〔11〕 凯文·鲍尔(Kevin Ball)声称,自 20 世纪 30 年代起的 30 年间,破产法律政策的制定由"一小群律师、破产法官和学者所垄断,他们利用自身地位,根据自身喜好,彻底重写了破产法"。K. Ball,"Bankruptcy and Politics:A Framework for Bankruptcy and Politics:A Framework for Bankruptcy Policymaking in the United States Congress and Courts"(Ph. D. thesis,Wayne State University,2012),载美国韦恩州立大学数字公地网 2012 年 1 月 1 日,http://digitalcommons. wayne. edu/oa_dissertations/423。鲍尔借鉴了 F. R. 鲍姆格特纳(F. R. Baumgartner)和 P. D. 琼斯(P. D. Jones)的文章,"Agendas and Instability in American Politics"(Chicago,University of Chicago Press,1993),其在第 4 页,将政策垄断定义为"由强有力的思想支持的结构性安排"。鲍姆格特纳和琼斯提到了在美国政治中,部分领域是以专家主导政策制定为特征的。

〔12〕 D. A. Skeel, *Debt's Dominion: A History of Bankruptcy Law in America*,(Princeton,Princeton University Press,2014)156.

域继续进行。

第二节 对工薪阶层债务人的挑战：20世纪30年代

消费者破产制度不是一项精心筹划的制度，美国《1898年破产法》将破产视为商人而不是消费者的救济措施。〔13〕 美国《1898年破产法》颁布时，其没有被视为债务人友好型法律。〔14〕 工薪阶层破产
38 在20世纪30年代初〔15〕成为一项政治议题，也是破产制度饱受批评的一个问题。1920～1930年工薪阶层的破产案件增加了414%（而

---

〔13〕 消费者破产一直是一个难以明确的制度问题。立法者显然没有审慎地制定法律。然而，它通过美国《1898年破产法》的颁布悄然兴起，此后便随着消费者信贷的扩张得以发展。See D. A. Moss and G. A. Johnson, "The Rise of Consumer Bankruptcy: Evolution, Revolution, or Both", (1999) 73 *American Bankruptcy Law Journal* 311.

〔14〕 布拉德利·汉森（Bradley Hansen）和玛丽·汉森（Mary Hansen）认为，詹姆斯·奥姆斯泰德（James Olmstead）关于"全新开始"代表了"希伯来千禧年"的著名评论是对视破产为"千禧年"的警告，而不是对破产是"千禧年"的陈述。See B. A. Hansen and M. E. Hansen, "The Role of Path Dependence in the Development of US Bankruptcy Law, 1880–1938", (2007) 3 *Journal of Institutional Economics* 203. See also J. M. Olmstead, "Bankruptcy a Commercial Regulation", (1902) 15 *Harvard Law Review* 829.

〔15〕 在20世纪20年代后期，工薪阶层破产占破产的多数，当时法院在债权人控制不力的情况下，通常批准破产免责。工薪阶层破产的数量似乎与某些州实行工资扣押的影响有关。See R. Nugent and F. M. Jones, "Wage Executions for Debt: Part 1 Frequency of Wage Executions", (1936) 42 *Monthly Labor Review* 285. 对工资扣押有限制的州，破产申请率较低。See e. g. P. Apilado, J. Dauten and D. Smith, "Personal Bankruptcies", (1978) 7 *Journal of Legal Studies* 371; L. Lefgren and F. McIntyre, "Explaining the Puzzle of Cross-State Differences in Bankruptcy Rates", (2009) 52 *Journal of Law and Economics* 367.

国家总人口只增加了 16%),[16] 1931 年的美国官方报告指出,这种现象是一个“重大问题”。[17]

美国破产制度不再像 1898 年设想的那样——债权人分配财产的一种工具,因为很少有财产可供分配,债权人对潜在的小额分配漠不关心,所以,债权人对个人破产程序的制约控制功能遭遇了失败。[18] 对几无财产的个人直接进行破产清算的救济手段不适合工薪阶层的具体情况。[19] 一份政府报告为美国《1932 年黑斯廷斯—米切纳法案》(*Hastings-Michener Bill of* 1932)提供了依据,它根据破产

---

〔16〕 Note "Bankruptcy Reform and the Chandler Bill", (1936 – 1937) 46 *Yale Law Journal* 1177 footnote 199, citing Department of Commerce, *Causes of Bankruptcy among Consumers* (Domestic Commerce Series, No. 82, 1933).

〔17〕 United States President Herbert Hoover (1929 – 1933), "Strengthening of Procedure in the Judicial System: Message from the President of the United States Recommending the Strengthening of Procedure in the Judicial System: Together with the Report of the Attorney General on Bankruptcy Law and Practice, S Doc. 65, 72d Congress 1st Session", (Washington, D. C., US Government Printing Office, 1932) S Doc. 65, 72d Congress 1st Session. 当时很难评估工薪阶层与商业破产的实际比例,因为许多经营企业失败的自然人后来成为雇员,并被官方统计为工薪阶层。

〔18〕 See W. A. Sturges and D. E. Cooper, "Credit Administration and Wage Earner Bankruptcies", (1933) 42 *Yale Law Journal* 487,该书指出,在 1931 年,28,914 宗破产案件中,只有 116 件是非自愿的。

〔19〕 See United States President Herbert Hoover (1929 – 1933), "Strengthening of Procedure in the Judicial System: Message from the President of the United States Recommending the Strengthening of Procedure in the Judicial System: Together with the Report of the Attorney General on Bankruptcy Law and Practice, S Doc. 65, 72d Congress 1st Session", (Washington, D. C., US Government Printing Office, 1932) S Doc. 65, 72d Congress 1st Session 8. 破产法院“主要致力于帮助大量债务人获得免责,并不需要这些债务人用自己的财产或收入向债权人进行部分清偿”。

公断人报告的案件,将债务人分为以下几种类型:

1. 纯粹实施欺诈的债务人,应被拒绝免责。

2. 诚实而不幸的债务人,不堪债务重负,应基于公共政策获得完全的破产免责。

3. 诚实但暂时受工资扣押困扰的债务人,如果在法院的保护下获得一定的宽限时间,是可以清偿债务的。——如果将他们与第二类人归为一类并自动免除他们的债务,就会破坏他们的道德感,助长铺张浪费和不求上进的风气。

4. 数量众多的边缘阶层,他们既不是完全诚实的,也没有纯粹地实施欺诈,但其行为使其不应获得完全免责。——这些破产者无所
39 顾忌地超前消费;大肆赌博或严重忽略自己的工作——由于过失或严重忽略自身事务而招致不利判决……在考虑即将申请破产或毫无清偿债务之意的情况下获取贷款。[20]

这些分类的准确性取决于基本的实证数据,个人破产法成为实证主义法学学者进行开创性实证研究的焦点,他们深入研究实践中

---

〔20〕 United States President Herbert Hoover(1929 – 1933),“Strengthening of Procedure in the Judicial System: Message from the President of the United States Recommending the Strengthening of Procedure in the Judicial System: Together with the Report of the Attorney General on Bankruptcy Law and Practice, S Doc. 65, 72d Congress 1st Session”, (Washington, D. C., US Government Printing Office, 1932) S Doc. 65, 72d Congress 1st Session 24 – 25. 这些类别和英格兰的科克委员会(Cork Committee)所使用的类别有惊人的相似之处。See K. Cork, *Insolvency Law and Practice: Report of the Review Committee*, Vol. 8558 (London, HMSO, 1982).

的法律,推动实施渐进式的改革。[21] 威廉·奥威尔·道格拉斯(William O. Douglas)对波士顿和新泽西州的债务人的调查研究表明,失业和医疗费用是个人破产的主要原因,少数人破产的原因是消费信贷透支或住房抵押贷款。[22] 在一篇相关的文章中,道格拉斯和詹姆斯·霍华德·马歇尔(J. Howard Marshall)得出以下结论:绝大多数工薪阶层的案件是"由于对消费信贷的需求及其可得性日益增加,导致工薪阶层不同程度的困境加速恶化"。[23] 大约25%的债务人因房屋止赎拍卖后仍不足以清偿债务余额的判决而被宣告破产。[24]

道格拉斯和马歇尔提议,为债务人提供更多可供选择的分期清偿计划,而无须得到债权人的同意,他们支持按照英格兰有条件免责

---

〔21〕 See D. A. Skeel, "Vern Countryman and the Path of Progressive (and Populist) Bankruptcy Scholarship", (2000) *Harvard Law Review* 1075.

〔22〕 W. O. Douglas, "Wage Earner Bankruptcies. State vs. Federal Control", (1933) 42 *Yale Law Journal* 591.

〔23〕 W. O. Douglas and J. H. Marshall, "A Factual Study of Bankruptcy Administration and Some Suggestions", (1932) 32 *Columbia Law Review* 25, 53.

〔24〕 工资扣押通常会给个人带来困窘或带来失业问题,进而加速破产。纽根特(Nugent)和琼斯(Jones)(注释15)发现,在那些允许无限制的工资代位扣押或允许用工资转让的州,个人破产率极高。个人会担心失业,甚至可能求助于高利贷以避免代位扣押。在不允许代位扣押的得克萨斯州,1930年只有9%的破产者属于工薪阶层。See United States President Herbert Hoover (1929 - 1933), "Strengthening of Procedure in the Judicial System: Message from the President of the United States Recommending the Strengthening of Procedure in the Judicial System: Together with the Report of the Attorney General on Bankruptcy Law and Practice, S Doc. 65, 72d Congress 1st Session", (Washington, D. C., US Government Printing Office, 1932) S Doc. 65, 72d Congress 1st Session 81. 该报告指出,"催收者经常会说,'不还钱,我就让你失业'"。相比之下,英国自19世纪颁布《反实物工资制法案》(Truck Acts)以来,就不能扣押个人的工资。直到1970年才制定工资扣押制度。

的方式,分类处理不同类型的破产。分期清偿计划的灵感来自民间组织的发展,如芝加哥的美国分期清偿公司(American Amortization Company),帮助债务人与债权人协商达成两年左右的清偿计划,使债务人“避免破产,保住工作,并摆脱严重的焦虑和恐惧”。[25]

这一时期的改革方案确定了几个主题。首先,当时的破产法没
40 有为工薪阶层提供充分的机会避免破产耻辱并逐渐清偿部分或全部债务。[26] 其次,为那些获得额外的时间和利息减免就可以全额清偿债务的人设计相关的规则是有必要的。美国《1932年黑斯廷斯—米切纳法案》第75条[27]允许债务人在两年内分期清偿债务后,免除剩余债务。选择直接破产的个人可能暂缓破产免责,同时需要他们根

---

〔25〕 Douglas and Marshall,“A Factual Study of Bankruptcy Administration’ and Some Suggestions”,(1932)32 *Columbia Law Review* 54. 针对小额财产案件,他们还提出了(第57页)参照英国简易管理程序设计的简易程序。但是,1932年,道格拉斯在他发表于耶鲁大学的文章(注释22)中也得出结论,波士顿很少有债务人能够利用这个机会,因为他们的还款能力有限。

〔26〕 对第13章发展历程的讨论参见Perry v. Commerce Loan Co. 383 U. S. 392(1966)。

〔27〕 United States President Herbert Hoover(1929 – 1933),“Strengthening of Procedure in the Judicial System: Message from the President of the United States Recommending the Strengthening of Procedure in the Judicial System: Together with the Report of the Attorney General on Bankruptcy Law and Practice, S Doc. 65, 72d Congress 1st Session”, 80 (Washington, D. C., US Government Printing Office, 1932) S Doc. 65, 72d Congress 1st Session. 其中谈道:“(1)大多数欠债的工薪阶层都希望全额清偿债务,并希望避免破产的耻辱;(2)他们甚至在尝试分期偿付期间,也因代位扣押和其他各种扣押导致破产;(3)如今不得不破产并免除债务的工薪阶层如果有足够的清偿时间与保护,至少有1/3的债务人可以向债权人全额清偿债务;(4)如果法律提供的这种救济不会带来耻辱,那么对于更多的工薪阶层来说,与求助于贷款公司而尽量避开债权人,并逐渐背负超出自身清偿能力的债务的状态相比,他们能在更早的负债阶段获得救济。”

据自己的清偿能力、以其收入清偿债务。没有清偿能力的个人债务人则立即获得免责。这些规定最终没有实施,但工资***自愿***清偿计划的想法在20世纪30年代的后续法案中得以实现,最后成为美国《1938年钱德勒法》的第13章程序。最后,债权人应当对过度负债承担某种责任。一些文献指出,现代营销技巧“努力扩大销售额而不考虑信用风险”,这一现象催生了信贷的肆意扩张和过度负债。[28]

20世纪30年代,美国的解决方案针对具有不同清偿能力的债务人制定。[29] 美国《1938年钱德勒法》反映了全国破产大会的成果,该会议也将对第二次世界大战后破产的发展产生影响。[30] 然而,20世纪30年代针对工薪阶层的重大改革不是由精英律师或学者推动的,而是源于亚拉巴马州的司法创新,[31]并部分地借鉴了失败的英

---

〔28〕 United States President Herbert Hoover(1929 – 1933),“Strengthening of Procedure in the Judicial System: Message from the President of the United States Recommending the Strengthening of Procedure in the Judicial System: Together with the Report of the Attorney General on Bankruptcy Law and Practice, S Doc. 65, 72d Congress 1st Session”, (Washington, D. C., US Government Printing Office, 1932) S Doc. 65, 72d Congress 1st Session 8, 9. “债权人往往要对造成的损失承担责任。(债权人)往往没有经过充分的调研就随意地扩张信用,或者销售规模扩大带来的预期利润将超过潜在的信用损失。现代营销技巧努力扩大销售而不顾信用风险,鼓励中等收入的人群赊购他们负担不起的商品和服务,其后果无疑会在令人遗憾的破产统计数据中反映出来。”

〔29〕 在某些方面,它们类似英国科克委员会1982年的建议,为个人债务人提供了一系列可供选择的程序。参见本书第三章第三节,原著第81页。

〔30〕 大卫·斯凯尔认为,全国破产大会是这一时期“破产改革中最重要的声音”。D. A. Skeel, *Debt's Dominion: A History of Bankruptcy Law in America*, (Princeton, Princeton University Press, 2014) 90.

〔31〕 See generally, T. W. Dixon and D. G. Epstein, “Where Did Chapter 13 Come from and Where Should It Go”, (2002) 10 *American Bankruptcy Institute Law Review* 741.

国模式。亚拉巴马州的公断人瓦伦丁·内斯比特(Valentine Nesbit)通过开放性地解释1932年法案第74条,[32]为工薪阶层,主要是阿拉巴马州伯明翰市的大型私营和公共机构的职工,[33]建立了一种清偿
41 制度。为了平衡债务人和债权人的利益,内斯比特通过行使自由裁量权,设立了一个收取还款的行政监管机构,并在债权人采取进一步的行动时为债务人提供司法保护。内斯比特与沃尔特·钱德勒(Walter Chandler)和全国零售信贷协会(National Retail Credit Association)的法律顾问一同起草了美国《1938年钱德勒法》第13章最初的条款。[34] 内斯比特声称,该机构得到了债权人和债务人的认

〔32〕 Dixon and Epstein, "Where Did Chapter 13 Come From and Where Should It Go", (2002) 10 *American Bankruptcy Institute Law Review* 741.

〔33〕 Dixon and Epstein, "Where Did Chapter 13 Come From and Where Should It Go", (2002) 10 *American Bankruptcy Institute Law Review* 752. "在总共2300名债务人中,当地工业(主要是煤炭和钢铁)、铁路和公用事业公司的职工占大多数,市、郡、州和联邦的职工也出现在名单上……大约一半的债务人是非裔美国人。"

〔34〕 Dixon and Epstein, "Where Did Chapter 13 Come From and Where Should It Go", (2002) 10 *American Bankruptcy Institute Law Review* 757. 全国信贷人协会的亨利·海曼(Henry Heiman)评论,全国破产大会与国会的合作,塑造了"政府企业合作的一种理想模式,也可以适用于其他类型的立法"。当然,"债权人……非常认可"破产法第13章。See W. Enright, "Congress Is Ready to Hear Business; Heimann Finds It Receptive to Concrete Proposals Intelligently Made", *The New York Times* (New York, 3 April 1938) 62. See also, United States Congress House Committee on Judiciary, "Revision of the Bankruptcy Act: Hearing before the Committee, 75th Cong. 1st Sess. on H. R. 6439. Subsequently Amended, Reintroduced and Reports as H. R. 8046. Serial 9, 1 – 9 June 1937" (Washington, D. C., Government Printing Office, 1937). 杜菲(Duffy)先生说:"据我所知,我们面前的这项法案实际上支持了你现在所做的一切。我想你要表达的是,你的实际经历证明了这项法案的正当性?"内斯比特先生说:"是的,先生,的确如此。"

同,债权人是因为该机构“使他们更容易更稳定地收回欠款”,〔35〕债务人是因为该机构使他们保住了自己的工作,并免受破产的污名。〔36〕内斯比特承认,他是在效仿英国的程序,允许债务人按照清偿计划进行部分清偿后进入破产清算。他在美国《1938 年钱德勒法》的听证会上指出:“当然,加拿大和英国的法律也有类似的规定……在这方面,我们只比加拿大人和英国人落后 25 ~ 30 年。英国法规定部分清偿计划已经有好几代人的时间。”〔37〕内斯比特没有具体说明(他参照的)是英国的哪个程序,可能是英国的管理令程序。〔38〕尽管第 13 章程序承诺给债权人和债务人带来好处,但众议院担心该程序仅仅是联邦工资扣押的另一种形式。〔39〕有评论者认为,第 13 章程序

---

〔35〕 House Committee on Judiciary, “Revision of the Bankruptcy Act: Hearing before the Committee, 75th Cong. 1st Sess. on H. R. 6439. Subsequently Amended, Reintroduced and Reports as H. R. 8046. Serial 9, 1 – 9 June 1937” (Washington, D. C., Government Printing Office, 1937).

〔36〕 House Committee on Judiciary, “Revision of the Bankruptcy Act: Hearing before the Committee, 75th Cong. 1st Sess. on H. R. 6439. Subsequently Amended, Reintroduced and Reports as H. R. 8046. Serial 9, 1 – 9 June 1937” (Washington, D. C., Government Printing Office, 1937). 根据内斯比特所言:“他们想要的是一个清偿机会,而不是被宣告破产。他们问的第一个问题是‘内斯比特先生,这是破产吗?’”(参见)美国众议院司法委员会关于众议院第 6439 号决议和第 8046 号决议中,瓦伦丁·内斯比特的证词(1937 年)(259,261)。

〔37〕 (参见)美国众议院司法委员会关于众议院第 6439 号决议和第 8046 号决议中,瓦伦丁·内斯比特的证词(1937 年)(259,261)。

〔38〕 根据美国《1914 年破产法》第 51 条的规定,也可能会发出收入支付令,但非常少见。

〔39〕 对第 13 章提案的有价值的当代讨论参见“Bankruptcy Reform and the Chandler Bill”, (1191 – 97) 46 *Yale Law Journal* 1177 footnote 199, citing Department of Commerce, *Causes of Bankruptcy among Consumers* (Domestic Commerce Series, No. 82, 1933)。

的颁布会使第7章直接破产程序成为一种兜底的救济程序。[40]

因此,20世纪20年代和30年代是美国破产制度的转变期。布拉德利·汉森(Bradley Hansen)和玛丽·汉森(Mary Hansen)认为,这段时期,破产与消费者而不是商人的联系变得更加密切。如著名
42 的"地方贷款公司诉亨特案"(Local Loan Co. v. Hunt)[41]所证明的那样,个人能够"重新开始"的理念超越对债权人进行财产分配的理念。至20世纪20年代中期,民主党已摒弃了最初反对破产制度,将破产视为压迫小企业和农民的工具的立场。道格拉斯认为,破产免责理念有利于鼓励商业探索,现在可以称为鼓励创业精神。然而,他认为,美国错误地制定了相对宽松的免责制度,而应该确立像英国法一样更严格地进行免责的措施,如未能正确记录账目的人将

---

〔40〕 J. Mulder, "Ambiguities in the Chandler Act", (1940) 89 *University of Pennsylvania Law Review and American Law Register* 10.

〔41〕 Local Loan Co. v. Hunt 292 US 234(1934). 萨瑟兰(Sutherland)法官谈道:"个人用未来的工资清偿债务,实际上是用他未来的收入能力作出保证。个人为自己和依靠他生活的人谋生的能力,其性质与人身自由的性质相当,重要性不亚于财产权。确保这种权利的自由行使至关重要,不仅因为它是一种基本的个人需求,而且因为它是一个公众极为关注的问题。从工薪阶层的角度来看,完全没有收入和收入完全用于清偿的债权人几乎没有差别。两种情况的必然结果都是贫困。债务的金额或清偿的工资比例在这种情况下可能很小,但原则一旦确立,将会同样适用于二者的金额非常大的情况。如果工薪阶层不得不在未来不确定的时间内将全部或相当多的收入用于清偿破产前的债务,破产法向获得解脱的债务人提供的新生活的机会以及未来努力的明确方向之功能,对工薪阶层来说,几乎毫无意义。"这个案子实际上借鉴了之前的一项决定,该决定主要说明了商业债务人"重新开始"的正当化理由。参见 Williams v. US Fidelity & Guaranty Co. 236 US 549,554－555:"使诚实的债务人免受债务压迫,并允许他重新开始,免受商业厄运带来的义务和责任。"

受到处罚。[42]

第三节 工薪阶层作为消费债务人：20 世纪 50 年代到 1978 年

丽萨贝斯·科恩(Lizabeth Cohen)将第二次世界大战后的美国描述为一个"'消费者'共和国",其中,民主与拥有房屋和一系列标准消费品的能力联系在一起。[43] 消费者信贷为实现这些购买行为提供了资金,美国政府也提供了包括减税在内的各种补贴促进信贷的扩张。这个时代是 20 世纪 30 年代消费者信贷经济的延续和发展。劳动者团体和消费者团体都支持推出广泛的信贷渠道。随着消

---

〔42〕 See W. O. Douglas,"Bankruptcy", *Encyclopedia of the Social Sciences* (London, Macmillan Publishing Co. ,1937):"隔离那些由于自己的无能而失败的人,并允许因不幸而失败的人再次尝试,这项准则被认为能够恰当地区分合法和非法的试验。除非对失败的原因进行科学研究,否则,就没有与其他国家立法类似的事实依据可供参考。"

〔43〕 See L. Cohen, *A Consumers' Republic*: *The Politics of Mass Consumption in Postwar America* (Cambridge, Mass, Harvard University Press, 2003). See also L. Hyman, *Debtor Nation*: *The History of America in Red Ink* (Princeton, Princeton University Press, 2008); G. Trumbull, *Consumer Lending in France and the US* (Cambridge, Cambridge University Press,2013).

43 费者信贷的蓬勃发展,破产申请数量也在逐步增长。[44] 这种增长引发了20世纪50年代末和60年代对消费者破产的讨论,并使人们关注消费者破产。消费者构成一种新的破产类型,除未来的收入能力以及破产时有限的清偿能力外,他们几乎没有什么财产。[45] 人们对20世纪30年代新的工薪阶层破产者有类似评论。在破产政策制定中,经常会出现遗忘历史的现象。破产监管越来越多地与消费者信贷监管、债务催收和债权人强制执行的阴暗面联系在一起。[46]

在此期间,律师和法律学者主导了破产政策的制定。1961年,美国律师协会(American Bar Association)通过由"良性金融"(beneficial finance)组织的法律顾问主持的律协所辖消费者破产委员会,表达了对消费者破产数量增长的担忧和进一步的研究需求。[47] 该协会还

---

〔44〕 典型文章参见V. Countryman,"The Bankruptcy Boom",(1963)77 *Harvard Law Review* 1452。20世纪50年代后期和60年代早期,关于第13章的法律著作总是将"消费者"破产数量大幅增加作为分析的前言。See e. g. W. E. McCarty,"Wage Earners' Plans-Chapter XIII",(1961)45 *Marquette Law Review* 582(对破产申请数量增加的"密切关注").

〔45〕 See e. g. B. C. Hilliard Jr. and W. Hurt,"Wage Earner Plans under Chapter XIII of the Bankruptcy Act",(1963)19 *The Business Lawyer* 271:"看起来我们已经非常适合消费信贷经济了,可能它已经和我们密不可分了。全新的、人数众多的债务人阶层已经诞生并持续壮大,它由那些收入源于工资、薪水或佣金的人构成。《1898年破产法》旨在应对商业失败,并没有预测到工薪阶层债务人可能遇到的问题或为其提供相应的可行性程序。"

〔46〕 See generally National Commission on Consumer Finance, *Consumer Credit in the United States* (Washington,US Government Printer,1972).

〔47〕 See "Bar Study Asked on Bankruptcies: Investigation Urged into Reasons for Growth of Consumer Failures",*New York Times*(New York,11 February 1961)29.

支持了[48]20世纪60年代的几份国会法案,希望引进“需求导向”的破产,要求债务人提交他们3年内无法清偿债务的证明。[49]

全国破产大会和全国破产公断人协会在此期间起到了主要作用。[50] 大会每年向国会提交破产法的修订意见,并对其他机构的提 44
案进行评论和提出批评。[51] 1956年全国破产大会主席查尔斯·霍

---

〔48〕 参议员查尔斯·格拉斯利(Charles Grassley)在介绍1998年HR 2415号提案时谈及:“在20世纪60年代,国会审议了一些类似的提案。”See HR 12784,88th Cong.,2d Sess(1964);HR 292,89th Cong.,1st Sess(1965);S 613,89th Cong.,1st Sess(1965);HR 1057 & HR 5771,90th Cong.,1st Sess(1967). United States, Bankruptcy Reform Act of 2000: Conference Report(to Accompany HR 2415)(Washington, D. C.,US GPO,2000).

〔49〕 这些法案要求债务人证明第13章的3年清偿计划不能为他们提供充分的救济,或允许公断人在未经债务人同意的情况下将自愿破产程序转换为第13章程序。See HR 12784 88th Congress 2d Session(1964)和 S 613 HR 292 89th Congress 1st Session(1965),他们建议强制适用有条件地进行免责的第13章程序。哈佛大学法学教授、全国破产大会成员弗恩·考垂曼(Vern Countryman)批评了这些提案,并指出“全国破产大会的大多数成员大概都会反对这些提案”。V. Countryman,“Proposed New Amendments for Chapter XIII”,(1966)22 *Business Lawyer(ABA)* 1151. See also W. K. Adam,“Should Chapter XIII Bankruptcy Be Involuntary?”,(1965)44 *Texas Law Review* 533.

〔50〕 关于全国破产公断人协会在破产立法中的作用参见B. L. Zelenko,“The Role of the Referee in Legislative Reform of the Bankruptcy Act”,(1969)43 *Journal of the National Conference of Referees in Bankruptcy* 101. See generally R. W. McDufee,“Wage Earner(Chapter XIII)Proceedings in the Bankruptcy Court”,(1962)17 *The Business Lawyer* 677.

〔51〕 参见弗兰克·肯尼迪在众议院司法委员会破产问题小组委员会听证会上的证词,内容是美国参议院第二次会议关于第100号参议院联合决议的议案,议案旨在设立一个委员会去研究美国破产法(1969年)第84条。肯尼迪表示,大会有“大约50名成员”,其中有一半是破产从业者,另一半则平均分布在破产公断人和法学教授之间……大会努力使成员具有代表性,代表破产案件涉及的各种利益集团,包括有担保的债权人、无担保的债权人以及债务人……大会发起人包括美国银行家协会、美国律师协会的金融机构和商业法部门、美国商法联盟、美国注册会计师协会、全国信贷管理协会和其他4个组织……大会的主要内容是审议和起草修订破产法的提案。正如参议院司法委员会成员所知道的那样,大会向每届国会会议提交一些修正案草案。我们也对其他主体提出的一些提案提出批评和修改意见。

斯基(Charles Horsky)声称,大会实际上在破产法领域发挥"司法部"[52]的功能——"一个探索新思想,观察经济和政治的变化,并确保法律与其他领域的事物发展并驾齐驱的专家和专业人士的团体"。[53] 1958年全国破产大会的一位成员指出,大量的破产立法是由大会提议并起草的。[54] 因此,大会关于第13章程序的讨论非常重要,展现了这一时期的美国破产"知识体系"中主要参与者的观点。

20世纪50年代,美国全国破产大会的几届年度会议[55]讨论了第13章程序的申请情况,当时只占到破产案件总量的10%到15%。[56] 大多数申请都来自亚拉巴马等南部各州和包括缅因州在内的一些北部州。第13章程序适用率较低的原因,包括债务上限低、律师和消费者对程序的潜能缺乏了解、大多数州的破产公断人对该程序缺乏热情以及无担保债务没能得到有效的处理。全国破产大

〔52〕 See Minutes of National Bankruptcy Conference, 1956 at 30 (US bankruptcy archives, University of Pennsylvania). The reference is to B. N. Cardozo, "A Ministry of Justice", (1921) 35 *Harvard Law Review* 113.

〔53〕 Minutes of National Bankruptcy Conference, 1956 at 30.

〔54〕 S. Krause, "What's new in Bankruptcy?", (1958) 13 *The Business Lawyer* 468. 关于全国公断人大会的立法作用,参见 Zelenko, "The Role of the Referee' in Legislative Reform of the Bankruptcy Act", (1969) 43 *Journal of the National Conference of Referees in Bankruptcy* 103。

〔55〕 D. A. Skeel, *Debt's Dominion: A History of Bankruptcy Law in America*, (Princeton, Princeton University Press, 2014) 95. 作者讲述了全国破产大会的发展历程。

〔56〕 1951年,工薪阶层小组委员会主席沃尔特·钱德勒的报告称,"第13章在所有运行了该程序的地方都取得了成功"。"National Bankruptcy Conference Summary of Proceedings New York City February 23 - 25, 1951", (US Bankruptcy Archives, University of Pennsylvania) 42.

会诸委员会提出,应该更好地宣传第 13 章程序的优点,包括发表一系列对第 13 章程序使用率较低的州进行专门研究的法律评论论文。[57] 大会达成共识,肯定了第 13 章程序的积极作用,但正如司法 45
会议(由高级法官组成)所建议的那样,法院不应主动将债务人导向该程序。[58]

20 世纪 60 年代早期,美国全国破产大会对第 13 章程序的关注度急剧上升,因为此时全国破产大会的领导者之一——阿萨·赫佐格(Asa Herzog)[59] 强烈建议,保留第 13 章程序当时的管理运行方

---

〔57〕 委员会注意到,第 13 章的价值不仅体现在债权人获得了还款,还体现在“诚实的债务人通过充分履行还款义务而带来的满足感和道德力量等无形价值”。“Appendix G. 1957 Summary of Proceedings National Bankruptcy Conference 1957 Annual Meeting, Washington, Nov. 1 – 2 1957, 49”(US Bankruptcy Archives, University of Pennsylvania)鼓励第 13 章适用率低的州更多地适用该程序的文章,参见 C. E. Nadler,“Rehabilitation of the Insolvent Wage Earner under the Bankruptcy Act: A Challenge to Minnesota”,(1957) 42 *Minnesota Law Review* 377; C. E. Nadler,“Rehabilitation of the Insolvent Wage Earner under the Bankruptcy Act in Florida”,(1957) 10 *University of Florida Law Review* 465; C. E. Nadler,“Rehabilitation of the Insolvent Wage Earner in Georgia under the Bankruptcy Act”,(1958) 63 *Commercial Law Journal* 67。

〔58〕 See Resolutions 49 – 51, National Bankruptcy Conference Summary of Proceedings, 1958 Annual Meeting, Washington, D. C., 25. 这次投票是对司法会议的决议(司法会议破产管理委员会的报告)的回应,在决议中,地区法院法官指示破产公断人判断案件是否适用第 13 章程序,如果是,则向债务人及其律师提出建议。全国破产大会得出以下结论:“应当由破产人根据其律师的建议选择救济程序……法院不应该影响或干扰这种选择或这些救济程序。”第 51 号决议指出:“法院可以在适当情况下建议适用第 13 章程序,但最终决定权还是在债务人及其律师手中。”See further ER Sloan,“Wage Earners' Plan”,(1958) 7 *University of Kansas Law Review* 175.

〔59〕 赫佐格在 1958 ~ 1975 年是一名破产法院法官。他的讣告对他的描述是“公认的国家破产制度的泰斗”。

式。[60] 1963年全国破产大会注意到，围绕非企业破产数量上升的公众讨论大量增加，美国律师协会成立了消费者破产委员会，该委员会推崇“以需求为导向”的破产。哈佛大学法学院破产法教授、全国破产大会的创始成员詹姆斯·麦克拉克伦（James Maclachlan）认为，“允许强制适用第13章程序可能是解决消费者债务人问题的正确路径”。[61] 只有少数人支持麦克拉克伦的观点，大会不赞成加拿大破产法附条件免责的理念。大会具体地提出了一些使第13章程序更加有效和更加吸引债务人的措施，但保留了债务人自行选择程序的权利。[62]

---

〔60〕 See Annual Conference of the National Association of Referees in Bankruptcy 1962, 72,85(Bankruptcy Archives, University of Pennsylvania). 在他看来，第13章程序在很多地区的实际运行违反了破产法关于管理人应当遵循标准“生产线”路径的规定，管理人对债务人的生活方式进行了过多的干预。他认为，管理人应该只扮演“收入分配代管人”的角色，会议也批准了一项提案，将管理人的工作内容改为代管收入分配。赫佐格后来因为不鼓励纽约适用第13章而受到批评。R. J. Cole, “Personal Finance: Wage Earner Plan”, *New York Times*(New York, 10 October 1968)73. See also D. T. Stanley and M. Girth, *Bankruptcy: Problem, Process, Reform*, (Washington, D. C., Brookings Institution, 1971)74. 布鲁金斯学会的研究发现，第13章案件占1964年破产案件总量的17%。其适用情况存在较大的州际差异，程序适用率从北亚拉巴马州的76%到北伊利诺伊州的4%，高低不等。这些差异将继续存在。

〔61〕 他评论道，人们的购物行为是很疯狂的，他们考虑用未来的收入付款，后来又决定不这样做……破产是在商业框架下出现的，破产法的制定却完全没有考虑到这种情况：Proceedings of the National Bankruptcy Conference, October 25 - 26, 1962, 49。See also J. A. MacLachlan, “Puritanical Therapy for Wage Earners”, (1963)68 *Commercial Law Journal* 87.

〔62〕 这一立场可能受到哈佛大学法学教授弗恩·考垂曼的影响，他在20世纪60年代中期担任全国破产大会消费者破产委员会主席。考垂曼也是大会指定的1973年第13章程序的报告人。大卫·斯凯尔在其著述的第135页指出，“考垂曼始终维护消费者债务人的利益”。D. A. Skeel, *Debt's Dominion: A History of Bankruptcy Law in America* (Princeton, Princeton University Press, 2014).

债权人群体的专家代表与美国律师协会都支持需求导向的破产,而全国破产大会与全国破产公断人协会对工薪阶层更有效、自愿地适用第13章程序以实现复苏寄予同情,反对强制债务人适用第13 46
章程序,二者的立场存在分歧。

这段时期提出的几份破产法案,旨在引入以需求为导向的破产法,围绕这几个法案的争论,凸显了不同观点的猛烈碰撞。[63] 这些法案都未获成功,在一定程度上是因为全国破产大会和全国破产公断人协会组织有序的批评和反对。全国破产大会还警示劳工组织这些法案有哪些潜在影响,在国会的听证会上发表反对前述提案的意见,[64]并提出了相应的替代方案。[65]

1967~1968年[66]关于工薪阶层计划的听证会讨论了这些相互对立的观点。支持需求导向路径的组织包括美国律师协会、美国银

---

〔63〕 这些法案包括 HR 12784,88th Congress 2d Sess(1964);HR 292,89th Congress 1st Sess(1965);S. 613,89th Congress 1st Sess(1965);HR 1057 & HR 5771,90th Congress. 1st Sess(1967).

〔64〕 Resolution 21 National Bankruptcy Conference, Summary of Proceedings, New York 1964,14. 该决议指出:"劳工组织应当注意,利益群体正在积极地筹划具有这种效果的提案;全国破产大会准备向司法会议破产委员会提交此问题的概述;大会的代表将为了反对该法案,出席所有相关的国会聆讯。"(强调与原文一致)

〔65〕 See Countryman, "Proposed New Amendments for Chapter Ⅻ", (1966) 22 *Business Lawyer*(*ABA*).

〔66〕 See United States Congress, Wage Earner Plans under the Bankruptcy Act. Hearings before the Subcommittee No. 4 of the Committee of Judiciary, Ninetieth Congress, First Session, on HR 1057 and HR 5771... May 24 and 25, 1967 (Washington, US Government Printing Office, 1967).

行家协会(American Bankers Association)、信用联盟(Credit Unions)、银行业(金融公司)、全国独立企业联盟(National Federation of Independent Business)和美国商会(US Chamber of Commerce)。前述法案的支持者认为,破产程序已“近乎成为丑闻”,他们认为该法案将对债务人提供更好的复苏和维护自尊的机会,提升个人责任和道德感,并具有经济效益。〔67〕 草案的基本前提是那些“可以清偿债务”的人不能适用第 7 章破产程序。〔68〕 为了支持这一主张,美国律师协会引用了个人破产的实证研究结论,即 25% ~50% 的破产者可以用未来的收入清偿债务。〔69〕

---

〔67〕 哈佛大学法学教授、全国破产大会成员和美国《1938 年钱德勒法》的起草者詹姆斯·麦克拉克伦明确支持该法案。

〔68〕 See statements of Carrol Wetzel, Chairman, Section of Corporation, Banking and Business Law, and Linn K. Twinem, Chairman, Consumer Bankruptcy Committee of the American Bar Association, House Hearings HR 1057(90th Congress)1967 Wage Earner Plans Under the Bankruptcy Act 38 – 39. 他们声称,破产程序已经到了“近乎丑闻”的地步,债务人在徒劳地寻求救济。

〔69〕 R. Dolphin, *An Analysis of Economic and Personal Factors Leading to Consumer Bankruptcy*(Michigan, Bureau of Business and Economic Research, Graduate School of Business Administration, Michigan State University, 1965). 他的研究指出,28% 的破产者可以依据第 13 章程序中的计划,在“舒适”的预算下生活,在 3 年内清偿他们的债务。R. Dolphin, *An Analysis of Economic and Personal Factors Leading to Consumer Bankruptcy*, (Michigan, Bureau of Business and Economic Research, Graduate School of Business Administration, Michigan State University, 1965)98. 该研究得到了美国银行家协会研究基金的支持。目前尚不清楚美国律师协会在立法听证会引用的研究中,有多少研究项目得到了他们的资助。美国律师协会在 1961 年表示,它将推动消费者破产制度的研究。See “‘Bar Study Asked on Bankruptcies’: Investigation Urged into Reasons for Growth of Consumer Failures”, *New York Times*(New York, 11 February 1961). [“良性金融”组织法律顾问兼美国律师协会消费者金融小组委员会主席林恩·特尼姆(Linn Twinem)的报告意见。]

该法案的反对者声称，首先，它是歧视性和惩罚性的“阶层立法”，只有工薪阶层（通常是低收入群体）需要进行这项测试，公司或 47
高收入的专业人士无须测试。其次，许多第 13 章清偿计划的失败（有证据表明：30% ~50% 的清偿计划未得到批准）是由于债务人搬迁、拖欠清偿等原因所致。这些问题会因为“强制实施”清偿计划而变得更加复杂，可能只会导致债务人放弃他们的工作。最后，美国劳工总会与产业劳工组织（American Federation of Laber and Congress of Industrial Organization，AFL-CIO）声称，这些提案不仅歧视工人，还侵犯了他们的隐私权，他们就像受到法院监管的人一样，失去了对个人事务的控制权。全国破产大会的副主席弗恩·考垂曼指出，第 13 章立法是一个几乎不加掩饰的非自愿性程序。他以略显夸张的修辞，将这些提案比作强制奴役。他指出，20 世纪 30 年代类似的提案被认为“不符合美国思维”。[70]

然而，关于第 13 章的争议并不是这一时期讨论的唯一的消费者破产问题。国会听证会经常讨论的一个问题是破产免责在实践中无

---

〔70〕“非自愿性与我们的制度精髓背道而驰……我们已经取缔了劳役抵债和其他非自愿性的劳役形式，并且基本上取缔了债务监禁……我们现在很难批准这样的制度：债务人复苏之前，必须要先经历一段将未来的收入扣押清偿给现在的债权人的时期。”［Countryman，“Proposed New Amendments for Chapter XIII”，（1966）22 *Business Lawyer* （*ABA*）74.］

法发挥作用。[71] 持续参与的债权人(主要是指信贷公司)已经想出办法规避破产免责,包括在家用品上使用广泛的担保权益,获取债务人对债务的再次确认,利用州法院赋予破产免责的有限性,[72]以及过度适用对实施欺诈的债务人不予免责的规定。信贷公司不当利用欺诈不予免责的规定,要求消费者提供大量财务细节,并要求债务人承诺其所提供的财务信息是准确无误的,他们明知自己可以利用债务人的任何错误陈述以主张某项债务无法免责(non-dischargeability claim)。布鲁金斯学会1964年发布的破产案件研究发现,41%的破产者报告了债权人在其破产后对其进行催收,12%的人因此清偿了债务。此外,大约1/3的破产者同意清偿已被免责的部分债务。[73]

---

〔71〕 参见1968年破产裁判人阿萨·赫佐格、康拉德·西尔(Conrad Cyr)、爱德华·温菲尔德(Edward Weinfeld)的证词。另参见委员会第4小组委员会就司法部第91届国会众议院6665号议案和第12250号举行的听证会以及维恩·康特里曼(Vern Countryman)的证词。另参见美国法院行政办公室破产处罗亚尔·杰克逊(Royal Jackson)的言论:"我在破产部门工作了20多年,债务免责问题一直是投诉的事由之一。这些投诉主要来自破产者和破产律师,他们一直受到债权人的骚扰,这些债权人无视联邦法院的免责决定,在破产程序结束后继续在州法院对已免责的破产者提起诉讼。在我看来,这是破产法最大的缺陷。"第32页。

〔72〕 1970年破产法改革赋予破产法院决定债务人能否免责的权力。For a discussion see V. Countryman, "The New Dischargeability Law", (1971) 45 *American Bankruptcy Law Journal* 1.

〔73〕 D. T. Stanley and M. Girth, *Bankruptcy: Problem, Process, Reform* (Washington, D. C., Brookings Institution, 1971).

破产救济通常被证明是虚幻的。[74] 对于大部分债务人来说,“地方 48
贷款公司诉亨特案”所体现的理念,即让债务人获得“全新开始”,并在白纸上重新书写未来人生,与法律的实践运行是不一样的。

尽管在第 13 章程序的问题上仍然存在分歧,但在 20 世纪 60 年代,美国对该章的一些事项还是达成了实质性的统一。首先,破产法需要应对大规模的消费者债务和大量消费者破产的新现象,绝大多数案件是无财产案件。其次,破产法的总体目标应该是债务人的复苏;财务预算和债务咨询应该成为破产程序的一部分,也是预防战略的一部分。[75] 全国破产公断人协会副主席丹尼尔·考恩斯(Daniel Cowans)指出:“许多美国人陷入了困境,因为他们不知道该如何在这种经济中生存。他们不知道该如何管理他们的财务。”[76] 破产法主要的冲突在于,应该在多大程度上说服或强制个人选择第 13 章程序而不是第 7 章程序。

---

〔74〕 美国全国破产大会的阿萨·赫佐格评论道,在许多案件中“……破产免责的净效果往往就是了结一些医疗账单,(而债务人仍然背负的债务)金额几乎和免责前的负债金额相同”。参见阿萨·赫佐格在美国的证词,破产:众议院司法委员会第 4 小组委员会第 91－1 号听证会上,关于参议院联合决议第 88 号、众议院第 7 系列文件第 6665 号和众议院第 12250 号议案,1969 年 10 月 1 日(华盛顿特区,美国政府印刷局,1969 年)。

〔75〕 参见缅因州破产公断人康拉德·西尔在 1968 年的听证会,破产小组委员会和美国参议院司法委员会(2nd Sess)参议院联合决议第 100 号,内容是设立一个委员会去研究美国破产法法案(1969 年)。“‘债务人的复苏’而非‘财产清算’是破产法的主要目标。”“当破产法院管辖案件时,破产人既不用进行预算咨询、也不用接受其他社会救济和经济援助。”

〔76〕 参见破产小组委员会和美国参议院司法委员会(2nd Sess)参议院联合决议第 100 号听证会上的证词。内容是成立一个研究美国破产法委员会的法案(1969 年)。

这些问题构成了 1970 年破产委员会成立的背景，该委员会旨在应对“消费者破产日益增加的趋势”。[77] 破产委员会 1973 年报告倡导的“信贷开放的社会”[78] 价值观，建立在清偿债务的道德义务基础上。破产的主要功能是使个人从强制执行的苦难中解脱出来、实现债务人的复苏，使债务人能更具生产力，获得有意义的“全新开始”。程序的适用建立在咨询的基础上，咨询可以帮助个人在第 13 章和第 7 章程序之间作出合理选择。破产者还将接受预算咨询。该委员会非常关注修改后的第 13 章为有固定收入而没有财产的债务人提供解决方案的潜力。[79] 该委员会鼓励个人申请第 13 章程序，但反对强制债务人适用程序，认为强制适用不会带来多大的成功概率。

破产委员会的主要建议是将管理职能从司法职能中分离出来，
49 并建立一个联邦管理机构，该机构将以统一的管理取代当时地方法院的分散管理模式，同时具有提供预算和咨询服务的能力，能为不会

---

〔77〕 Report of the Commission on the Bankruptcy Laws of the United States. See e. g. B. C. Hilliard Jr. and W. Hurt, “Wage Earner Plans under Chapter XIII of the Bankruptcy Act”, (1963) 1 The *Business Lawyer* 271：“看起来我们已经非常适合消费信贷经济了，可能它已经和我们密不可分了。全新的、人数众多的债务人阶层已经诞生并持续壮大，它由那些收入源于工资、薪水或佣金的人构成。《1898 年破产法》旨在应对商业失败，并没有预测到工薪阶层债务人可能遇到的问题或为其提供相应的可行性程序。”

〔78〕 参见本书第三章关于（破产制度）“哲学”的讨论。这个模式与社会主义计划经济形成对照。

〔79〕 “现在破产法的其他制度特色获得的赞誉都没有超过第 13 章。”Report of the Commission, ch. 6.

管理自身债务的消费者债务人带来有意义的救济。[80] 该管理机构的创设,顺应了美国当时更广泛地重建或者创建行政机构的改革趋势。[81]

破产委员会的提案是美国《1978 年破产改革法》的基础,这种管理模式遭到法官和律师的强烈反对,金融利益集团认为,政府机构会秉持倾向债务人的立场并鼓励债务人申请破产,也不支持该提案,因此,该提案未获通过。[82]

美国《1978 年破产改革法》将第 13 章程序视为债务人的首选方案,而把第 7 章程序当作一种补充形式的救济(residual form)。[83] 为了让债务人选择第 13 章而不是第 7 章,该法案制定了许多激励措施,例如,可以强裁担保权益的削减、获得第 7 章程序中不能获

---

〔80〕 破产委员会引用了布鲁金斯学会的研究,将破产的首要原因归结为(31% 的案件)"不会管理债务"。See D. T. Stanley and M. Girth, *Bankruptcy: Problem, Process, Reform*, (Washington, D. C., Brookings Institution, 1971) 47:"过多的债务、不理智的反复借贷、过度消费。"工资代位扣押是导致破产最常见的"直接原因"。布鲁金斯学会的研究表明,现有制度普遍存在"管理和财务上的错误和混乱"。D. T. Stanley and M. Girth, *Bankruptcy: Problem, Process, Reform*, (Washington, D. C., Brookings Institution, 1971) 4.

〔81〕 参见 20 世纪 70 年代,联邦贸易委员会(Federal Trade Commission, FTC)受到严厉批评后进行的重建。See R. A. Posner, "The Federal Trade Commission", (1969) 37 *The University of Chicago Law Review* 47.

〔82〕 较夸张但典型的观点认为,破产机构会演变成一个"巨大的官僚机构,把触角伸进国家的各个领域,会带有无能的官僚主义的各种缺点、昂贵烦琐的程序和腐败问题"。Asa Herzog, Bankruptcy Judge and member of the NBC quoted in E. Posner, "The Political Economy of the Bankruptcy Reform Act of 1978", (1997) *Michigan Law Review* 47, 78.

〔83〕 See HR Rep no. 95 – 995 at 118 (1977):"消费者破产相关法案的前提是,破产法应该是最后采取的手段;一旦破产,债务人应当适用第 13 章程序尽量清偿债务。"

得的“超级免责”。美国《1978年破产改革法》也废除了“需要债权人通过计划”这一条件,以法院批准计划取而代之。该法确实保护了债务人在实践中免受消费金融公司的骚扰,债务人对已免责债务进行再认需要经过法院批准。该法案还对助学贷款的免责加以限制,尽管这在国会辩论中遭到破产专业内部人士的普遍反对。最后,在整部法案中,“债务人”(debtor)这一术语替代了“破产者”(bankrupt)。大多数评论家似乎都赞同戴维·斯凯尔的结论,即美国《1978年破产改革法》在一定程度上是“亲债务人”的,但他也指
50 出,各利益主体之间并没有根本上的观念分歧,[84]各方都认同信贷在经济中的重要性,以及破产在“福利国家资本主义”中的安全网功能。[85]

该法案产生了一个意想不到的后果,即个人破产程序构建成为

---

〔84〕 埃里克·波斯纳(Eric Posner)对“The Political Economy of the Bankruptcy Reform Act of 1978”的公共选择进行分析,认为它主要是不同的债权人、不同的州和联邦进行利益争夺的结果,债务人则只能通过律师和学者代言。布鲁斯·卡拉瑟斯和特伦斯·哈利迪特别提到“立法的意识形态相对中立”;事实上,美国的“政治意识……几乎完全不存在”。See B. Carruthers and T. Halliday, *Rescuing Business: The Making of Corporate Bankruptcy Law in England and the United States*, (Oxford, Oxford University Press, 1998) 147. 努涅斯(Nunez)和罗森塔尔(Rosenthal)提到1978年法案中没有唱票表决(“重要的政策辩论”的标志)。S. Nunez and H. Rosenthal, “Bankruptcy ‘Reform’ in Congress: Creditors, Committees, Ideology and Floor Voting in the Legislative Process”, (2004) 20 (2) *Journal of Law Economics and Organization* 527.

〔85〕 E. Posner, “The Political Economy of the Bankruptcy Reform Act of 1978”, (1997) *Michigan Law Review* 60.

一个消费者法律问题，消费者破产律师的数量不断增加。[86] 美国《1978年破产改革法》中的许多新条文得到了消费者公益律师的关注。美国《1978年破产改革法》对个人案件起到了更有力的自动中止作用，它与宽松的免责规则一起，可以保护消费者免遭房屋被收回、抵押物被止赎拍卖的厄运，并解决福利超额支付问题以及因拖欠债务而被州政府扣押执照的问题。消费者破产法[87]超越了公共利益诉讼的其他领域，如信贷和保证诚信法。它补充了现有消费者保护的不足，到20世纪90年代中期，消费者破产律师行业蓬勃发展。[88] 这就强化了破产法关于消费者权利的叙事，而关于消费者破产的教学成为破产法课程不可或缺的部分，1978年法案之后，破产法课程比重在美国法学院教学中显著增加。

---

〔86〕 See D. A. Skeel, *Debt's Dominion: A History of Bankruptcy Law in America*, (Princeton, Princeton University Press, 2014) 192 – 193. 尽管美国全国破产大会关注消费者破产并对消费者破产给予同情，但在20世纪80年代，亨利·佐默（Henry Sommer）成为大会成员之前，破产大会没有执业的消费者破产律师代表。

〔87〕 See H. Sommer, "The New Law of Bankruptcy: A Fresh Start for Legal Services Lawyers", (1979) 13 *Clearinghouse Review* 1.

〔88〕 See J. Braucher, "Lawyers and Consumer Bankruptcy: One Code, Many Cultures", (1993) 67 *American Bankruptcy Law Journal* 501. And see W. Whitford, "The Ideal of Individualised Justice Consumer Bankruptcy as Consumer Protection, and Consumer Protection in Consumer Bankruptcy", (1994) 68 *American Bankruptcy Law Journal* 397, 401: "消费者权益的倡导者现在应该将消费者破产视为实现消费者正义这一遥不可及的目标的主要手段。" 1997年美国联邦最高法院"贝茨诉亚利桑那州律师协会案" [Bates v. State Bar of Arizona 433 US 350 (1977)] 判决后，律师广告推销受到的限制减少，律师向潜在的破产者市场推销的能力有所提高。

第四节　叙事的层叠与变革：1978～1997年

从1978年到美国2005年《破产滥用防止及消费者保护法》通过，家庭信贷的大幅增长成为这段时期的特点。这种大幅增长的原因包括：利率管制的放松，金融市场流动性增加，以及计算机技术可以对信贷作出更加精准的定价。[89] 这也是一个“高度全球化”的时期，富裕国家的中下阶层发现他们在收入方面存在压力。[90] 至少在短期内，信贷能够补偿停滞不前的工资，但长期信贷就可能导致破产
51 等后果。[91] 1929～1985年消费者破产的增加造成了债务余额的相应增加，但自1985年之后，消费者破产申请量的增长超过了消费信贷的增长。[92] 这段时期也是美国福利资本主义崩溃的时期，福利资

---

〔89〕 See e. g. R. Brown and S. Burhouse “Implications of the Supply-Side Revolution in Consumer Lending”, (2005) 24 *St. Louis University Public Law Review* 363.

〔90〕 See B. Milanovic, *Global Inequality: A New Approach for the Age of Globalization*, (Cambridge Mass, Harvard, 2016) 20.

〔91〕 关于消费信贷短期内增加对破产申请率影响的讨论参见R. Lawless, “The Paradox of Consumer Credit”, (2007) *Illinois Law Review* 347。

〔92〕 See D. A. Moss and G. A. Johnson, “The Rise of Consumer Bankruptcy: Evolution, Revolution, or Both”, (1999) 73 *American Bankruptcy Law Journal* 327. See also D. Ellis, “The Effect of Consumer Interest Rate Deregulation on Credit Card Volumes, Charge-Offs, and the Personal Bankruptcy Rate”, (1998) (Federal Deposit Insurance Corporation-FDIC) www.fdic.gov/bank/analytical/bank/bt_9805.html.

本主义依赖私营公司的劳资关系政策为员工提供大量的福利。

美国《1978 年破产改革法》通过以后，破产案件在 1979 ~ 1980 年大幅飙升（从 196,976 件飙升至 314,886 件），债权人趁机游说为破产程序的准入设置更高限制。紧随 1978 年法案颁布之后，对破产法进行技术性修订是有必要的，但 1981 年的听证会也为各团体提供了促进破产法实质性变革的机会。"消费信贷联盟"——"一个由信用联盟、金融公司以及消费者信贷银行等消费信贷提供者组成的松散联盟"[93]——（再次）指出，应在选择破产程序时考虑债务人未来的收入，那些有办法清偿部分债务的人应该分流适用第 13 章程序。在此期间，他们发起了一些支持和实现前述目标的国会法案，并支持了一个商学院从事与他们在 20 世纪 60 年代资助过的课题类似的研究，得出了大部分接受调查的破产人本可以清偿大部分债务的结论。[94] 由于国会在破产改革必要性上存在分歧，债权人的此等修正案不大可能通过。然而，当美国联邦最高法院在 1982 年宣布根据美

---

[93] Unsigned memorandum, "Legislative History of the Bankruptcy and Federal Judgeship Act 1984" (US National Bankruptcy Archives, University of Pennsylvania, Kenneth Klee papers, Box 3). 这一松散的联盟成为全国破产改革联盟。See D. A. Skeel, *Debt's Dominion: A History of Bankruptcy Law in America* (Princeton, Princeton University Press, 2014) 189 – 191.

[94] See Purdue University, "Credit Research Centre, and Krannert Graduate School of Management", *Consumer Bankruptcy Study* (2rd vols, 1982). 该研究受到特雷莎·沙利文、伊丽莎白·沃伦和杰伊·韦斯特布鲁克的系统批判，"Limiting Access to Bankruptcy Discharge: An Analysis of the Creditors' Data", (1983) *Wisconsin Law Review* 1091。

国《1978年破产改革法》新赋予破产法官的权力违宪时，国会不得不作出回应。[95] 债权人团体围绕前述问题提出了一系列修正案。[96] 最后，双方在美国《1984年破产和联邦法官法》(Bankruptcy and Federal Judgeship Act 1984)中达成了妥协。政治僵局通常导致宽泛的立法标准，将艰难的选择权交给司法机关，该法案引入了只能由破产法官启动的、开放式的“实质滥用”测试。[97] 1986年的修正案赋予美国联邦破产管理署审查破产滥用的权力。

52 实质滥用条款使破产制度中存在破产滥用的观点合法化，这一规定是债权人在意识形态领域取得的胜利。[98] 1990年美国银行家协会、全国信用合作协会(Credit Union National Association)、万事达(Mastercard)、全国联邦信贷联合会(National Association of Federal Credit Unions)和全国零售联盟(National Retail Federation)组建了新

---

〔95〕 See Northern Pipeline Construction Co. v. Marathon Pipe Line Co. 458 US 50 (1982). See “Bankruptcy Courts Are Going Bust”, *The New York Times* (New York, 28 September 1982) A22.

〔96〕 考虑到美国联邦最高法院裁判的影响，劳工组织也同样支持改革，see National Labour Relations Board v. Bildisco 465 US 513(1986)。国会对是否只解决破产法官司法地位的问题存在分歧，那些希望限制破产程序准入的人则以前述司法改革相要挟。See V. Countryman, “Credit Extenders Who Want to Hold Debtors in Bondage”, *The New York Times* (New York, 25 October 1982) A18.

〔97〕 美国《1984年破产和联邦法官法》第707条第b款。

〔98〕 See D. A. Skeel, *Debt's Dominion: A History of Bankruptcy Law in America* (Princeton, Princeton University Press, 2014) 147. 作者认为这是一个象征性的胜利。

的破产联盟。[99] 其间,债权人利益联盟发起并支持了一系列"技术修正案",[100]但未获通过。1994 年破产联盟支持建立了全国破产审查委员会(National Bankruptcy Review Commission),但遭到了民主党人士的普遍反对。然而,正是共和党在 1997 年控制了国会,才为 8 年后的美国 2005 年《破产滥用防止及消费者保护法》提供了机会。

叙事的改变与"理念之战"

在此期间,破产政策制定发生了转变,从全国破产大会等机构的法律技术专家主导决策,转变为受到愈加强大的债权人游说驱动的决策,这反映了正在推动破产准入限制的消费信贷行业的发展和整合。[101] 破产政策制定的变化反映了美国政治这一时期更广泛的变革。虽然美国的政策制定一直受到私人利益集团游说的影响,这也在美国的知识体系中得到反映(例如,布鲁金斯学会、美国企业研究所、城市研究所),约翰·坎贝尔(John Campbell)和奥维·佩德森(Ove Pederson)认为,这种架构看起来并不能为 20 世纪 70 年代后期

---

〔99〕 See A. Wiese, "Are You Participating in the Bankruptcy Process? Only if the Credit Industry Becomes More Involved in Helping Americans Avoid the Need to File Will the Bankruptcy Problems be Solved", (1991) (March) *Credit Magazine* 26.

〔100〕 这些修正案包括要求更多地收集债务人财产和负债的数据信息,要求债务人就破产程序的选择进行咨询,限制第 13 章案件的申请数量,将清偿计划从 3 年延长至 5 年,以及放宽对债务再认的限制。

〔101〕 伊丽莎白·沃伦认为,20 世纪 80 年代之前美国的破产改革反映了全国破产大会这类破产专业组织的影响,但自那以后,"特殊利益集团在很大程度上取代专业人士成为有影响力的参与者"。E. Warren, "The Changing Politics of American Bankruptcy Reform", (1999) 37 *Osgoode Hall Law Journal*.

经济滞涨等问题提供明确的政策解决方案。它的后果之一即“竞争性和争议性的”新组织激增。1978 年后的美国政治反映了“华盛顿在意识形态上的积怨、两极分化和分裂在持续升级”，导致“理念之战
53 日益激烈尖锐”。[102] 在戴维·斯凯尔的著述中，关于 1978 年后破产制度发展的章节起名为“消费者破产中的信用卡和意识形态的倒退”。[103]

20 世纪 60 年代关于破产的主要观点是，技术性问题最好由专业人士解决。破产者在专业团体中的形象似乎是不幸、能力不足且需要得到帮助的个人。[104] 1978 年之后，各界人士就破产的政策形象、

[102] See J. L. Campbell and O. K. Pedersen, *The National Origins of Policy Ideas: Knowledge Regimes in the United States, France, Germany and Denmark*, (Princeton, Princeton University Press, 2014) 3. J. L. Campbell and O. Pedersen, “Policy Ideas, Knowledge Regimes and Comparative Political Economy”, (2015) 13 *Socio-Economic Review* 679, 685.

[103] D. A. Skeel, *Debt's Dominion: A History of Bankruptcy Law in America*, (Princeton, Princeton University Press, 2014) ch. 7.

[104] See generally Ball, “Bankruptcy and Politics: A Framework for Bankruptcy and Politics: A Framework for Bankruptcy Policymaking in the United States Congress and Courts” (Ph. D. thesis, Wayne State University, 2012)，载美国韦恩州立大学数字公地网 2012 年 1 月 1 日，http://digitalcommons. wayne. edu/oa_dissertations/423。很难评价这些观点是否广为接受。埃弗拉特对精英媒体中破产者形象的研究表明，即便在 20 世纪 60 年代早期，破产者仍被描述为声名狼藉的人，甚至被称为骗子。See R. Efrat, “Bankruptcy Stigma: Plausible Causes for Shifting Norms”, (2005) 22 *Emory Bankruptcy Developments Journal* 481; R. Efrat, “The Evolution of Bankruptcy Stigma”, (2006) 7 *Theoretical Inquiries in Law* 365; R. Efrat, “The Moral Appeal of Personal Bankruptcy”, (1998) 20 *Whittier Law Review* 141.

债务人的特征和动机以及合理的政策回应,争夺话语权。[105] 这既是学术上的论战,又是政治上的斗争,其结果并非取决于专业论据是否有力,而是取决于政治家、政策企业家和媒体的博弈。[106]

消费者破产申请的大量增加一直是 20 世纪 30 年代和 60 年代破产改革讨论的主要内容。因此,在 20 世纪 90 年代这个经济明显繁荣的时期,破产申请爆炸式的增长引发了政治和政策的讨论,也就不足为奇。这种增长是仅仅反映了家庭债务的增加,[107] 还是反映了信贷更大范围、更积极地向风险更高的消费者扩张,[108] 抑或是个人责任的削弱？许多媒体报道了债务人不负责任的行为。媒体援引当

---

〔105〕 See E. Warren, "The Changing Politics of American Bankruptcy Reform", (1999) 37 *Osgoode Hall Law Journal*. See also J. F. Witt, "Narrating Bankruptcy/Narrating Risk", (2003) 98 *Northwestern University Law Review* 303. 约翰·波特在分析美国 2005 年《破产滥用防止及消费者保护法》的游说背景时探讨了这个问题。他认为,政策企业家从债权人角度出发,将消费者破产的政策制定从技术问题转变为强调个人责任的政治问题。See J. A. E. Pottow, "A U. S. Perspective on the Contextual Terrain of Political Economy in Insolvency Reform", in S. Ben-Ishai and A. Duggan (eds.), *Canadian Bankruptcy and Insolvency Law: Bill C-55, Statute c. 47 and Beyond* (London, LexisNexis, 2007). See generally Ball, "Bankruptcy and Politics: A Framework for Bankruptcy and Politics: A Framework for Bankruptcy Policymaking in the United States Congress and Courts", (Ph. D. thesis, Wayne State University 2012) ch. 6, 载美国韦恩州立大学数字公地网 2012 年 1 月 1 日, http://digitalcommons.wayne.edu/oa_dissertations/423。

〔106〕 P. A. Hall, "Policy paradigms, Social Learning, and the State: The Case of Economic Policymaking in Britain", (1993) 25 *Comparative Politics* 275. See also E. Warren, "The Changing Politics of American Bankruptcy Reform", (1999) 37 *Osgoode Hall Law Journal*.

〔107〕 See R. Lawless, "The Paradox of Consumer Credit", (2007) *Illinois Law Review*.

〔108〕 See D. A. Moss and G. A. Johnson, "The Rise of Consumer Bankruptcy: Evolution, Revolution, or Both", (1999) 73 *American Bankruptcy Law Journal* 347-348.

时的美联储主席艾伦·格林斯潘(Alan Greenspan)的言论,即“因为美国人在申请破产法院保护时失去了羞耻感,个人破产案件的数量正在飙升”。[109]

关于消费者破产的重要理论和实证研究对前述问题进行了探讨。美国开明的法律学术团体通过一系列开创性的实证研究,为“破
54 产是压力日渐增加的中产阶级的安全网”(根据拥有住房、受教育程度和职业地位界定中产阶级)的观点提供科学支持。[110] 这种叙事不同于早期将破产与低收入的蓝领工人联系起来的提法。[111] 这种观点指出,失业、家庭破裂和医疗保健等外部因素导致了财务困境和破产。[112] 在美国,负债水平高、双收入的中产阶级家庭特别容易受到失业、疾病和家庭破裂等生活事件变化的影响。

研究表明,使用第7章破产程序的个人很少“有能力清偿债务”。这一事实对太多人利用破产的结论提出了质疑,并支持消费者选择

---

〔109〕 Quoted in M. Jacoby, “Negotiating Bankruptcy Legislation through the News Media”, (2004) 41 (4) *Houston Law Review* 1091, 1097.

〔110〕 See Sullivan, Warren and Westbrook, *As We Forgive Our Debtors* n. 3; T. A. Sullivan, E. Warren, and J. L. Westbrook, *The Fragile Middle Class: Americans in Debt* (New Haven, Yale University Press, 2000).

〔111〕 See e. g. P. Schuchman, “The Average Bankrupt: A Description and Analysis of 753 Personal Bankruptcy Filings in Nine States”, (1983) 88 *Commercial Law Journal* 288.

〔112〕 在2007年,“超过3/5的消费者破产申请……与疾病和受伤带来的医疗费用和收入损失相关”。See J. S. Hacker, “The Middle Class at Risk” in K. Porter (ed.), *Broke: How Debt Bankrupts the Middle Class*, (Stanford, Stanford University Press, 2012) 220.

适用第13章程序。[113] 沙利文、沃伦和韦斯特布鲁克总结,破产不是解决中产阶级问题的理想方案,但鉴于美国社会保障和医疗体系的变化,破产发挥了非常重要的安全网作用。美国的医疗和福利体系与长期稳定的就业密切相关。当就业出现问题,风险会发生巨大的转移,[114] 由雇主和政府转移到个人身上,中产阶级的不安全和破产随之增加。

沙利文、沃伦和韦斯特布鲁克在2000年出版了《脆弱的中产阶级》一书,对中产阶级进行分析的政治意义在于:通过推广现有破产制度的潜在优点以捍卫该制度。由于绝大多数美国人将自己界定为中产阶级,破产现象可能影响普罗大众。福利普遍化是一种能够维持福利国家机构获得政治支持,并同时在政治上抵制国家机构侵蚀的策略。瑞典就是运用这种策略的国家之一,瑞典的中产阶级从福利普及制度中受益匪浅。[115]

在法学界,新的法律经济学研究方法催生了一种竞争性的破产
模式。这种模式在1978年法案出台之前几乎没有出现。它将破产 55

〔113〕 See T. Sullivan, E. Warren and J. Westbrook, "Who Uses Chapter 13?" in J. Niemi, I. Ramsay and W. Whitford (eds.), *Consumer Bankruptcy in Global Perspective*, (Oxford, Halt Publishing, 2003) ch. 13.

〔114〕 See J. S. Hacker, *The Great Risk Shift: The Assault on American Jobs, Families, Health Care and Retirement* (Oxford, Oxford University Press, 2006). 哈克指出,一旦考虑到美国卫生和福利体系复杂的公共/私人性质,在风险转移之前,美国向这些领域分配的资源和欧洲国家相比,并没有明显差距。

〔115〕 斯堪的纳维亚半岛的福利模式提供了"符合中产阶级品味和期望的优点,但仍然保持了权利的普遍性"。G. Esping-Andersen, *The Three Worlds of Welfare Capitalism*, (Princeton, Princeton University Press, 1990) 31.

塑造为理性的成本—效益选择，并调查了破产的事后保护（如国家对破产中的国家的豁免）对信贷成本和信贷可得性的潜在影响。[116] 这种方法将破产视为一种强制保险，强调破产中的保险保护及其对冒险行为（道德风险）的影响和机会主义之间的权衡。[117] 计量经济学研究分析了慷慨的财产豁免（如对宅基地的豁免）和企业家与消费者的信贷成本及信贷可得性，以及豁免对不同群体的分配效应之间的关联性。[118] 持法律经济方法论的学者质疑沙利文和其他学者提出的破产不良事件论，认为债务人对财务利益的权衡计算影响了破产决策。

经济学家还试图衡量 20 世纪 90 年代后期破产耻辱感是否下降，但基于计量研究的局限性，他们的研究结果成败参半。[119] 公共选择的经济分析也声称，美国现有的破产制度反映了破产建制

---

[116] See e. g. the overview by M. J. White, "Bankruptcy and Consumer Behaviour: Theory and US Evidence" in G. Bertola, R. Disney, and C. B. Grant (eds.), *The Economics of Consumer Credit* (Cambridge, MIT Press, 2006). M. J. White, "Corporate and Personal Bankruptcy Law", (2011) 7 *Annual Review of Law and Social Science* 139.

[117] B. Adler, L. Polak, and A. Schwartz, "Regulating Consumer Bankruptcy: A Theoretical Inquiry", (2000) 29 *The Journal of Legal Studies* 585.

[118] See White, "Bankruptcy and Consumer Behavior: Theory and US Evidence" in G. Bertola, R. Disney, and C. B. Grant (eds.), *The Economics of Consumer Credit* (Cambridge, MIT Press, 2006) and M. J. White, "Corporate and Personal Bankruptcy Law", (2011) 7 *Annual Review of Law and Social Science* 139.

[119] 例如，有一项研究得出结论，信用卡违约率的上升一定是由耻辱感下降导致的，因为其他变量无法解释这一现象！See D. B. Gross and N. S. Souleles, "An Empirical Analysis of Personal Bankruptcy and Delinquency", (2002) 15 *Review of Financial Studies* 319. 1980～2000 年的一项经济研究将破产的增加归因于信贷门槛的下降和破产成本的降低，其中可能包括破产和"污名化"后获得信贷的能力。I. Livshits, J. MacGee and M. Tertilt, "Accounting for the Rise in Consumer Bankruptcies", (2010) 2 *American Economic Journal* 165.

派——法官、法律学者和破产律师的利益。[120]

围绕破产法实施中的负面事件和道德风险的影响，学术界争论不休。[121] 虽然计算成本和收益的理性人只是一种经济概念，并不是为了反映现实，[122]但学术团体可以通过法律和经济研究为机会主义者和理性计算者滥用破产的常识性论述以提供科学依据。经济学的讨论丰富了“反应修辞”理论，即这些行为的成本将转嫁给其他消费 56
者（主要是更穷的消费者）。[123] 20 世纪 90 年代和 21 世纪初，债权人团体发起并支持了进一步的研究，声称大量的破产者可以清偿他们的部分债务，[124]并得出了一个有名的金句，即破产制度使每一个美

---

〔120〕 “因此，当前的企业和消费者破产制度特别符合破产律师、破产法官以及相关学者的利益，他们的咨询收入随着破产制度的成本、复杂性和法院中心地位的上升而增加。这些群体主导了当前的和过去的改革辩论。我们可以私下推测：我们的消费者破产制度正是律师想要的制度。” B. Adler, L. Polak and A. Schwartz, “Regulating Consumer Bankruptcy: A Theoretical Inquiry”, (2000) 29 *The Journal of Legal Studies* 611.

〔121〕 关于疾病和无保险的医疗费用对破产的影响的研究引自 M. J. White, “Economics of Corporate and Personal Bankruptcy Law”, (2014) unpublished paper on file with author。

〔122〕 早期干预采取了行为经济方法而非理性经济方法。See T. H. Jackson, “The Fresh Start Policy in Bankruptcy Law”, (1985) 98 *Harvard Law Review* 1393.

〔123〕 See A. O. Hirschman, *The Rhetoric of Reaction: Perversity, Futility, Jeopardy* (Cambridge, Harvard University Press, 1991).

〔124〕 These are referred to in footnote 18 in United States Congress, “Bankruptcy Abuse Prevention and Consumer Protection Act of 2005: Report of the Committee on the Judiciary to Accompany S. 256 Together with Dissenting, Additional Dissenting, and Additional Minority Views”, (Washington, D. C., US Government Printing Office, 2005) Report 109 – 31. See e. g. United States Congress, Bankruptcy Reform Act of 1999: Hearing before the Subcommittee on Commercial and Administrative Law of the Committee on the Judiciary, House of Representatives, One Hundred Sixth Congress, Second Session, on HR 833. (Washington, D. C., US Government Printing Office 2000).

国人每年多交 400 美元税，尽管缺乏实证研究的支撑，但这一说法仍被载入国会记录。[125]

第五节 美国 2005 年《破产滥用防止及消费者保护法》——大衰退与未来

经历了 8 年的曲折历程，美国国会最终于 2005 年出台了《破产滥用防止及消费者保护法》，[126] 折射了行业游说者在较早的 20 世纪 80 年代提出的草案。参议员霍华德 · 格拉斯利（Howard Grassley）最初在国会提出的草案是从 20 世纪 60 年代开始努力达成“累积的最终成就”，依据该草案，如果法院认定债务人可以根据第 13 章清偿大部分债务，就会拒绝债务人适用第 7 章救济程序。[127] 该草案希望恢复“破产制度中的个人责任和诚信，并确保该制度对债务人和债权

[125] See E. Warren, “The Phantom $400”, (2004) 13 *Journal of Bankruptcy Law & Practice* 77.

[126] Bankruptcy Abuse Prevention and Consumer Protection Act of 2005 (BAPCPA), Pub. L. No. 109 - 8, 119 Stat. 23 (codified in scattered sections of 11, 12, 18, 28 USC). 立法过程更详细的描述参见 S. Jensen, “A Legislative History of the Bankruptcy Abuse Prevention and Consumer Protection Act of 2005”, (2005) 79 *American Bankruptcy Law Journal* 485。

[127] See 146 Cong. Rec. 26462 - 26464 (2000) (statement of Sen. Chuck Grassley) [introducing H. R. 2415 in 1998 (an early version of the BAPCPA)].

人都是公平的”。[128] 该草案指出,(破产制度的)主要危害是,破产越来越多地被债务人视为首选方案而不是兜底方案;负责任的美国人通过隐性的破产税补贴了滥用破产者;现有制度的漏洞和诱因鼓励了投机行为。[129]

强化债务人责任的主要方法是,将法定的收入测试规定为主要负担消费债务的个人适用直接破产程序的前提条件。[130] 其他规则的修订,包括破产前和破产后的强制咨询;对债务人提出的破产申请 57
进行随机审计;破产律师有更大的义务确保债务人申请文件的正确性;第 13 章清偿期限设置为 5 年(而不是 3 年);限制重新申请破产,[131] 限制将重复申请作为中止强制执行的手段;[132] 限制强裁汽车上设定的担保。最后,增加了监管者——美国联邦托管人的责任,他们必须监督收入测试和破产制度的实施。

---

[128] Bankruptcy Abuse Prevention and Consumer Protection Act of 2005, Report of the Committee on the Judiciary House of Representatives to Accompany s 256, 109 Congress First Session 3(2005).

[129] Bankruptcy Abuse Prevention and Consumer Protection Act of 2005, Report of the Committee on the Judiciary House of Representatives to Accompany s 256, 109 Congress First Session 3(2005)3 –5.

[130] “该法案的消费者破产改革核心是一项收入/支出筛选机制(‘需求导向的破产救济’或‘收入测试’),旨在确保债务人向债权人清偿其能够清偿的最高金额。” Bankruptcy Abuse Prevention and Consumer Protection Act of 2005, Report of the Committee on the Judiciary House of Representatives to Accompany s 256, 109 Congress First Session 3(2005).

[131] 美国 2005 年《破产滥用防止及消费者保护法》第 1328 条第 f 款规定,禁止在破产申请之前 4 年内根据第 7 章、第 11 章或第 12 章获得免责的债务人根据第 13 章获得免责;第 727(a)(8)项将重新申请适用第 7 章的年限从 7 年增加到 8 年。

[132] 美国 2005 年《破产滥用防止及消费者保护法》第 362 条第 c 款第 3 项和第 4 项。

在美国2005年《破产滥用防止及消费者保护法》的通过和颁布过程中,利益集团的叙述经常占据主导地位。该法案“由消费信贷行业,尤其是信用卡行业草拟、购买并付费”。[133] 霍华德·努涅斯(Howard Nunez)和斯蒂芬·罗森塔尔(Stephen Rosenthal)的研究证明:该法案赢得两党的支持主要是因为信用卡行业为竞选提供了捐款。[134] 然而,即使是利益集团的叙述,也不能简单地还原为债权人利益集团利用纯粹的政治权力,将其观点植入法律。[135] 收入低于本州收入中值的债务人自动免于收入测试的规定,保护了低收入债务人。养老金计划的豁免保护有所增加;退伍军人的收入测试适用新的特殊规定;[136] 在收入测试中,社会保险金被排除在“收入”范围之外。[137] 一部分债权人利益的增加以其他债权人的利益减损为代价。

---

〔133〕 A. M. Dickerson,“Regulating Bankruptcy:Public Choice,Ideology,& Beyond”,(2006) 84 *Washington University Law Review* 1861. See also the discussion in K. Ball,“Bankruptcy and Politics:A Framework for Bankruptcy and Politics:A Framework for Bankruptcy Policymaking in the United States Congress and Courts”,138(Ph. D. thesis,Wayne State University 2012),载美国韦恩州立大学数字公地网2012年1月1日,http://digitalcommons. wayne. edu/oa_dissertations/423:“改革者在促进个人责任方面诠释了他们的努力。”

〔134〕 S. Nunez and H. Rosenthal,“Bankruptcy ‘Reform’ in Congress:Creditors,Committees,Ideology and Floor Voting in the Legislative Process”,(2004)20(2) *Journal of Law Economics and Organization*.

〔135〕 See S. Soederberg,“The US Debtfare State and the Credit Card Industry:Forging Spaces of Dispossession”,(2013)45 *Antipode* 493.

〔136〕 参见修订的美国2005年《破产滥用防止及消费者保护法》第707条第b款第2项第b目。

〔137〕 参见美国2005年《破产滥用防止及消费者保护法》第101条第10A款第b项。约翰·波特质疑信贷游说团体是否已经关注美国退休人员协会的游说力量。

为了换取担保权人支持该法案,担保债权人(如汽车贷款人)的特定利益得到保证,以无担保债权人(如信用卡公司)的损失为代价。[138]虽然该法案的反对者无法与债权人联盟势均力敌,但他们确实成功地将破产框定为女权问题,从而扩大了辩论范围,并推动了一些旨在保护女性的修正条款。[139]

个人责任的叙事主导了国会关于2005年《破产滥用防止及消费者保护法》的辩论。只有那些"自身没有过错而无法清偿债务"的人 58
才能破产。[140] 布什总统(Bush George)在签署该法案时表示,"这是一个人们有责任履行义务的国家"。法律应当保护的是那些"无辜的、'脆弱的'受害者"。[141] 美国律师协会在20世纪60年代的辩论中呼吁强化个人责任,但未取得成功,然而2005年新自由主义的世界与责任个人化的意识形态相契合。"可以清偿/应该清偿"成为一

〔138〕 See W. C. Whitford, "A History of the Automobile Lender Provisions of BAPCPA", (2007) *University of Illinois Law Review* 143. 关于债务人群体通过媒体"重塑"破产辩论的有趣讨论参见 Melissa Jacoby, "Negotiating Bankruptcy Legislation Through the News Media", (2004) 41 *Houston Law Review* 1091。

〔139〕 其中包括:第13章程序中,子女抚养费可以从可支配收入中扣除,赋予第7章程序中配偶和子女抚养费超级优先权,并允许将维持债务人家庭免于家庭暴力的费用列为用于确定债务人财产的费用。并允许在确定债务人的生活开支时将为保护债务人的家庭免受家庭暴力而产生的费用列为可扣除的开支项目。

〔140〕 A. M. Dickerson, "Regulating Bankruptcy: Public Choice, Ideology, & Beyond", (2006) 84 *Washington University Law Review* 1856. 她在第1894页中指出,在相关提案的辩论中,"个人责任"一词出现了将近70次。

〔141〕 A. M. Dickerson, "Regulating Bankruptcy: Public Choice, Ideology & Beyond", (2006) 84 *Washington University Law Review* 1895.

个关键的表达。"(该法案关于)消费者破产改革的核心(是)确保***有清偿能力的***债务人***切实地清偿债务***。"[142] 迪克森(Dickerson)对国会辩论进行分析后指出,立法者***确实***就某些原则达成了一致:那些"试图不当利用制度"的债务人不应该获得救济;大量消费者承担了过重的债务;确实存在大量值得帮助的债务人。[143] 这些债务人的类型和20世纪30年代早期框定的类型相相似。

关于美国2005年《破产滥用防止及消费者保护法》的影响仍然存在争议,[144] 例如,法案的规定是否减少或延迟了根据以前的立法早已提出的申请。该法案对破产申请的长期影响难以与家庭债务的减少等其他原因分开。[145] 研究表明,书面文件工作的增加而不是收

---

〔142〕 Ransom v. FIA Card Services 562 US 1,2. (Supreme Court of the United States).

〔143〕 A. M. Dickerson, "Regulating Bankruptcy: Public Choice, Ideology & Beyond", (2006) 84 *Washington University Law Review* 1873 – 1875.

〔144〕 关于美国2005年《破产滥用防止及消费者保护法》对特定消费者团体影响的一些研究参见 A. P. MacArthur, "Pay to Play: The Poor's Problems in the BAPCPA", (2008) 25 *Emory Bankruptcy Developments Journal* 407(关注对贫穷消费者的影响); K. Porter, "Going Broke the Hard Way: The Economics of Rural Failure", (2005) 2005 *Wisconsin Law Review* 969. See R. M. Lawless and others, "Did Bankruptcy Reform Fail?", (2008) 82 *American Bankruptcy Law Journal* 349. 其关于连续申请的规定似乎未能实现其目标,部分原因是前述规定没有得到法官的认同和支持。S. Greene, "The Failed Reform: Congressional Crackdown on Repeat Chapter 13 Bankruptcy Filers", (2015) 89 *American Bankruptcy Law Journal* 241.

〔145〕 See C. E. Weller, B. J. Morzuch, and A. Logan, "Estimating the Effect of the Bankruptcy Abuse Prevention and Consumer Protection Act of 2005 on the Bankruptcy Rate", (2010) 84 *American Bankruptcy Law Journal* 327; S. J. Spurr and K. M. Ball, "The Effects of a Statute (BAPCPA) Designed to Make It More Difficult for People to File for Bankruptcy", (2013) 87 *American Bankruptcy Law Journal* 27. See R. Lawless, "Annual U. S. Bankruptcy Filings on Track for 6.7% Decline", *Credit Slips*, http://www.creditslips.org/creditslips/2016/07/annual-us-bankruptcy-filings-on-track-for-67-decline.html#more.

入测试[146]导致了申请成本的增加,[147]减少或延缓了那些收入低于本州收入中值的个人申请破产,[148]这些人本来可以继续申请直接破 59
产。关于法案对信贷的影响,在其通过后立即进行的一项研究表明,尽管该法案减少了信用卡公司的损失,但收益并没有传递给"负责任的美国人"。[149] 2014年前卫学者的研究成果指出,虽然该法案给破产法带来了"影响深远的变化","但破产法的大部分基础内容仍然保持不变"。[150]

强制咨询的引入演绎了现实中的立法。[151] 在美国,为债务人提

---

〔146〕 美国联邦托管人办公室表示,在2013年,第7章的债务人中约有12%的人收入高于其所在州收入的中位数,但美国联邦托管人在审查债务人的情况后,仅就其中很少的部分案件申请法院驳回案件。*Annual Report of Significant Accomplishments* (Washington, US Trustee Program, 2013). 这些数据并未计入那些可能已经申请但被收入测试拒之门外的人。

〔147〕 See L. R. Lupica, "The Consumer Bankruptcy Fee Study: Final Report", (Social Science Research Network 2011) SSRN Scholarly Paper ID 2132913, 载社会科学研究网2012年8月21日, http://papers.ssrn.com/abstract=2132913; L. R. Lupica, "The Costs of BAPCPA: Report of the Pilot Study of Consumer Bankruptcy Cases", (2010) 18 *American Bankruptcy Institute Law Review*。该研究表明,相关成本和法律费用有25%左右的上升,各州之间差异较大。

〔148〕 See S. Albanesi and Jaromir Nosal, "Insolvency after the 2005 Bankruptcy Reform", (New York, Federal Reserve Bank of New York, 2015) Staff Report No. 725, 载社会科学研究网2015年4月15日, https://papers.ssrn.com/sol3/papers.cfm?abstract_id=2594037。

〔149〕 See M. Simkovic, "The Effect of BAPCPA on Credit Card Industry Profits and Prices", (2009) 83 *American Bankruptcy Law Journal* 1.

〔150〕 E. Warren, J. L. Westbrook, K. Porter and J. Pottow, *The Law of Debtors and Creditors: Text, Cases and Problems* (Denver, Aspen, 2014).

〔151〕 破产委员会于1973年提出了咨询的建议,1994年委员会批准了对自愿性的债务人进行教育的概念。

供咨询服务的建议由来已久——从20世纪60年代就已经开始了。根据美国2005年《破产滥用防止及消费者保护法》,破产者必须在破产前进行咨询,“以便在对破产和替代破产方案及其后果有所了解之后,作出明智的选择”。[152] 财务管理咨询也是免责的一个条件,使债务人“有希望避免未来的财务困境”。[153]

60 迈克尔·苏萨(Michael Sousa)对债务人的咨询经历进行了研究。[154] 苏萨的研究表明,申请前的咨询没有达到立法的预期目的,即让债务人重新考虑他们申请破产的决定。咨询帮助债务人相信其申请破产的决定是正确的,或者有助于减轻债务人对破产宣告的担

---

〔152〕 See United States Congress, “Bankruptcy Abuse Prevention and Consumer Protection Act of 2005”, part 1, 3.

〔153〕 这种咨询必须包括以下几方面的建议:制定预算、金钱管理、信贷的理性使用、消费者信息、意外财务危机的应对。因此,破产成为一种个人可以掌握财务知识、接受规制和进行学习的场域。信贷咨询的规定参见28 C. F. R. §58。美国破产管理署负责批准合格的信贷咨询机构。信贷咨询的指导必须包括以下内容(58.33):(1)预算制定,包括:①制定短期和长期的财务目标,以及提高实现这些目标的能力;②计算每月总收入和每月净收入;③确定每月开支并将其分为固定支出、灵活支出和周期性支出3类。(2)金钱管理,包括:①做好财务记录;②提高区分愿望和需求的决策能力,在选择商品和服务时货比三家;③在适当范围内投保,考虑保险的类型和成本;④为紧急情况、分期付款和财务目标节省开支。(3)信贷的理性使用,包括:①确定信贷和贷款的类型、来源和费用;②确定债务预警信号;③讨论信贷的合理使用和其他替代方案;④检查信用评级。(4)消费者信息,包括:①确定帮助消费者的公共组织和非营利性机构;②确定可适用的消费者保护法律和法规,例如,规定信用记录更正和防止消费者欺诈的法律法规。(5)意外财务危机的应对,其中包括:①在意外事件发生时寻求额外借贷的替代方案;②向公共和私营服务机构寻求帮助。对第13章案例咨询较早的一项研究结论表明,与没有提供咨询的案例相比,咨询似乎不会导致债务人更多地完成计划。

〔154〕 M. D. Sousa, “Just Punch My Bankruptcy Ticket: A Qualitative Study of Mandatory Debtor Financial Education”, (2013) 97 *Marquette Law Review* 391.

忧。大多数债务人认为,2 小时的财务教育课程不足以产生长远影响,并且许多人申请破产是因为发生了与财务能力无关的外部经济变故,因此,这些课程往往是不合适的。[155] 苏萨进一步指出,现有的强制性课程“总体来说是一种误导”。[156] 这种制度设计之所以失败,是因为咨询制度的倡导者主要希望通过这些条款阻止或推延潜在的破产者申请破产,并不关心它能否有效运行。但是,由于信用咨询是由联邦托管人办公室负责监督的,该程序的改革效果也许是值得被期待的,信用咨询的长远功能也是难以预测的。

大衰退成为关键时期

大衰退是美国消费信贷监管的一个关键时期,为消费者金融保护局这个新机构的成立提供了机会。消费者金融保护局的设立受到了认为信贷是一种潜在的危险产品的伊丽莎白·沃伦的议程设置工作的启发,以及在信贷领域建立类似消费产品安全委员会的机构这一需求的激励。[157]

---

〔155〕 See M. D. Sousa, “Just Punch My Bankruptcy Ticket: A Qualitative Study of Mandatory Debtor Financial Education”, (2013) 97 *Marquette Law Review* 391, 443. 该研究还检视了美国 2005 年《破产滥用防止及消费者保护法》出台前后其他关于财务咨询的研究。

〔156〕 M. D. Sousa, “Just Punch My Bankruptcy Ticket: A Qualitative Study of Mandatory Debtor Financial Education”, (2013) 97 *Marquette Law Review* 391, 466.

〔157〕 See E. Warren, “Unsafe at Any Rate”, (2007) *Summer Democracy Journal*. See A. Levitin, “The Consumer Financial Protection Bureau: An Introduction”, (2012 – 2013) 32 *Review of Banking and Financial* Law 321. See also discussion in D. Skeel, *The New Financial Deal: Understanding the Dodd-Frank Act and Its (Unintended) Consequences* (New Jersey, John Wiley & Sons, 2010).

大衰退期间引发的一个重要问题是,在解决那些无法继续清偿抵押贷款或遭遇了资产净值沦为负数的个人的问题上,破产法能发挥什么作用?普遍的抵押止赎拍卖不仅会给个人,还会给社区带来沉重的打击。在一些设立了无追索权抵押贷款的州,大衰退的影响确实让一些房屋所有人失去了他们的房屋,且无须承担进一步的责任,但是这种选择给社区带来的潜在危害已经显现。[158]

美国破产法为过度负债的房屋所有人提供了一定程度的保护。债务人可以通过住宅豁免规定对抗无担保债权人。在一些案件中,
61 债务人可以通过第7章程序摆脱无担保债务并继续支付抵押贷款以保留房屋。债务人可有策略地运用第13章程序的自动冻结制度防止抵押止赎拍卖。然而,第13章程序要求个人制订清偿债务的计划,对于许多人来说,确实是一个难以解决的问题。因此,大衰退开始时就有人建议,应允许减免个人贷款的本金。没有本金减免强裁条款的第13章程序通常会带来止赎拍卖的推迟而不是房屋的保留。[159] 亚当·列维滕(Adam Levitin)等学者认为,美国破产法院审理的第13章程序是解决房屋债务积压最有效和最公平的方式,纳税

---

〔158〕 但请参见罗恩·哈里斯(R. Harris)和亚瑟·梅厄(A. Meir)的讨论,"Non-Recourse Mortgages-A Fresh Start",(2013)21 *American Bankruptcy Institute Law Review* 119。

〔159〕 See A. M. White and C. Reid, "Saving Homes-Bankruptcies and Loan Modifications in the Foreclosure Crisis",(2013)65 *Florida Law Review* 1713.

人无须付出任何代价。[160] 破产机制可以将真正需要减免债务的人和机会主义者区别开。由于贷款人会因不良的贷款决定受到处罚，而债务人则需要在免责前 3 ~5 年履行第 13 章清偿方案确定的清偿义务，所以，不太可能发生道德风险。[161]

当巴拉克·奥巴马（Barack Obama）还是总统候选人时，他承诺将强裁条款纳入立法，但在他担任总统之后，却没有对相关立法提案给予足够的支持，而是更倾向通过"住房可负担调整计划"（Home Affordable Modification Program，HAMP）寻求个人协商的可能性。[162] IMF 后来作出评估，认为前述措施只取得了部分成功。[163] 金融资本对抵押贷款本金减免的强烈抵触，在很大程度上导致了强裁条款的

---

[160] A. J. Levitin, "Resolving the Foreclosure Crisis: Modification of Mortgages in Bankruptcy", (2009) *Wisconsin Law Review* 565; M. J. White and N. Zhu, "Saving Your Home in Chapter 13 Bankruptcy", (2010) 39 *Journal of Legal Studies* 33.

[161] 多种强裁方案的提出，目的是鼓励借款人努力保留其房屋（如将强裁条款与附近地区房地产价格的下降联系起来）并将房屋价值增值的部分利益分配给贷款方。See E. A. Posner and L. Zingales, "A Loan Modification Approach to the Housing Crisis", (2009) *American Law and Economics Review* 19.

[162] See e. g. the Helping Families Save their Homes in Bankruptcy Acts 2008, 2009, and the account in K. Roberts and S. Kaper, "Out of Their Depth", (2012) *National Journal*, www. nationaljournal. com/magazine/the-white-house-s-housing-funbles-20120322. 这篇文章对奥巴马债务救济计划的内部运作进行了详尽描述。

[163] See IMF (2012), *World Economic Outlook*, ch. 2 "Household Debt". See B. Applebaum, "Cautious Moves on Foreclosures Haunting Obama", *New York Times* (20 August 2012) Al.

失败。[164] 个人责任和道德风险的讨论也同样产生了影响。奥巴马
62 希望帮助“负责任的借款人”，而当局确信大多数美国人即使在经济严重衰退的情况下，也不会希望“动用公共资金帮助他们的邻居摆脱困境”。[165] 2009年媒体评论家里克·桑塔利（Rick Santelli）在电视演讲中强烈抨击强裁条款，引发了茶党的创立，也印证了当局的观点。[166] 一种说辞是，对“契约神圣和道德风险”这两大意识形态问题的担忧影响了奥巴马政府。[167] 当局认为，在金融危机后，政府最重要的任务是通过资本重组来确保银行的稳定性，使银行能够继续放贷。减少消费者债务积压只是次要任务。家庭债务的大幅去杠杆可能会威胁银行的稳定性。米安（Mian）和苏菲（Sufi）认为这种做法是错误的，因为银行系统面临的危险在2009年已经告一段落，而大幅

〔164〕 See S. Labaton, “Ailing, Banks Still Field Strong Lobby at Capitol”, *New York Times*(5 June 2009) A1. 破产提案的失败显示了银行业持久的影响力，尽管它也在经济危机中陷入财务困境并饱受煎熬……银行业倾注了数百万美元用于游说（反对法案的通过）：四大金融集团在这一年前3个月的游说开支相当于2001年全年的投入……在整个过程中，所有的银行都利用了奥巴马政府表现出来的矛盾和犹豫。除偶尔发表一些民粹主义的言论外，白宫显然缺席了这一年春季长达数周的重要协商过程。See also B. Applebaum, “Cautious Moves on Foreclosures Haunting Obama”, *New York Times* (20 August 2012) Al.

〔165〕 S. Labaton, “Ailing, Banks Still Field Strong Lobby at Capitol”, *New York Times* (5 June 2009) A1.

〔166〕 See discussion of this in A. Mian and A. Sufi, *House of Debt: How They (and You) Caused the GreatRecession, and How We Can Prevent It from Happening Again*, (Chicago, University of Chicago Press, 2015) 135.

〔167〕 K. Roberts and S. Karper, “Out of their Depth”, *National Journal* (22 March 2012). B. Applebaum, “Cautious Moves on Foreclosures Haunting Obama”, *New York Times* (20 August 2012) Al.

度地去杠杆将刺激中低收入群体的消费。[168] 狭隘的利益集团的游说与当局的观点共同导致了抵押贷款本金减免立法的失败。

然而,联邦立法未能通过强裁条款的失败并不是故事的结尾。很多地区的破产法官通过达成调解方案,帮助房屋所有人与贷款人协商解决债务问题。在一些案件中,本金可能获得了减免。法官通过司法实践使法律适应显而易见的地方性需求,可能会为破产实践带来长期的变化。

第六节 国家在美国破产法中的作用

在美国,成立管理机构监督和管理消费者破产的呼声持续了很长时间。[169] 律师和法官一直反对设立这种机构。由于破产法官的强烈反对,美国《1978 年破产改革法》没有采纳破产审查委员会关于创设行政机构的建议。债权人认为,管理机构会是以债务人为导向

---

〔168〕 See A. Mian and A. Sufi, *House of Debt: How They (and You) Caused the GreatRecession, and How We Can Prevent It from Happening Again*, (Chicago, University of Chicago Press, 2015) 135 – 146.

〔169〕 See discussion in A. K. Littwin, "The Affordability Paradox: How Consumer Bankruptcy's Greatest Weakness May Account for its Surprising Success", (2011) 52 *William & Mary Law Review* 1981 – 1986.

的,所以,也反对机构的设立。〔170〕作为一种政治妥协,美国联邦司法部在一些州建立了实验性的破产管理机构。在管理机构的运行经过
63 几次评估,并于 1986 年得到确定的正面评价之前,它只是不稳定的试点项目而已。〔171〕当债务人可能实质滥用程序时,管理机构还拥有介入的权力。

现在,美国破产管理署对破产程序进行全面监管,包括在第 7 章程序中任命名册〔172〕中的管理人并对其工作进行监督,对第 13 章案件管理的监督,执行规范债务咨询机构(包括律师)的规定,〔173〕审批信用咨询机构的资格,以及根据美国 2005 年《破产滥用防止及消费者保护法》完善信用咨询的规定。它可以根据破产法第 727 条的规定申请破产法院不予准许债务人免责,并根据破产法第 707 条的规定对收入测试进行监督。该法案还赋予破产管理署对破产申请进行

〔170〕 See discussion in B. Carruthers and T. Halliday, *Rescuing Business: The Making of Corporate Bankruptcy Law in England and the United States*, (Oxford, Oxford University Press, 1998) 406 – 416, and D. A. Skeel, *Debt's Dominion: A History of Bankruptcy Law in America*, (Princeton, Princeton University Press, 2014) 142 – 147. 斯凯尔在第 145 页特别提到了"良性金融"组织成员林恩·特威内姆的反对意见,他担心州的破产管理机构会促使破产案件出现"爆炸"式增长。

〔171〕 关于这些机构在 20 世纪 90 年代中期之前的发展状况的一项有用的调查参见 National Bankruptcy Review Commission (US), Bankruptcy: The Next Twenty Years: National Bankruptcy Review Commission Final Report, October 20, 1997 (Washington, US Government Printer) 844 – 857.

〔172〕 通常是个人执业律师。

〔173〕 See 28 USC § 586; § 526 – 528 Bankruptcy Code and § 101 (12A), which defines "debt advice agency".

随机审计的权力。美国破产管理署可以出席根据破产法审理的任何案件或任何程序并发表意见。[174] 管理署从破产费用中提取经费，但国会负责决定实际的拨款数目。

美国破产管理署在 1978 年创立之初，被视为“监督机构”，[175] 旨在“维护所有利益相关者，即债务人、债权人和公众的利益，促进破产制度的完整、高效”。[176] 21 世纪初期，它的主要任务是减少债务人对破产程序的滥用。它发起了一项全国性的执法行动，以回应公众对破产制度滥用的高度关注。[177] 这一时期的年度报告强调了它根据破产法第 707 条第 b 款对债务人采取的执法行动，以及针对债务人的律师和准备申请破产者的行动。[178] 该机构在 2002 年声称：“破产

---

[174] 11 USC §307.

[175] House Report No. 989, 95th Congress, 2nd Session at 88 (reprinted in 1978 US Code Congressional & Administrative News at 5787, 5963, 6049).

[176] See the United States Department of Justice website: www.justice.gov/ust/eo/ust_org/index.htm.

[177] See United States Trustee Program, *Annual Report of Significant Accomplishments, Fiscal Year* (Washington, D. C., US Government Printing Office, 2002). 它提供了一个例子：“在美国联邦托管人以实质滥用为理由提出撤销案件的动议和完成证据开示之后，达拉斯一位第 7 章债务人同意撤销她的案件，这使她不能免除 122,527 美元的消费信用卡债务。该债务人是一名商业航空公司的飞行员，每月工资为 11,500 美元，每月要为她 38.5 万美元的房屋清偿 3100 美元的抵押贷款。在申请破产之前，她刚刚买了一辆价值 5 万美元的梅赛德斯车，代替她被收回的价值 90,000 美元的梅赛德斯车。”

[178] 2004 年，报告强调了以下观点：“曼哈顿和纽约市区对民事执行提出了特殊挑战，因为该地区偏高的生活费用是似乎合理的。然而，在纽约市，我们已经发现一些本来有能力根据第 13 章或第 11 章方案，通过节约开支的方式清偿债务的债务人，正在通过信用卡债务大肆挥霍。我的机构积极调查并采取行动打击这些滥用程序的债务人。”Greg Zipes, trial attorney, New York City.

64 制度的滥用情况比许多人估计的更为普遍。"[179] 消费者破产律师可能认为,该机构是一个执法部门而不是监督机构。[180] 根据美国2005年《破产滥用防止及消费者保护法》这部被视为债权人制定的法案,该机构拥有了更多的权力,使人们更加质疑该机构是偏向债权人的。在21世纪前10年晚期,先锋博客"信贷便签"(credit slips)发表了几篇文章,质疑该机构的解释标准。[181] 然而,美国破产管理署2007年的年度报告表明:该机构的行为准则发生了变化,它将识别次级贷款机构的潜在滥用行为作为首要任务。在2008年的机构年度报告中,报告的重点变成了抵押贷款服务机构的滥用行为和信用卡服务商追索免责债务的不当行为,而不是债务人的滥用行为。美国破产管理署在2009年的年度报告中列举了抵押贷款服务机构的一系列滥用行为,如过高以及不合理的收费。到2010年,消费者保护已成为美

〔179〕 J. C. Marshall, "Civil Enforcement: An Early Report", (2002) 18 *Journal of the National Association of Bankruptcy Trustees* 39.

〔180〕 See J. Birnbaum, "Law Makes Debt Relief Harder for Homeowners", *The New York Times*(New York, 12 January 2008),载纽约时报网,http://www.nytimes.com/2008/01/12/business/yourmoney/12money.html, accessed 21 July 2015。它引用一位破产律师的话:美国联邦托管人办公室"正在进行审查……并积极地促使他们(债务人)适用第13章程序"。其间也提到了"破产管理署项目的长臂管辖"。

〔181〕 担保信贷的清偿指南参见 Bob Lawless or K. Porter, "Big(Bad?) US Trustee", *Credit Slips: A Discussion on Credit, Finance and Bankruptcy*(25 September 2006), www.creditslips.org/creditslips/2006/09/big_bad_us_trus.html。

国破产管理署的首要任务之一。[182]

债权人和债务人团体都担心破产行政机构会偏袒对方。然而，对美国破产管理署的历程进行简单梳理就能发现，它不符合通常的机关俘获理论——当政府机关为利益集团所俘获时。这个有缺陷的理论的确承认机构不可能是政治上中立的管理者，它们会受到政治的影响。更多地关注对消费者的保护折射了经济大衰退后美国不断变化的经济环境和政治环境。与所有机构一样，破产管理署的运行受到限制。在开支紧缩的年代，美国破产管理署实现目标的资源有限，[183]依赖国会拨款。[184] 破产申请数量的变化会影响机构的经费。确定机构的首要目标一直是破产管理署面临的一项挑战，作为拥有21个地区办公室的分散型机构，它必须对统一运行和深植当地法律 65

〔182〕 如追查“抵押贷款机构向破产房屋业主虚增债权、收取不合理的费用以及就其未提供或未记录的服务收费的不当行为”。United States US Department of Justice, “United States Trustee Programme; Annual Report: Fiscal Year 2010” (Washington, Government Printer, 2010)，载美国司法部官网，www. justice. gov/ust/annual-reports-significant-accomplishments; US Department of Justice, “United States TrusteeProgramme; Annual Report: Fiscal Year 2011” (Washington, Government Printer, 2011). See also United States US Department of Justice, “United States Trustee Programme; Annual Report: Fiscal Year 2013”, (Washington, Government Printer, 2013) 3, www. justice. gov/ust/annual-reports-significant-accomplishments. “保护消费债务人，不让他们受到无道德底线的债权人和破产申请准备人……以及那些利用破产制度实施欺诈的人的损害。”

〔183〕 See, for example, United States US Department of Justice, “United States Trustee Programme; Annual Report: Fiscal Year 2012”, (Washington, Government Printer, 2012) 7, www. justice. gov/ust/annual-reports-significant-accomplishments: “面对预算不足的挑战，破产管理署持续开展实现其使命至关重要的活动，同时谨慎地采取措施削减成本。”

〔184〕 国会决定拨付给该机构的费用款项。

文化中的地方性差异加以平衡。它必须对各类政治选民保持合法性和高效率的声誉,并与律所、常设管理人、名册管理人和债权人等各种参与主体进行交流。[185] 破产管理署采取行动的能力可能依赖与其他机构的合作,正如2012年美国五大抵押贷款机构在抵押贷款服务、止赎拍卖和破产方面的相关滥用行为,导致总额达250亿美元的抵押贷款和解案件的情况一样。

和法国的公共行政人员的重要作用或者英国破产管理署的“官僚化”相比,美国破产制度中国家的作用有时看似有限。但这是一种被韦伯式的视角——国家是统一而集中的官僚机构——潜在误导了的比较。如果把国家界定为“基础性架构权力”,因而具有“渗透公民社会并执行政策”的能力,[186] 那么美国就具有这种规范和处理破产问题的坚实基础架构。它不仅包括联邦破产管理署,还包括破产法官、第13章程序中的常设管理人(实际上是公共权力任命的管理

---

〔185〕 关于机构名誉重要性和复杂性的讨论参见 D. Carpenter, *Reputation and Power: Organizational Image and Pharmaceutical Regulation at the FDA: Organizational Image and Pharmaceutical Regulation at the FDA*, (Princeton, Princeton University Press, 2014) 43。

〔186〕 诺瓦克(Novak)评论道:“虽然美国国家的专制力量(直到最近一段时间)受到了限制,但其作为国家基础能力的规模和范围始终是广泛的。从建立第一个国家统治机构到征服西部运动;从建立促进商业发展的庞大的公共基础设施,到建设强大的国防和军事力量;从警察、监管、行政和再分配等政府权力的扩张,到国家文化的发展过程中,关于公民、外国人、种族、道德观和性别关系的新管理方式的创设,美国的国家基础能力有时似乎是无边界的,甚至跨越了国界,因为美国的法律、企业、经济和文化形式遍布全球。正是这种国家基础能力的力量使批评美国的国家权力软弱或无国家主义的观点显得不可理喻。” W. J. Novak, “The Myth of the ‘Weak’ American State”, (2008) 113 *The American Historical Review* 763.

人)、私人管理人(根据第 7 章程序履行公共职能的私人律师),以及处理绝大多数第 7 章案件的破产书记员。[187] 这些群体(法官、律师)都有自己的代表性组织,在破产政策的制定和执行过程中发挥作用。这种公共主体和私主体角色的混合体现了美国利用私权力实现公共目标的又一特点。[188] 威廉・诺瓦克(William Novak)认为,“美国现在是,并且一直是比早先的历史记录所认可的更加强大、更加包容、 66
更加坚韧、更加倾向于利益干预和利益再分配的国家”。[189] 对美国的这种理解有助于我们重新解释以下观点,美国的破产管理反映了一种根深蒂固的文化价值观,即不信任被视作“专制”机构的国家官僚机构。20 世纪 30 年代和 70 年代,当美国试图建立联邦机构监督和处理破产案件时,主要是当时的管理者(法官和律师)发表了这些

〔187〕 关于私人管理人角色的研究参见 Serena Laws,“What is Owed:Debt:Bankruptcy and American Citizenship”(Ph. D. thesis,University of Minnesota 2011)。劳斯(Laws)对全国范围的第 7 章(名册)管理人进行了调查。美国 2005 年《破产滥用防止及消费者保护法》中的调整对律师课以看门人的职责,如果他们没有充分掌控客户提供的信息,就会受到惩罚。

〔188〕 安杰拉・利特温(Angela Littwin)认为,当代美国破产的基础制度运行良好,是因为它由富有声望的联邦法官作为中坚力量并进行主导,律师则负责大部分管理工作,包括分析和识别问题(调查员的角色),并为破产制度充当说客。律师收费的私人性质意味着破产基础架构的规模会随着经济变化而扩张或者收缩。该制度的缺点是政策会受到中介组织的成本计算和价值的影响,可能会有违政策的目标。美国破产基础架构在制度管理中的重要性可能会限制美国模式向没有类似基础架构的国家进行输出和移植。A. K. Littwin,“The Affordability Paradox:How Consumer Bankruptcy's Greatest Weakness May Account for its Surprising Success”,(2011)52 *William & Mary Law Review* 1933.

〔189〕 W. J. Novak,“The Myth of the ‘Weak’ American State”,(2008)113 *The American Historical Review* 752.

关于专制的言论。

第七节 相关讨论

本章讨论了几个主题。历史上的争议由来已久,可以追溯至20世纪30年代。争议涉及两大派,前者希望更多地引导个人制定第13章的清偿计划,后者捍卫消费者选择的权利,支持破产的宽松准入。早在1979年前,债权人就不断地呼吁建立需求导向的破产制度。支持者们在20世纪30年代呼吁加强个人责任和道德意识。毫无疑问的是,新自由主义的兴起和个人责任担当的日益强化,为债权人的诉求提供了更有利的背景。国会组成结构的变化,组织有序的庞大游说行动,以及挖掘个人责任理念的能力——为形成支持美国2005年《破产滥用防止及消费者保护法》的广泛联盟提供了可能。

美国个人破产法的发展轨迹,让人想起邓肯·肯尼迪(Duncan Kenndy)对美国私法中宽松和严格的辩词持续冲突的描述,表现了私法中自由和保守的思想体系之间的龃龉。[190] 冲突双方都援引传统文化准则支持己方对破产法的解释。在个人破产的范式之争中,

---

[190] See D. Kennedy, *A Critique of Adjudication* [*Fin de Siècle*] (Cambridge, Harvard, 1997).

学术和政治的糅杂塑造了美国破产法历史的特征，双方都没有获得确定的胜利。不同的破产愿景之间的冲突是一个持续的过程，没能实现某种长期的均衡或者妥协的周期，这些冲突发生在很多场合，以及立法机构、法院和法律实践中。这些冲突导致了一项复杂法律的出现，它常常矛盾地剥夺它本来已经给予了的利益。的确，如同一个人可以获得重新开始，而助学贷款和若干类型的债务却不在免责之列一样。

当前，美国开明的法律社会破产研究学者们对于破产能否发挥足够的安全网作用，甚至能否提供“重新开始”机会的估计并不乐观。[191] 一些人受到英格兰债务纾缓令[192]和法国个人恢复程序[193] 67

---

〔191〕 See generally, K. A. Porter (ed.), *Broke: How Debt Bankrupts the Middle Class* (Stanford, Stanford University Press, 2011). 这项制度的成本越来越高，并存在种族歧视［J. Braucher, D. Cohen and R. M. Lawless, “Race, Attorney Influence, and Bankruptcy Chapter Choice”, (2012) 9 *Journal of Empirical Legal Studies* 393］；申请者在获准免责一年后报告了类似的或更糟糕的境况［K. Porter and D. Thorne, “The Failure of Bankruptcy's Fresh Start”, (2006) 92 *Cornell Law Review* 67］；“破产的家庭更有可能经历新的财务困境，积累更少的财富，并依赖昂贵的贷款途径，如发薪日贷款。此外，债务人的经济困境甚至在申请后持续 10 多年之久。”［S. Han and G. Li, “Household Borrowing after Personal Bankruptcy”, (2011) 43 *Journal of Money, Credit and Banking* 491］。2007 年消费者破产项目中超过 50% 的申请者的房屋所有人很难通过第 13 章挽救他们的房屋：M. B. Culhane, “No Forwarding Address: Losing Homes in Bankruptcy” in K. Porter (ed.), *Broke: How Debt Bankrupts the Middle Class* (Stanford, Stanford University Press, 2012)。

〔192〕 See R. J. Mann, “Making Sense of Nation-Level Bankruptcy Filing Rates” in J. Niemi, I. Ramsay and W. C. Whitford (eds.), *Consumer Credit, Debt and Bankruptcy: Comparative and International Perspectives* (Oxford, Hart Publishing, 2009).

〔193〕 参见下文讨论，第三章，原著第 68 页。

的启发,认为改革应该侧重对现有程序的简化。[194] 他们还认为,应该建立一个更有效的社会安全网。雅各布·哈克的研究结论是,“相比为最需要救济的人提供经济保障而言,每年大约 150 万中产阶级家庭获得破产救济归根到底是一种极其浪费、低效而无力的方式”。[195] 然而,最近的一项经济研究更乐观地表明,美国 2005 年《破产滥用防止及消费者保护法》出台之前的第 13 章程序可能已经为债务人提供了重大的经济利益和经济稳定性。[196] 相关的争论仍在继续。

美国破产法的发展演绎了制度设计的一次次失败,书本中的法律与实践中的法律之间的差异,以及某种偶然性的存在。律师和法院作为破产管理者的早期选择造就了对行政管理机构的现实偏见。美国破产法的发展史就像一个适应性的改革进化过程。因此,在 20 世纪 70 年代,消费者破产并不是得到普遍认同的消费者债务问题解决方案。[197] 戴维·卡普洛弗在 20 世纪 60 年代和 70 年代对美国消费者债务问题进行了重要的研究,他在 1977 年提出自己无法理解为什么申请破产的消费者如此之少,他将债务人不愿诉诸破产归咎于

---

〔194〕 参见下文讨论,第四章,原著第 105 页。

〔195〕 J. S. Hacker, “The Middle Class at Risk” in K. Porter(ed.), *Broke: How Debt Bankrupts the Middle Class*(Stanford, Stanford University Press, 2012)234.

〔196〕 See W. Dobbie and J. Song, “Debt Relief and Debtor Outcomes: Measuring the Effects of Consumer Bankruptcy Protection”, (2014)105 *American Economic Review* 1272.

〔197〕 See D. Caplovitz, “The Social Benefits and Costs of Consumer Credit” in R. M. Goode(ed.), *Consumer Credit*(Leiden, Sijthoff, 1978)135 – 136.

社会污名。如果破产是深植美国历史的社会安全网或者维持消费者需求的手段,卡普洛弗的评论就有些奇怪。《美国联邦破产法》第 11 章程序为企业破产的跨境法律秩序提供了发展源泉。美国重新开始的理念非常具有吸引力,但仔细观察就会发现,重新开始的范围和意义十分复杂,而这正是关于美国个人破产的政治争议的核心所在。如果认为其他国家只是简单地移植重新开始就能避免这种冲突,那是不可思议的。

68 # 第三章　漂移、转换和层叠：英格兰与威尔士

事实是，没有人知道正在发生什么，也没有人在意……如果某人是民事债务人，则其自由并没有得到很好的保障。

——O. R. 麦格雷戈（O. R. McGregor），《社会历史与法律改革》（*Social History and Law Reform*）（哈姆林讲座，1981 年）第 64 页

第一节　简介

麦格雷戈勋爵 1981 年的评论回应了保罗·罗克在 1972 年提出

的关于债务催收“透明度较低”的看法。[1] 但科克委员会正准备在1982 年制定一个新的英格兰破产法框架，他们认为“消费债务人”的问题最紧迫。[2] 在没有实证研究的情况下，在对国外程序路径粗略分析的基础上，该委员会提出的主要解决方案是修改 1883 年制定的管理令(administration order)程序，以回应自该程序出台以来一直受到的批评。

本章分析了英格兰和威尔士面对消费债务人的增长，调整个人破产法的路径。这一时期包括 20 世纪 90 年代初期严重的经济衰退和 2008 年的大衰退。当前，英格兰和威尔士为过度负债者提供的解决方案包括一系列复杂的选项：1 年后免责的破产，但在个人拥有剩余收入时，还款期限可能延长至 3 年；针对“无收入无财产”债务人的债务纾缓令，同样赋予 1 年后的免责；个人自愿安排，债务人通常在 5 年内清偿一定比例的债务，并可以保留住房；郡法院管理令，允许债务清偿与和解；私人债务管理计划，理论上承诺在平均 8 年的期限内全额清偿债务，但这种清偿很少实现。

乐观地说，在应对私主体需求上，这一相对务实性与实验性的复 69
杂制度也许取得了一定成功。然而，它最好还是被理解为一个制度漂移、层叠和转换的过程，为消费者带来了如英国《2002 年企业法》

〔1〕 P. Rock, *Making People Pay*, (London, Routledge, 1973) 4.

〔2〕 *Insolvency Law and Practice: Report of the Review Committee*, cmd 8558, (HMSO 1982) (“Cork report”) para. 272.

的改革措施等意料之外的结果。漂移反映了政界和官僚集团的不作为选择以及郡法院在管理令案件中的司法懈怠。麦格雷戈的相关论断是正确的。英格兰和威尔士法律的重大变化是,富有开创精神的私营中介机构将个人自愿安排从商人的法律程序转换为消费者救济程序,并成为当前重要的救济措施(如图3.1所示)。然而,政府在1990年应当推动立法时无所作为,伯明翰债务咨询中心(Birmingham Debt Advice Centre)和公民咨询局(Citizens Advice Bureaux,CABs)采取的公共补助方案等措施,都为这一发展提供了机遇。公民咨询局演绎了财务咨询和债务管理计划的作用及市场。社会企业家马尔科姆·赫尔斯顿(Malcolm Hurlston)在20世纪90年代中期引进了债权人为债务咨询付费的美国模式,[3]会计师中的开创者随即发现了填补现有制度缺口的机会,并在20世纪90年代后期发展出适用于消费者的自愿安排制度。从20世纪90年代中期开始,英国的"过度负债行业"得到一定的发展。[4] 目前,该行业成

[3] 通过创建消费者信贷咨询服务机构(Consumer Credit Counselling Service,CCCS)[现称为逐步改善债务状况咨询(Step Change Debt Advice)]。

[4] 参见下文第二节,原著第72页。

为一支重要的政治力量,[5]它们也为政府的目标服务,提供一个可以替代国家主导的咨询与债务解决机制的便捷选择。[6] 但这种选择的代价是,政府必须对该行业某些机构的不当行为和误导性做法进行监督。[7]

---

〔5〕 如债务问题解决论坛(Debt Resolution Forum,DRF),其成员包括大部分大型债务管理公司,它“促进建立解决债务人财务问题的专业标准,重点关注提高所有债务问题解决论坛成员向消费债务人提供的建议的质量”。它代表相关利益群体,并向监管机构提出建议。See Debt Resolution Forum, www. debtresolution-forum. org. uk/director-profiles. php. 另一个组织是成立于2000年的债务管理标准协会(Debt Managers Standards Association,DEMSA),它推动形成“债务管理行业的良好行为”,它是个人自愿安排常务委员会的成员(见下文)。

〔6〕 See e. g. Great Britain: National Audit Office, *Helping Consumers to Manage Their Money: Money Advice Service*, (London, The Stationery Office, 2013) para. 16.

〔7〕 See e. g. The Financial Conduct Authority, “Debt Management Firms Must Raise Their Game, Says FCA”,载英国金融监管局官网2014年9月22日,www. fca. org. uk/news/debt-management-firms-must-raise-their-game。金融监管局(Financial Conduct Authority, FCA)在其消费者信贷规则手册中围绕债务催收制定了一系列规则和指引。如金融监管局消费信贷监管手册(FCA CONC)8.2(债务咨询规则),8.7(债务咨询和建议费用)。另参见2010年公平交易办公室(Office of Fair Trading)。关于债务管理公司报告中的批评意见,参见“Debt Management Guidance Compliance Review”(London, OFT 1274, 2010)。A summary of its findings can be found at a House of Commons note L. Conway, “Debt management businesses”, 27 March 2012, 4–5. 在这次审查之后,大量债务管理公司(87家)退出了市场。此外,金融监管局对该行业作出的高风险评价,导致一些公司的执照被撤销。See e. g. “FCA contacting 16,000 customers of debt management firm, PDHL”,载英国金融监管局官网2016年3月10日,https://www. fca. org. uk/news/press-releases/FCA-contacting-16000-customers-debt-management-firm-pdhl。

70

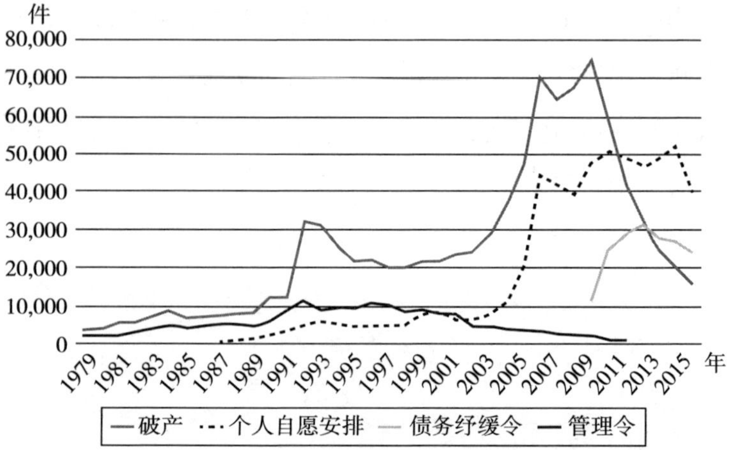

图3.1　1979～2015年英格兰和威尔士的破产、个人自愿安排、债务纾缓令和管理令数量

（个人自愿安排1987～2015年，管理令1979～2011年，债务纾缓令2009～2015年）

资料来源：英国破产管理署年度破产数据。

“能够清偿则应当清偿”的叙事现在已经主导了公共政策的制定，清偿计划成为优先选择，其次是2009年生效的债务纾缓令，为值得救济的穷人提供免责救济。在英国，“直接破产”并迅速免责作为消费者救济主要措施的观点，已经逐渐成为一种不被鼓励的政治选择。

20世纪80年代初，信贷市场推行了一系列放松管制的措施，如废除分期付款限制条款和结束房屋互助协会对住房信贷的垄断，推动了信贷繁荣，使家庭债务与收入比从1981年的25%增长至1988

年的 68%。[8] 在自由化时期之后，1990 ~ 1991 年严重的经济衰退考验了英国对深陷经济衰退的消费者提供保护的机制。图 3.1 显示了这一时期破产率的普遍上升。图 3.2 显示了非商人破产率的大幅增加，尤其是在大衰退之前。图 3.3 将这些数据与其他盎格鲁—撒克逊国家相较，显示出英格兰和威尔士的每千人破产率一直明显低于加拿大和美国的情况。然而，英格兰和威尔士每年启动约 150,000 项债务管理计划，而前述数据并未体现这一庞大的数字。

71

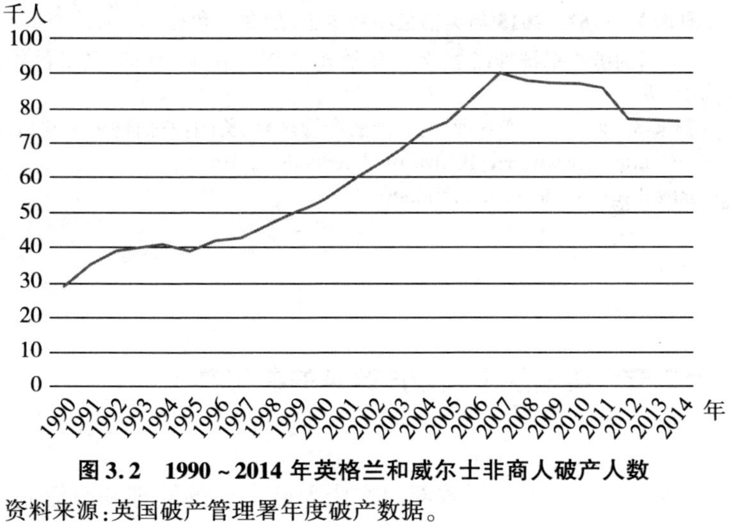

图 3.2　1990 ~ 2014 年英格兰和威尔士非商人破产人数

资料来源：英国破产管理署年度破产数据。

[8] National Consumer Council, *Credit and Debt: The Consumer Interest*, (London, HMSO, 1990) Table Ⅲ.7.

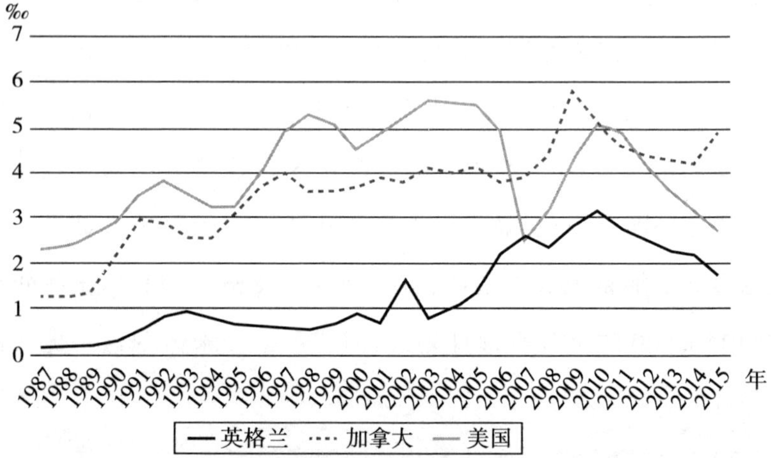

图 3.3　1987～2015 年英格兰和威尔士、加拿大和美国千人破产率

注:美国的破产率统计以 25 岁为年龄起点,其他国家(地区)统计的年龄起点则为 18 岁。

资料来源:加拿大破产管理局;英国破产管理署;美国:罗伯特·劳利斯,载信贷便签网,http://www.creditslips.org/creditslips/2016/07/annual-us-bankruptcy-filings-ontrack-for-67-decline.html#more。

72 ## 第二节　英格兰个人破产改革的参与者

英格兰和威尔士的行政部门在个人破产法的管理和政策制定中发挥重要作用。作为商业、能源和工业战略部的专门执行机构,破产管理署肇始于约瑟夫·张伯伦(Joseph Chamberlain)在 1883 年为解决债权人失去破产控制权而引进的“官僚制度”。[9] 破产管理署集监管者、政策制定者和“商业道德”执行者于一身。[10] 它还负责对私营部门来说无利可图的个人破产案件。[11] 破产管理署表示,它要“确保(英格兰和威尔士的)破产框架保持世界一流水平并符合制度目的”。[12] 破产管理署为凝聚破产政策共同体的参与者及汇集其观点提供了一个论坛。作为国际破产监管网络的监管者之一,它还代表政府和破产共同体就欧洲一体化等问题进行协商,例如,确保伦敦作为企业重组的重要场所。破产管理署大部分工作经费源于客户支付的服务费,因此,它有减少参与无财产无收入破产案件的意愿。20 世纪 70 年代后期,撒切尔政府在意识形态驱动下确定的政府放松管制计划试图将其私有化,破产管理署挺过了这一关。与美国不同,英国的专业团体反对减少政府对商业破产的监督和

〔9〕 See V. Markham Lester, *Victorian Insolvency: Bankruptcy Imprisonment for Debt, and Company Winding Up in Nineteenth Century England*, (Oxford, Oxford University Press, 1995) 208 - 209.

〔10〕 如取消董事资格和签发破产限制令。

〔11〕 破产管理署根据英国《1986 年破产法》《2000 年破产法》《1986 年公司董事资格取消法》《1996 年就业权利法》《1985 年公司法》《2006 年公司法》这一系列法规赋予的职权履行职责。

〔12〕 参见破产管理署向下议院商业和企业委员会提交的书面证据。See House of Commons Business and Enterprise Committee, The Insolvency Service Sixth Report of Session 2008 - 09 HC 198 ev 19.

调查。[13] 英国的专业人士认为，政府机构的存在是确保专业水准和提高破产行业声誉的一种方式。

英国司法部（前身之一为大法官办公室）在监督法院资源的同时，也关注破产问题。两个部门性质的重叠可能造成管辖冲突。关于个人破产，司法部往往会针对法院的服务提出更广泛的措施。[14]
73 司法部的总体目标是将“小额”债务案件从法院剥离出来，降低司法成本，以便法院集中精力解决纠纷和处理高价值案件。[15] 司法部成功地否决了科克委员会关于建立专门破产法院的提议。[16] 他们的否决既有基于成本的考虑，也代表了司法部门的意见。尽管议会已经颁布了相关条款，司法部仍然没能在1990年和2007年实现郡法院管理令的现代化。[17] 司法部在21世纪前10年后期推行债务纾缓令，将低价值的破产案件剥离出法院审判系统。

---

[13] See B. Carruthers and T. Halliday, *Rescuing Business: The Making of Corporate Bankruptcy Law in England and the United States*, (Oxford, Oxford University Press, 1998) 114－115.

[14] 包括，例如，英国1990年《法院和法律服务法》第13条、管理令、执行限制令，以及《2007年法庭、法院和执行法》中关于债务管理的规定。

[15] 例如，在咨询文件《路径选择》（A Choice of Paths）（2004）中宪法事务部（司法部的前身之一）在第9页提到，长期债务的管理不是“适合法院的担任的角色……因为它不涉及法院纠纷解决和执行法律的核心职能”。

[16] See B. Carruthers and T. Halliday, *Rescuing Business: The Making of Corporate Bankruptcy Law in England and the United States*, (Oxford, Oxford University Press, 1998) 143.

[17] 参见下文对英国1990年《法院和法律服务法》第13条的讨论，以及《2007年法庭、法院和执行法》对管理令、执行限制令和债务管理计划的规定。

部分专业机构也很关注破产问题。尽管破产人有时会通过公益律师的公益活动获得帮助，但英国的消费者破产律师没有美国那么普遍。[18] 在英国，与消费者打交道的私营破产执业者主要是会计师。他们通常不会为降低消费债务人破产救济的门槛而发声。实际上，重要的专业机构——破产重整执业者协会最近建议，将免责考察期从 1 年延长至 3 年。[19] 美国的研究表明，一些美国破产律师认为他们扮演了保护"弱势群体"的角色，这是消费者保护运动的一部分。[20] "推动社会改革的会计师"本身就可能是一种矛盾的提法，其在英国并不常见。

破产执业机构是"过度负债行业"的一部分，是 21 世纪个人破产

〔18〕 See e. g. R v. Lord Chancellor ex parte Lightfoot [2000] 2 WLR 318（尽管在该案中，法院驳回了预缴破产费用违反了个人获得司法救济的基本权利这一诉讼主张）.

〔19〕 R3, Association of Business Recovery Professionals, "The Personal Insolvency Landscape-A Way Forward for Formal Debt Relief" (Association of Business Recovery Professionals, 2014)，载英国破产重整执业者协会官网，www. r3. org. uk/media/documents/policy/policy_papers/personal_insolvency/R3_Personal_Insolvency_Landscape_Jan_2014. pdf? utm_medium = email&utm_source = Association + of + Business + Recovery + Professionals&utm_campaign = 3561079 _ Personal + Insolvency + Landscape&utm _ content = PersonalInsolvency Landscape&dm_t = 0, 0, 0, 0, 0。

〔20〕 See J. Braucher, "Debtor Education in Bankruptcy: The Perspective of Interest Analysis" in W. Whitford, J. Niemi-Kiesilainen and I. Ramsay (eds.), *Consumer Bankruptcy in Global Perspective* (Oxford, Hart Publishing, 2003).

74 版图的重要组成部分,直到20世纪90年代才得到关注。[21] 尽管1995年围绕债务咨询的一项重要研究意识到咨询需求的巨大缺口,但它几乎没有讨论私营债务管理服务的问题。[22] 到2009年,虽然提供从合并贷款到破产的"一站式"服务商占据了主要市场,但仍有大约150家收费的债务管理公司在提供服务。[23]

破产执业机构可分为3种类型:营利性的私营部门;主要由债权人资助的慈善机构;财政支持的债务咨询机构。营利性私营部门的第一种分类型是"一站式"服务商,第二种分类型是大型债务收购公司,如自称是破产程序和个人自愿安排程序最大的单一无担保债权人之一的麦克斯清收公司(Max Recovery,摩根大通公司的子公司)。[24]

---

〔21〕 到20世纪80年代中期,伯明翰财务咨询中心(Birmingham Money Advice Centre)等早期成立的机构已经发展出一些非正式的破产替代程序,适用这些程序的案件数量超过了管理令的数量。See J. Davies, "Delegalisation of Debt Recovery Proceedings: A Socio-Legal Study of Money Advice Centres and Administration Orders" in I. Ramsay(ed.), *Debtors and Creditors—A Socio-Legal Perspective*, (Abingdon, Butterworths Law, 1986) 194. For an outline of this development see I. Ramsay, "Bankruptcy in Transition: The Case of England and Wales—The Neo-Liberal Cuckoo in the European Bankruptcy Nest?" in Whitford, Niemi-Kiesilainen, and Ramsay(eds.), *Consumer Bankruptcyin Global Perspective*, (Oxford, Hart Publishing, 2003) 214 – 217.

〔22〕 See E. Kempson, "Money Advice and Debt Counselling", Vol. 797 (London, *Policy Studies Institute*, 1995).

〔23〕 有关概述参见 London Economics, "Debt Advice in the UK: Final Report for The Money Advice Service" (London, *London Economics*, 2012)。See also S. Collard, "An Independent Review of the Fee-Charging Debt Management Industry", (Personal Finance Research Centre, *University of Bristol*, 2009) 2,载英国开放大学网2009年6月,http://oro.open.ac.uk/40183/。

〔24〕 See description in letter by Max Recovery to Insolvency Service Policy Directorate, 8 February 2010 (on file with author).

营利性私营机构的最后一种分类型是 TDX 公司[艾克飞(Equifax)的子公司]这样的中介机构。它们担任了大量的个人自愿安排案件债权人的代理人(代表),确立一定的清偿标准,以实现债务回收率的最大化。TDX 公司代表很多金融机构决定是否接受个人自愿安排的提议。因为收益微薄而对破产意兴索然的“冷漠债权人”的概念已与当前的现实相左。计算机技术、算法的运用与规模效益相结合,为债务催收和债务管理行业带来了丰厚利润。

第二种破产执业机构是由债权人资助的慈善机构,包括逐步改善债务状况慈善机构,它的前身是消费者信贷咨询服务机构。该机构提供免费的债务咨询服务,是最大的客户债务免费管理计划的提供者。它还扮演着倡议组织的角色。最后一种破产执业机构是以公民咨询局为代表的公共机构,其大部分资金来自中央和地方政府。该机构依靠志愿者运行,但设立了专门的财务咨询工作小组,也通过调查研究和运动议程的方式游说改革。

这些不同类型的机构扮演多重公共角色。首先,作为消费者的顾问,他们不仅可以回应消费者的需求,还可以影响单个债务人的期望以及对不同债务解决方案的偏好。私营债务管理公司对推动消费者破产没有任何兴趣,引导消费者选择清偿计划而不是破产才是他们持续努力的方向。[25] 而债权人资助的慈善机构不太可能去推动免除债务的解决方案。这些破产替代方案的推行可能会在整体上营造出这样一种普遍氛围:破产和债务免除才是不鼓励采取的替代方案。其次,这些群体就(反对或者限制)债务免除的法律法规进行积极游说。同时,这些群体影响了透明度低但影响力巨大的政策委员会。[26] 因此,他们可
75 以对实现或阻挠潜在的破产救济公共政策目标发挥关键作用。

金融行业也通过其游说机构——英国银行家协会(British Bankers Association,BBA)发挥重要作用。该机构的身影长期而反复地出现。2002 年它在反对工党政府对消费者破产免责奉行自由化一役中遭遇了滑铁卢,却在 2005 年左右通过市场一致行动成功地改变了之后的公共政策,减少了债务人获得破产救济的机会,并防止债务人通过更加宽松的个人自愿安排程序免除债务。

英国的消费者团体对破产的兴趣各不相同。在 20 世纪八九十年代,中产阶级消费者协会对过度负债毫无兴趣。它关注的主要是消费者的债权人身份,在英国《1986 年破产法》通过期间,它一直在努力游说存款保护政策。20 世纪 70 年代,代表弱势消费者的全国消费者委员会(National Consumer Council)在公众的支持下设立,确实

---

〔25〕 See the FCA Report, The Financial Conduct Authority, "Debt Management Firms Must Raise Their Game, Says FCA",载英国金融监管局官网 2014 年 9 月 22 日,www. fca. org. uk/news/debt-management-firms-must-raise-their-game。

〔26〕 如关于个人自愿安排的发展,参见下文第四节,原著第 86 页。

显示出对破产问题的关注，[27]然而，在20世纪90年代后期，采取行动强调过度负债问题的是财政拨款的公民咨询局。他们呼吁减少破产程序适用的经济障碍，并在英国《2002年企业法》通过期间就过度负债问题，向议会议员们提供简要报告。

政党政治同样重要。20世纪80年代的改革反映了保守党政府的价值取向和工作重心，及其对消费债务人困境的漠视。相比之下，新工党政府既支持创业精神，又维护消费者的利益，还关注包容金融和社会包容问题，2000年成立了过度负债问题工作组，并在英国《2007年法庭、法院和执行法》中提出了重要的改革方案（虽然有几项提案尚未实施）。议会任期的限制意味着，除非某些立法与政府的执政重点或选举承诺相契合，否则该专业法律领域很难进行重大的立法变革。[28]因此，2002年议会迅速地通过了包含破产法改革措施的、先进的英国《2002年企业法》，旨在发展更富有创业精神的经济。最近，从法院剥

---

〔27〕 See National Consumer Council, *Consumers and Debt* (1982); National Consumer Council, *Credit and Debt: The Consumer Interest*, (London, HMSO, 1990) Table III. 7. 两大单一议题组织发起了破产改革的游说：约翰·麦昆（Joha McQueen）在1983年建立的破产协会（The Association of Bankrupts），以及吉尔·汉克立（Gill Hankley）在1997年建立的破产咨询服务机构（the Bankruptcy Advisory Service）。

〔28〕 因此，卡拉瑟斯和哈利迪指出，如果不从更宏观的角度理解撒切尔政府关于"压缩政府规模、产业私有化、鼓励创业精神和整顿市场以保护普通投资者利益"的一系列政策，就无法理解1986年改革的发展……破产改革的特定主体与改革法案在议会通过的特定事实，证明了专业议程与更广泛的政党意识形态之间的紧密联系。See B. Carruthers and T. Halliday, *Rescuing Business: The Making of Corporate Bankruptcy Law in England and the United States*, (Oxford, Oxford University Press, 1998) 148.

离债务人申请的破产案件的改革措施和政府降低公共服务成本的政策是一致的。由于破产法领域的全面改革很少,该领域的改革往往是在现有立法基础上进行的。即便是2002年的修正案,也是层叠在一部陈旧的准刑事破产法的基础之上。但是,采取放松管制的措施和能够修
76 改一级立法的特别程序——立法改革令(Legislative Reform Order)〔29〕(见下文关于个人自愿安排的讨论)能够带来重大变化。此外,在英国,如果行政部门愿意,他们可以迅速采取行动:2013年他们通过规定公共社会基金债务不可免责,使债务人本可免除该类债务的巨大利益即刻化为乌有。〔30〕这种迅速的行动必须在大衰退后这一领域对软法具有政策偏好的背景下施行,并通过自律性行为准则和自愿措施获得成效,尽管政府以监管相要挟在其中起到了督促和催化的作用。〔31〕

---

〔29〕 See Legislative and Regulatory Reform Act 2006. 适用该程序有严格的先决条件,这些条件是:(1)旨在通过法条实现的政策目标不能通过非立法手段令人满意地实现;(2)法条的效果与政策目标一致;(3)作为整体的法条能在公众利益与受到不利影响的主体利益之间实现很好的平衡;(4)法条没有取消任何必要的保护;(5)法条不阻止任何人继续行使其拥有合理期望的权利或自由;(6)该法条不具有宪法意义。

〔30〕 See the case of Secretary of State v. Payne and Cooper [2011] UKSC 60. 该案判决预计会被2012年破产(修正)规定改变(SI 2012/469)。

〔31〕 See e. g. Department for Business, Innovation and Skills, "Consumer Credit and Personal Insolvency Review: Summary of Responses on Consumer Credit and Formal Response on Personal Insolvency" (London, Department for Business, *Innovation and Skills*, 2011) URN 11/1063, 载英国政府网, www. gov. uk/government/uploads/system/uploads/attachment_data/file/31840/11 - 1063-consumer-credit-and-personal-insolvency-responses. pdf。"证据表明,尽管有时监管可能是必需的,但通过其他方式可以实现更多的价值目标。对企业和消费者来说,自愿的路径都非常有益。企业无须承担实施新规则的成本,消费者也无须等待新法规生效后才能获得更多的保护。"

前文概括介绍的团体和部门构建了英格兰和威尔士个人破产制度的知识体系,它们普遍同意“能够清偿则应当清偿”的主流叙事。其中,一些团体开展了以政策为导向的研究,但对个人破产的实证研究相对有限。虽然现在可以获得英格兰和威尔士破产者的一些人群分布信息,但还没有与美国消费者破产项目类似的翔实研究。实证研究尚未成为英格兰个人破产法领域政策制定的典型特征,因此,对于重要的政策问题,例如,消费者的核心救济措施——个人自愿安排的成功,人们知之甚少。20 世纪 80 年代初,科克委员会对该制度进行了最全面的审度,没有进行实证研究,而是按照债务人“能力稍显不足”的专业观点塑造了消费债务人的形象。英国《2002 年企业法》对个人破产的有关规定建立在对“负责任的冒险者”和“难辞其咎的破产者”进行区分的基础上。[32] 系统性研究的缺失使声称“了解”债务人和债权人现实状况的破产体系内部人士具有一定的优势。

自道格拉斯(Douglas)和其他现实主义学者于 20 世纪 30 年代开展早期研究以来,美国破产政策制定的一大特点是,法学界在实证研究方面发挥了重要作用。直到最近,英格兰和威尔士的学术型法 77

[32] 企业法背景的讨论,参见 HC Research Paper 02/21 Enterprise Bill 2002, April 2002, 98 - 102。

律人士对消费者破产的政策分析贡献甚少，且没有进行实证研究。[33] 破产是债权人还是债务人的救济措施这些基本问题没有得到认真分析。[34] 保护隐私权的法律援引使消费者破产的相关研究难以获得破产法院的文献记录，因此，英格兰和威尔士破产政策的制定难以获得实证支撑。

第三节 漂移：英国管理令的悲惨命运

1861年英格兰和威尔士取消了破产法仅适用于商人的限制，在过去的300年中，他们"深陷……决定某一职业是否属于'商业'的法律技术性问题"的泥淖。[35] 1861年免责扩张适用于非商人并不是为了扩大债务人的适用范围，而是为了增强债权人对更广泛的社会群体启动破产程序的权力。部分议员持反对意见，认为"不

〔33〕 探索性研究参见 J. Tribe, "Bankruptcy Courts Survey 2005—A Pilot Study: Final Report—January 2006", (Social Science Research Network, 2006) SSRN Scholarly Paper ID 1329109, 载社会科学研究网 2009 年 1 月 19 日, http://papers.ssrn.com/abstract=1329109; D Milman, *Personal Insolvency Law, Regulation And Policy* (Aldershot, Ashgate, 2005)。

〔34〕 But see J. Kilborn and A. Walters, "Involuntary Bankruptcy as Debt Collection: Multi-Jurisdictional Lessons in Choosing the Right Tool for the Job", (2013) 87 *American Bankruptcy Law Journal* 123.

〔35〕 V. Markham Lester, *Victorian Insolvency: Bankruptcy Imprisonment for Debt, and Company Winding Up in Nineteenth Century England*, (Oxford, Oxford University Press, 1995) 16.

道德的放贷人”可能会利用前述立法损害绅士和土地所有者的利益。[36]

破产法清算财产的制度安排不适合那些财产很少或没有财产且收入有限的工薪阶层债务人。工薪阶层债务人在整个19世纪和20世纪都可能面临债务监禁(直到1970年,英格兰和威尔士才真正有效地废除了针对普通债务人的监禁)。[37] 这一时期的评论家指出, 78
司法实践对工薪阶层债务人(被视为无能的债务人)和那些负担得起

[36] V. Markham Lester, *Victorian Insolvency: Bankruptcy Imprisonment for Debt, and Company Winding Up in Nineteenth Century England*, (Oxford, Oxford University Press, 1995) 16, 136.

[37] 英国《1869年债务人法》(Debtors Act 1869)的确废除了债务监禁,但如果法院认为债务人还拥有清偿手段,仍然可以实施监禁。证据通常需要原告提供,监禁则通常由郡法院法官自由裁量,不同的巡回审判区之间存在很大差异。See discussion in G. R. Rubin, "Law, Poverty and Imprisonment for Debt, 1869 – 1914" in G. R. Rubin and D. Sugarman (eds.), *Law, Economy and Society*, 1750 – 1914, *Essays in the History of English Law* (Abingdon, Professional Books Ltd., 1984). 1969年,大法官就制定英国《1969年司法管理法》(Administration of Justice Bill 1969)发表了以下评论:“当然,在困难的情况下,法官们已经尽最大努力、人道地行使司法权(进行审判)。然而,正如委员会指出的那样,法院的情况确实不允许法官有机会区分长期不诚实的债务人和只是能力不足的债务人。长期不诚实的债务人往往足够聪明,可以真正地避免监禁,而那些能力不足的人则会因为无力管理自己的事务而入狱。监禁的制裁只是无的放矢,使已经人满为患的监狱更加拥挤不堪。我认为,我们是西欧唯一保留了普通民事债务监禁的国家。” See HL Deb 4 December 1969, Vol. 306, cols 196 – 262. 政府在1970年的修正案中保留了对因轻蔑而不支付中央和地方政府税款的债务人的监禁权。这与佩恩委员会(Payne Committee)的建议相反。杰克·雅各布爵士(Sir Jack Jacob)在他1987年的哈姆林讲座中对此持批评意见。See J. Jacob, *The Fabric of English Justice*, (London, Sweet and Maxwell, 1987) 201 – 202.

破产程序的小商人(“他们离成功可能仅隔一步之遥”[38])实行区别对待。同时,19 世纪的英格兰和威尔士受到英国《反实物工资制法案》和 1870 年《工资扣押废除法案》(Wages Attachment Abolition Act)的制约,不可能实施工资扣押。[39] 英格兰直到 1971 年才制订工资扣押规则。没有工资扣押规则是英格兰和威尔士与美国之间潜在的重大制度差异:在美国,宽松的州扣押法与 20 世纪 20 年代的高破产申请率有密切关系。[40]

在英格兰和威尔士,约瑟夫·张伯伦主持起草的英国《1883 年破产和无力偿债法》(Bankruptcy and Insolvency Act)奠定了 20 世纪破产法的框架。当时的张伯伦是一位激进的自由主义者,他通过引进管理令程序回应对工人阶级破产者不公平待遇的诉求。他就管理令的作用进行了描述:

---

〔38〕 See P. Johnson, “Creditors, Debtors and the Law in Victorian and Edwardian England” in W. Steinmetz (ed.), *Private Law and Social Inequality in the Industrial Age: Comparing Legal Cultures in Britain France, Germany, and the United States*, (Oxford, Oxford University Press/German Historical Institute London, 2000) 503. 格里·鲁宾(Gerry Rubin)在 1973 年的《泰晤士报》中引用了一段评论,强调破产法的阶级性质,贫困的债务人不能得到破产保护。See Rubin, “Law, Poverty and Imprisonment for Debt, 1869 - 1914” in G. R. Rubin and D. Sugarman (eds.), *Law, Economy and Society*, 1750 - 1914, *Essays in the History of English Law*, (Abingdon, Professional Books Ltd., 1984) 275.

〔39〕 工人的工资受到保护、免遭扣除(扣押)的历史,可参见 Great Britain, *Report of the Committee on the Enforcement of Judgment Debts* (Cmnd 3909), (London, HM Stationery Office, 1969) 149 - 152。

〔40〕 See R. Nugent and F. M. Jones, “Wage Executions for Debt: Part 1 Frequency of Wage Executions”, (1936) 42 *Monthly Labor Review* 285.

但是,他为处理这个问题而作出了更重要的规定,郡法院法官以后可以向欠款低于50英镑的债务人作出裁定,要求债务人分期或以其他方式清偿全部或部分债务。经判决传票或郡法院诉状传唤的债务人应当陈述其对他人的负债情况,可以提出债务清偿日程表和为获得债务免除而进行的安排。法院如果认为安排合理,就会迅速批准,使小规模债务人与已经成功地与债权人达成了和解或制订了清算方案的大规模债务人处于相同境况。虽然他没有废除所有情况下的债务监禁,但如果这些规定成为法律,不平等地对待富人和穷人的法律将不复存在。为债务催收而实施监禁的情况将会大量减少,法官将在经由合理的和解救济小规模债务人方面拥有较大的自由裁量权。[41]

管理令为郡法院向工薪族颁发由郡法院管理的清偿令或和解令提供了可能,也为债务人在法令有效期间内免受进一步的债务

〔41〕 277 Part Deb HC(3rd series)(1883)834.

79 催收以及最终获得免责提供了可能。[42] 它对工薪阶层无法适用破产的批评作出了回应,并提供了债务监禁之外的替代性债务催收救济。

因此,管理令是对破产法进行调整以适应工薪阶层境况的早期尝试。管理令在英格兰和威尔士的成效有限(见图3.4和图3.5),尽管它确实为20世纪30年代瓦伦丁·内斯比特(Valentine Nesbit)在美国亚拉巴马州伯明翰市的实践提供了参照模式,[43] 后来,这一做法于1938年成为《美国联邦破产法》第13章程序。管理令还影响了20世纪80年代后期的欧洲改革者,[44] 他们希望债务人能在努力清偿部分债务后获得免责。

---

〔42〕 原来的第122条规定:"(1)如果郡法院作出判决而债务人不能立即支付该金额,并且声称他的债务总额包括获得判决的债务不超过50英镑,郡法院可以颁发命令,规定管理债务人的财产,规定分期清偿债务或全额清偿,或郡法院根据其未来收入的情况确定具体案件中切实可行的清偿数额。"张伯伦就第122条规定得到了伯明翰地方法院法官莫特拉姆(Motteram)的建议,后者在他的法院实践中可能采取过类似做法。See(1883 - 1884)Solicitors Journal 789.

〔43〕 参见委员会关于破产法修订所举行的第75届国会第一届听证会议上,美国国会众议院司法委员会中瓦伦丁·内斯比特(Valentine Nesbit)关于参议院第6439号和第8046号决议的证词(1937年),参议院第6439号决议,随后被重新引入并报告为议院第9系列文件第8046号决议,1937年6月1~9日(华盛顿,政府印刷局1937年版)。内斯比特在讨论他的工薪族清偿制度时表示:"当然,加拿大和英国法也有类似规定……我们只比加拿大人和英国人落后25~30年。英国法中的部分清偿计划已历经数代。"内斯比特没有指明具体的英国程序,但他所指的可能是管理令。

〔44〕 See N. Huls, "American Influences on European Consumer Bankruptcy Law", (1992)15 *Journal of Consumer Policy* 125.

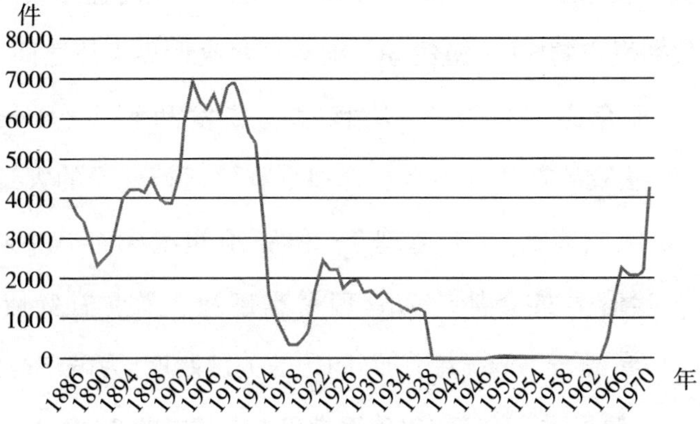

图 3.4　1886～1971 年英格兰与威尔士管理令签发数量

资料来源：英国民事司法数据，来自帕特里克·波尔登：《郡法院的历史（1846～1971 年）》，剑桥大学出版社 1999 年版，“附录三”。

80

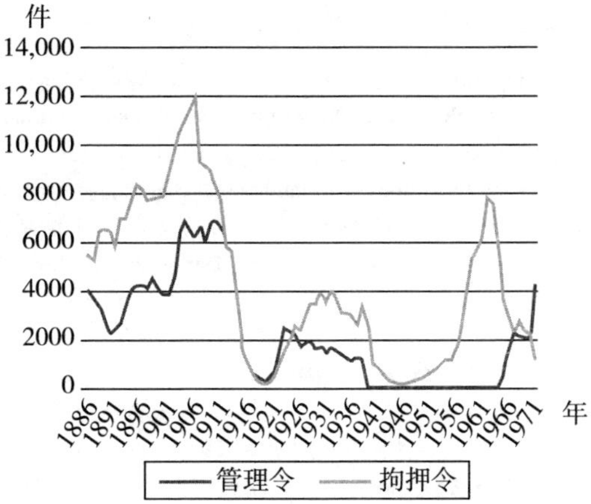

图 3.5　1886～1971 年管理令和执行的拘押令签发数量

资料来源：英国民事司法数据，来自帕特里克·波尔登：《郡法院的历史（1846～1971 年）》，剑桥大学出版社 1999 年版，“附录三”。

在 20 世纪大部分时期，管理令都处在漂移的过程中，它既没有试图解决早在1887年〔45〕和1908年〔46〕就已发现的程序缺陷,也没有提高最初设定的50英镑债务上限。在两次世界大战之间,“很少有人对管理令感兴趣”。〔47〕法官很少签发和解令(composition orders),〔48〕法院的管理者不喜欢管理令有效运行所需的大量工作,截至1964年,只签发了4件管理令。但从20世纪60年代中期开始,连续几届政府委员会都认为管理令是解决“多重消费债务人”
81 (multiple consumer debtor)这一新问题的关键制度,为破产提供了替代方案。〔49〕佩恩委员会于1969年指出“在过去的25年里,消费者信贷大量扩张”,他们将管理令界定为对“多重债务人”问题的回应

〔45〕 See Bankruptcy (Administration Orders) Committee, "Report of a Committee Appointed by the Lord Chancellor and the Board of Trade to Inquire into the Working of s 122 of the Bankruptcy Act 1883", (Great Britain) C(2nd series) 1887, 5139, 2.

〔46〕 See Report of the Departmental Committee on Bankruptcy Law, (Cmd 4068, 1908) paras. 170 – 180. 例如,债务人只有在受到不利裁决的情况下才能申请管理令。Judge Edward Abbott Parry in his book *Law and the Poor*, (Dutton & Co., New York, 1914) argued at p. 121:管理令失败的部分原因是50英镑的上限太低,但主要是因为财政部征收了“高额且不合理的费用”。

〔47〕 See P. Polden, *A History of the County Court*, 1846 – 1971, (Cambridge, Cambridge University Press, 1999) 142. 20世纪30年代的重要政治行动涉及分期购买货物的滥用收回情况,产业代表和代表贫困群体的活动家结成的联盟通过谈判达成改革共识,于1938年推动了英国《租售法》(Hire-Purchase Act)的制定。See P. Scott, "The Twilight World of Interwar British Hire Purchase", (2002) 177 *Past & Present* 195, 223.

〔48〕 如在1966年,大约5%的管理令没有要求全额清偿。See Judicial Statistics England, (Lord Chancellor's Department, Cmd 3344, 1966 – 1967) Table 2.

〔49〕 See Great Britain, Report of the Committee on the Enforcement of Judgment Debts (Cmnd 3909), (London, HM Stationery Office, 1969) 69, 762. See also Insolvency Law and Practice: Report of the Review Committee, cmd 8558 (HMSO 1982) ("Cork report") para. 272.

措施。[50] 改良后的管理令将成为“一种重要并且必要的执行模式”。20 世纪 60 年代到 80 年代，管理令适用的债务上限多次提高（1965 年从 50 英镑提高到 300 英镑；1970 年为 500 英镑；1977 年提高到 2000 英镑；而 1981 年则提高到 5000 英镑），并进行了数次改革。[51] 关于管理令的实证研究表明，“管理令的颁发对象通常是 50 岁以下男性，工作收入低于平均水平，有两个以上的抚养人，并拥有 6 项左右的消费债务”。[52] 20 世纪 80 年代的一项官方研究表明，近 50% 的管理令持续长达 10 年。[53]

调整消费债务人的管理令，科克委员会的提案

科克委员会的报告将消费债务人视为一种新现象，并指出：“100 年前，难以想象现在的工薪族没有或几乎没有任何有价值的固定资产，还可以获得贷款。”[54] 科克委员会将通过改革破产法解决前述问

[50] See Great Britain, Report of the Committee on the Enforcement of Judgment Debts (Cmnd 3909), (London, HM Stationery Office, 1969) 69, 762. See also Insolvency Law and Practice: Report of the Review Committee, cmd 8558 (HMSO 1982) ("Cork report") paras. 49, 69.

[51] 允许管理令的执行超过 10 年！（1977 年）最后，1908 年提出的改革终于在 1984 年实施：法院可以依职权作出管理令。

[52] J. Davies, "Delegalisation of Debt Recovery Proceedings: A Socio-Legal Study of Money Advice Centres and Administration Orders" in I Ramsay (ed.), *Debtors and Creditors—A Socio-Legal Perspective*, (Abingdon, Butterworths Law, 1986) 193.

[53] See Lord Chancellor's Department, *Civil Justice Review*, (London, HMSO, 1987) para. 609.

[54] Insolvency Law and Practice: Report of the Review Committee, cmd 8558 (HMSO 1982) ("Cork report") para. 272.

题作为其首要任务。[55] 但是，在此之前，并没有进行关于债务催收体系、“消费债务人”或现存破产人的人口分布数据和实际状况的实证分析，作为准备改革的序曲。科克委员会的整个报告都采用了实证分析的方法，正如卡拉瑟斯和哈利迪所指出的那样，最终报告具有“经验主义的性质和实用性”。[56]

关于消费债务人的提案，科克委员会听取了由郡法院登记官里奇·彭尼（Ritchie Penny）主持的小组委员会的意见。[57] 彭尼提出了
82 一种“小型破产”方案，在这种修正版的管理令程序中，法院有权管理移交的财产或将财产移交给官方接管人。政府随后用这种可能进行管理的替代性清偿与财产清算相结合的方法，为没有推进立法进行辩护。

小组委员会提交了郡法院登记官填写的调查问卷，并对澳大利亚和加拿大的方案进行了一定考察。[58]

---

〔55〕 Insolvency Law and Practice: Report of the Review Committee, cmd 8558 (HMSO 1982) (“Cork report”) para. 272. “最迫切需要的是引入一种简便易行且廉价的程序，针对普通消费债务人……”

〔56〕 B. Carruthers and T. Halliday, *Rescuing Business: The Making of Corporate Bankruptcy Law in England and the United States*, (Oxford, Oxford University Press, 1998) 130. 尽管报告重视“消费债务人”，但布鲁斯·卡拉瑟斯和特伦斯·哈利迪在对科克报告的广泛分析中并未讨论消费者破产或消费债务人。消费者只是以债权人的身份出现在行文中，他们以消费者组织为代表，要求针对夜间跑路的承包商和收取保证金后不履行义务的公司，加强消费者保护。

〔57〕 其他的成员是大卫·格雷厄姆（David Graham）、约翰·亨特（John Hunter）、克里斯·泰勒（Chris Taylor）、格里·韦斯（Gerry Weiss）和特雷弗·泰勒（Trevor Taylor）。

〔58〕 See generally National Archives BT 260/25.

法院工作人员为什么不喜欢管理令程序？登记官反馈的原因，包括管理令花费的时间远远超过现有人员配置标准所确认的工作时长;[59]债务人通常不知道可以适用管理令制度,只有在相关债务获得判决支持的情况下才能申请管理令;债务上限过低。[60]

前述反馈还反映了法官对债务人的看法。彭尼认为,大多数消费债务人都是“能力不足或有些不诚实”的,另一位登记官同意其观点;[61]有人还认为,“无耻的债务人利用管理令逃避债务”。[62] 一些登记官对失去通过判决传唤程序监禁债务人的权力深表痛惜,[63]但他们也认为,重新适用前述程序在政治上是行不通的,这样的提议会影响报告的形象。[64] 破产程序通常被界定为债权人而不是债务人的救济方式。

彭尼的观点在最终报告中得到了充分的体现,该报告评论说,债

〔59〕 东南区的司法登记官评论道:在郡法院,每项职能都会被评分,以确定工作人员完成该项职能需要花费的时间。然后参考这些评分,计算特定法院的编制。管理令核定的分数很低,却耗费了大量的时间和精力;管理令的工作都是既复杂又烦琐的记录和追踪事务。参见埃克塞特郡法院登记员路易斯(Lowis)的类似评论。

〔60〕 尽管立法规定可以作出部分清偿的命令,但一位法官似乎并不确定,也不确定该如何处理分期付款购买等担保债务。没有法官支持建立专门的破产法院。

〔61〕 哈利法克斯(Halifax)的登记官赫伯特(Hebbert)认为,“狡诈的债务人”是很少见的;债务人“通常是无计可施的、糟糕的财务和生活规划者”。

〔62〕 登记官斯旺格伦(Swangren)。

〔63〕 参见东南巡回审判区登记官的回应:“我们几乎所有人都达成了共识,废除判决传唤程序对大多数债务案件来说,已经证明是令人遗憾的。判决传唤程序的优点在于它以藐视法庭罪的监禁后果为坚强后盾。”BT 260/25.

〔64〕 东南巡回审判区登记官回应道:“我们几乎所有人都认为,大多数债务案件废除判决传唤程序已被证明是令人遗憾的。” BT 260/25.

务咨询可能“有助于在早期帮助债务人整理混乱的局面”,[65]“大多数债务人不是不诚实而是缺乏能力”,[66]而“绝大多数”的破产都源
83 于“轻率或不节制的消费”。[67] 然而,在报告的后半部分,委员会否定了个人破产案件中很少发现欺诈和严重不当行为的观点。[68]

科克委员会建议,管理令不应超过3年,应当对无财产且无清偿能力的个人签发“执行限制令”(enforcement restriction order)。管理程序的目标是帮助无力清偿的消费者或小商人定期清偿债务和实现财务复苏,这一建议提供了破产的替代方案及简单的债务清收程序。如果个人无望清偿任何债务,法院将“按照公正和适当的条件”签发执行限制令。[69]

在英国《1986年破产法》中,贸易和工业部继承和发展了科克委员会报告关于企业的提议,将直接破产的免责考察期从5年缩短至3年。这项措施关注的重点不是消费债务人,因为对他们来说,破产的

---

〔65〕 Insolvency Law and Practice: Report of the Review Committee, cmd 8558 (HMSO 1982) ("Cork report") para. 349.

〔66〕 Insolvency Law and Practice: Report of the Review Committee, cmd 8558 (HMSO 1982) ("Cork report") para. 241.

〔67〕 Insolvency Law and Practice: Report of the Review Committee, cmd 8558 (HMSO 1982) ("Cork report") para. 549.

〔68〕 Insolvency Law and Practice: Report of the Review Committee, cmd 8558 (HMSO 1982) ("Cork report") para. 719. “咨询文件认为,在与公司破产无关的个人破产案件中,很少发现欺诈和严重不当的行为。根据我们的经验和获取的大量证据,我们无法认同这一观点。”

〔69〕 Insolvency Law and Practice: Report of the Review Committee, cmd 8558 (HMSO 1982) ("Cork report") para. 81.

成本太高。消费者群体呼吁，应当更多地救济向破产企业支付了保证金的消费债权人，[70]但没有消费者团体倡议更有效和更简单的消费者破产。[71] 事实上，20 世纪 90 年代初，破产律师发表了一份有影响力的报告，认为消费者适用破产制度免除债务是"对制度的滥用"，因为破产不是为"小型消费债务人"设计的。[72]

政府将改革管理令的任务分配给大法官办公室（现为司法部），该部门负责法院和法律行政事务的管理。作为法院制度现代化的一部分，该部门在 20 世纪 80 年代中期进行了民事司法评估（civil justice review）。[73] 这一评估揭示了管理令的失败局面，提出了与科克委员会的提议类似的管理令改革方案。英国 1990 年《法院和法律服务法》将这些改革措施规定在第 13 条，[74]允许法院签发还款期限不超过 3 年的和解令，在此期限结束时免除债务人的剩余债务。执行管理令的法院管理费将在清偿款项中扣除，债务人无须另行支付

---

〔70〕 See discussion in B. Carruthers and T. Halliday, *Rescuing Business: The Making of Corporate Bankruptcy Law in England and the United States*, (Oxford, Oxford University Press, 1998) 139.

〔71〕 破产协会确实曾游说破产管理署和议会议员建立更加人性化的破产制度。收到协会倡议信件的议员拜兰·古尔德（Bryan Gould）在破产法案通过时指出，该法案"怠于为小规模的破产案件提供一种更简易、更便宜的替代程序……（它）没有充分解决这个问题"。Parliamentary Debates (HC) Official Report, Standing Committee E, 18 June 1985, col 381.

〔72〕 Justice, Insolvency Law: An Agenda for Reform (London, Justice, 1994).

〔73〕 See *Civil Justice Review* (London, Cmnd 394 HMSO, 1988).

〔74〕 英国 1990 年《法院和法律服务法》第 13 条。

费用。然而,尽管议会通过了第13条规则,该条例却从未生效。按
84 照英国议会的程序,实施立法的时间通常由行政部门决定。20世纪90年代初,大法官办公室的年度报告讨论了实施第13条规则的准备工作,媒体也报道了第13条规则实施在即的新闻,[75]然而,时隔25年之久,该规则仍未付诸实施。

前述行政否决从未得到合理解释。[76] 这似乎主要是基于20世纪90年代初对审理大量债务人的案件会增加法院费用的担心以及司法机构的反对。1992年的一篇报刊文章指出,"由于法院不愿意在经济衰退期间被案件淹没,司法拖延的情况大量存在"。[77] 如图3.6所示:管理令的数量从20世纪90年代初开始整体下滑,在20世纪90年代末急剧下降,可能表明消费者已经转向其他的程序选择。

---

〔75〕 See D. Boliver, "Taking Voluntary Steps to Avoid the Bankruptcy Court", *The Guardian* (4 September 1993) 30. "下一年,管理令会更大范围地适用。"

〔76〕 最初的观点强调:20世纪90年代初经济衰退期间,管理令数量预计会增加,法院费用也应当随之增加。后来的主张是,英国《法院和法律服务法》第13条规则可以被解释为包括担保债务,允许在3年后减免抵押贷款。到2005年,司法部声称管理令对于无力偿债者来说是不可行的,因为它不包括债务人的财产,也没有提供调查个人情况的手段。The Insolvency Service, "Relief for the Indebted—An Alternative to Bankruptcy",载英国政府网,www. detini. gov. uk/consultation12b. pdf。

〔77〕 I. Gregory, "Debtors Have Alternative Choices to Bankruptcy", *The Independent* (4 April 1992).

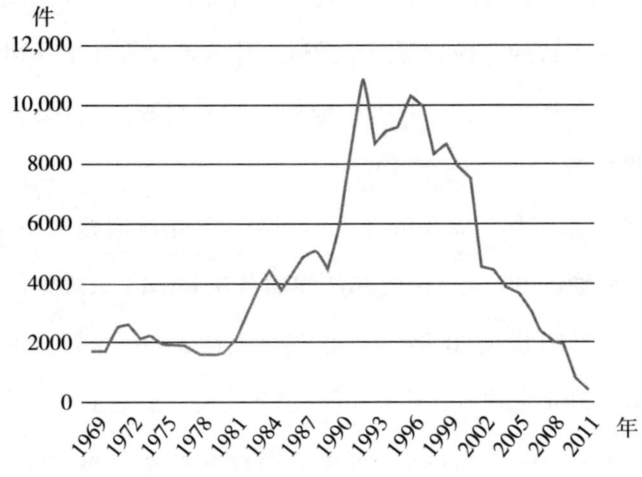

图 3.6　1969～2011 年管理令数量

资料来源:英国民事司法数据。

在其他欧洲国家,20 世纪 80 年代末和 90 年代初的经济衰退为破产制度提供了一个关键节点,为法国、德国和斯堪的纳维亚国家债 85
务整理法的出台奠定了基础。虽然英国政府确实采取了一些措施保护受到收回住房威胁的房屋所有人(大衰退中重新采用的措施),抵押止赎拍卖在此期间也达到了历史最高纪录,但政府没有促使第 13 条规则生效,因此,大量消费者无法获得救济。个人破产案件在 1990～1992 年几乎增加了 2 倍,其中很大一部分指向消费者债务而非企业债务(29%～39%)(见图 3.2)。

破产业内人士和破产管理署不赞成消费者申请破产,因为这意味着破产管理署不得不处理越来越多的低价值破产案件,因此,他们声称没有足够的资源开展适当调查。二者都认为,第13条规则是很多债务人更合适的选择方案。[78] 但是,什么都没有发生。很多人都处于非正式破产状态,[79]但由于他们无力支付破产费用,也就没有机会获得救济。

1998年新工党政府在审查民事判决执行情况时提出一项任务:审视"顺利实施1990年《法院和法律服务法》第13条规则需要进行的调整"。[80] 20世纪90年代末期,过度负债成为一个重大的公共问题。2000年新工党政府召开了一次"债务峰会",成立了过度负债特别工作组,并于2004年制订了"过度负债行动计划"(overindebtedness action plan)。[81]

21世纪初,对管理令进行的一项实证研究描述了一个近乎丑陋的现实:郡法院的管理令伴随很高的违约率,管理令在不同法院的适用缺乏一致性。管理令的适用者主要是单身母亲,她们中70%的人

---

[78] D. Flynn,"Are the Institutions of Insolvency Achieving their Purpose? Bankruptcy and Individual Voluntary Arrangements (IVAs) in England and Wales" in H. Rajak (ed.) *Insolvency Law: Theory and Practice*, (London, Sweet & Maxwell, 1993) 115. "破产管理署认为,1990年《法院和法律服务法》第13条的出台可以为财产很少的债务人和债权人提供有效的、很多情况下更'适当'的救济措施。改革后的管理令程序预计会为债务人提供比破产程序的管理资源成本低很多的救济。"

[79] See J. Ford and M. Wilson,"Personal Debt and Insolvency" in H. Rajak (ed.), *Insolvency Law Theory and Practice* (London, Sweet & Maxwell, 1993).

[80] 杰夫·胡恩(Geoff Hoon)在议会回答梅拉妮·约翰逊(Melanie Johnson)的提问时概述了受托审查的范围,HC Deb 25 March 1998 Vol. 309 cc 141 – 2W 141W。

[81] See DTI and DWP, *Tackling Overindebtedness* (London, HMSO, 2004).

处于失业状态；近 2/3 的人有严重的健康问题或负有抚养义务。[82]
虽然其中超过 80% 的债务人无法在 3 年内按照管理令清偿全部债
务，而（未公布的）法院准则规定，法院在这种情况下可以签发和解令 86
（composition orders），但仅有 22% 的案件签发了和解令。[83] 地方法
律文化似乎决定了和解令的签发与否。

2004 年政府承认了现行管理令的失败。[84] 虽然改革条款已经纳入了 2007 年立法，但相关条款依然未能实施。[85] 因此，到 2013 年，管理令几乎销声匿迹。几届政府都没能通过大法官办公室以及司法部对管理令进行改革，并向法院的服务提供足够的资源，法院始终不愿意扮演审核管理令的角色。一些反对意见关乎技术，但相关部门乐于看到管理令的失败，因为它是私有化时代的一项补贴服务。它的功能可以由私营部门和志愿组织在少量的法院参与下实现，使

〔82〕 See E. Kempson and S. Collard, *Managing Multiple Debts: Experiences of County Court Administration Orders among Debtors, Creditors and Advisors* (London, Department for Constitutional Affairs, 2004).

〔83〕 See E. Kempson and S. Collard, *Managing Multiple Debts: Experiences of County Court Administration Orders among Debtors, Creditors and Advisors*, (London, Department for Constitutional Affairs, 2004) 33.

〔84〕 Department for Constitutional Affairs, "A Choice of Paths: Better Options to Manage Over-Indebtedness and Multiple Debt, Consultation Paper CP 23/04", 6, 载英国政府网, www. dca. gov. uk/consult/debt/debt. pdf。

〔85〕 See Part 6 Administration Orders of the Tribunals, Courts and Enforcement Act 2007 C. 15.

法院可以“专注于争议解决和实施法律的核心功能”。[86] 司法部响应信息自由的要求,在2015年作出以下声明:

> 政府目前不打算施行该法案中所有尚未施行的权力。只有在政府确信并有充足理由的情况下,才能使用这类权力。由于经费原因,政府于2009年暂停引进管理令改革计划和执行限制令的工作,目前尚无计划重启前述工作。[87]

第四节 转换:个人自愿安排程序

1990年《法院和法律服务法》第13条未能实施的事实为消费者破产的替代方案留下了巨大的空间。英国《1986年破产法》规定的个人自愿安排程序允许债务人在占债权额3/4的债权人接受计划的情况下,通过获得执业许可的破产执业者(通常是会计师)与无担保债权人达成和解。[88] 与破产不同的是,个人可以在个人自愿安排程序中保留包括一处房屋在内的财产。科克委员会估计通常的还款期

---

〔86〕 Department for Constitutional Affairs, “A Choice of Paths: Better Options to Manage Over-Indebtedness and Multiple Debt, Consultation Paper CP 23/04”, at para. 29, 载英国司法部官网, www.dca.gov.uk/consult/debt/debt.pdf。

〔87〕 2015年10月9日司法部按照信息自由法(FOI)对信息开始申请作出的回应。

〔88〕 See generally on IVAs, Part VIII Insolvency Act 1986.

为3年，预计该程序适用于3类债务人：为公司提供个人担保的董事、不受有限责任保护的专业人士和商人。[89] 消费者并未被列为该 87
救济程序的潜在受益对象。

20世纪80年代末和90年代初期，仅有少量的个人自愿安排得以登记适用。程序利用有限的原因，包括成本高昂和程序相对烦琐，债务人需要一位“代理人”（获得执业许可的破产执业者）就该计划向法院提出报告，召集债权人会议并由代理人负责监督。[90] 法院实务指南通过允许一种无须出庭的书面程序，即“压缩命令”（concertina order）[91]以降低程序成本。[92] 到2005年左右，个人自愿安排案件主要由小型破产执业者操作。其中，接近一半的案件超过了3年，雇员和消费者案件仅占案件总数的27%。[93] 英国大型银行设立了集中的债务催收部门，监测不同的破产执业者所经手的个人自愿安排的相对成效，并通过大型会计师事务所标准化的代理表

---

[89] Insolvency Law and Practice: Report of the Review Committee, cmd 8558 (HMSO 1982) ("Cork report") ch. 7.

[90] See K. Pond, "The Individual Voluntary Arrangement Experience", (1995) *Journal of Business Law* 118.

[91] Practice Note (Ch D: Bankruptcy: Voluntary Arrangements) (No. 1 of 1991), Chancery Division 13 December 1991 [1992], 1 WLR 120; [1992] 1.

[92] 戴维·米拉曼（David Milman）认为，“法院在推动个人自愿安排的成功运行上发挥了重要作用”，D. Milman, *Personal Insolvency Law, Regulation And Policy*, new edition, (Aldershot, Ashgate Publishing, 2005) 132. 亦可见《2000年破产法》带来的变化（第3节和第3条），债务人不必寻求临时命令。

[93] K. Pond, "A Decade of Change for Individual Voluntary Arrangements", (1998) 14 *Tolleys Insolvency Law and Practice* 324.

决机制积极地参与程序。[94]

到21世纪早期,新工党政府得出了个人自愿安排是一个失败政策的结论。[95] 作为回应,英国《2002年企业法》制定了1年(原先为3年)即可免责的规定,当时的评论家预测了个人自愿安排的终结。[96] 然而,表3.1揭示了英国《2002年企业法》实施之后,个人自愿安排案件数量显著增长,该程序目前已成为替代破产最重要的程序。

随着破产执业者新模式的出现,个人自愿安排市场在21世纪初发生了变化。[97] 具有较高业务流量的商业模式能够降低成本并开展广泛的宣传,这些企业提供了可以替代现有的公共和私人债务管理计划的个人自愿安排。免债直通车公司(Debt Free Direct)是这种
88 商业模式的先行者。这种商业模式改变了市场,使高流量的大型服务商现在占据了重要的市场份额(见表3.1)。这些企业通过与债权

〔94〕 See K. Pond, "Administration of Recoveries in Individual Insolvency: Case Studies of Two UK Banks" (2002) 8 *The European Journal of Finance* 206. 庞德(Pond)指出,债权人要求的修改主要涉及增加收入还款、延长清偿时间、财产重估和意外收入条款,限制管理人费用。他的结论是,"与过去相比,个人自愿安排对债权人友好得多了……越来越难反映债务人的意愿"。在此期间,个人自愿安排的失败率为31%,每英镑的平均清除率为30便士。

〔95〕 "与此同时,政府认为个人自愿安排是一种无效的破产替代方案。"这归因于(它的)高费用和低回报。See Parliamentary Research Paper 02/21 Bill 115 2001 - 2002 Enterprise Bill, 98.

〔96〕 See M. Green, "New Labour: More Debt—The Political Response" in J. Niemi, I. Ramsay, and W. C. Whitford (eds.), *Consumer Credit, Debt and Bankruptcy: Comparative and International Perspectives*, (Oxford, Hart Publishing, 2009) 405.

〔97〕 如1997年建立的免债直通车公司,现在是Fairpoint集团的一部分。

人谈判达成减免债务条款。个人自愿安排的清偿条款从 3 年延长至 5 年，房屋所有人预计在 5 年结束时用部分房屋权益清偿无担保债务。相关费用从每月的付款中扣除。

表 3.1　2009～2014 年每年定期处理超过 3000 件案件的公司的个人自愿安排登记

单位：件

项目	2009～2010 年	2010～2011 年	2011～2012 年	2012～2013 年	2013～2014 年
免债直通车公司（Debt Free Direct）	7945	5284	3646	4423	2950
弗里曼琼斯律师事务所（Freeman & Jones）	4439	5396	5466	4642	3208
致同会计师事务所（Grant Thornton）	9540	7206	6346	4015	2900
债务清偿计划公司（Payplan）	5259	4986	5806	6386	5263
壹咨询（One Advice）	2169	3304	5655	7587	9261
其他	24, 721	24, 104	24, 172	20, 486	38, 140
总计	54, 073	50, 280	51, 091	47, 539	61, 722

资料来源：英国破产管理署按照《信息自由法》（FOI）对信息开示申请作出的回应。

同时，英国《2002 年企业法》将免责考察期缩短为 1 年，并清除了许多破产阻碍。这种自由化趋势并不是为了保护消费者,而是新工党减少小企业下行风险的创业保护议程。该法案之前的白皮书已经认识到消费者破产的作用越来越大,英国似乎正在出现与美国、澳大利亚类似的情况:消费者破产占据主导地位。白皮书指出:这一领域仍然需要破产管理署和司法部持续努力。[98]

该法案破产条款的背景描述,包括对“负责任的冒险”和“应受责罚的破产”的区分,以及能够清偿则应当清偿这一潜台词。让大多数人更容易破产的代价是通过新的破产限制令,对“预计7% ~12%应受责罚的破产者”[99]进行“严厉的打击”。[100] 贸易和工业部国务大臣彼得·曼德尔森(Peter Mandelson)参考美国宽松自由的免责经
89 验,推动了该法案在保护创业精神方面的进步。[101] 议会中负责该法

[98] See para. 1.46 – 1.48 The Insolvency Service, Insolvency—A Second Chance (CM 5234) (London, DTI, The Stationery Office, 2001).

[99] DTI press notice, *Byers Outlines Details of Bankruptcy Study*, 2 July 1999.

[100] See s 281A of, and Sch 4A to, the Insolvency Act 1986. 破产限制令的目标是“通过法院签发破产限制令保护公众和商业社会,让应受处罚的破产者受到持续2~15年的破产限制;让贷款人和公众区分应受处罚和不应受罚的债务人,并能在破产人的处理上作出更明智的决策;防止欺诈和不法行为”。Insolvency Service, Evaluation of the Bankruptcy Restriction Order Appendix A2: Evaluation Planning Paper for Bankruptcy Restrictions Order provisions (London, Insolvency Service, 2007). 由于贷方运用建立在征信数据基础上的、自己的贷款标准,这些规定的影响似乎有限。See Insolvency Service, Enterprise Act 2002—the Personal Insolvency Provisions: Final Evaluation Report (London, Insolvency Service, 2007).

[101] “在美国,有些最成功的企业家总是会失败一两次。银行和社会总体上不会把他们视为失败者。他们将这些人视作获得了经验教训的人”, *The Guardian*, 24 June 2000, 29, quoting Peter Mandelson。

案的大臣梅拉妮·约翰逊在辩论中指出，在美国，“如果人们没有一两次失败的经历……他们就很难被视为真正的企业家”。[102] 鉴于政府对议会的巨大影响，破产改革依附于先进的英国《2002 年企业法》，在议会迅速得以通过。信用卡公司试图阻挠免责方案的通过，他们提出的研究报告声称：免责方案将导致破产数量增加 50%。[103] 政府的回应是通过委托研究削弱了前述报告的可信度，该委托研究指出：“报告的计量经济论证部分存在严重缺陷，在任何层面都不值得信赖。”[104] 保守党议员也反对消费者适用更宽松的免责程序。他们辩称：放宽免责会减少个人责任，导致消费者破产案件爆发式增

---

〔102〕 Melanie Johnson, MP Parliamentary Under Secretary of State for Competition Consumers and Markets quoted in the *Independent*, 11 June 2000. 她引用统计数据表明，31.5%的英国人表示，对失败的恐惧会阻止他们创业。在美国，这一比例仅为 21%。I. Ramsay, "Functionalism and Political Economy in the Comparative Study of Consumer Insolvency: An Unfinished Story from England and Wales", (2006) 7 *Theoretical Inquiries in Law* 625, 646.

〔103〕 这份报告的委任方是信用卡公司美信银行，他们也同时游说议会议员。The research is discussed at HL Deb 21 October 2002 Vol. 639 cc 1133 – 1140.

〔104〕 “上周，我们就重要部分委托了独立研究，即英国经济与商业研究中心研究报告的第 6 节。我们委托伦敦大学学院经济系的约翰·范·雷恩（John Van Reenen）教授开展这项研究。教授的结论是，第 6 节中的计量经济研究存在严重缺陷，在任何层面上都不能据以判断《企业法》对个人破产的影响。”Lord McIntosh, HL Deb 28 October 2002 Vol. 640 c 79.

长,以及信贷减少到面临边际风险。[105] 奉行自由主义的美国破产法
90 被指称侵蚀了“美国的责任观念”,他们引用了一句著名但具有误导性的表述:破产使美国普通家庭平均每年损失400美元。[106]

负责此项工作的大臣梅拉妮·约翰逊用新的破产限制令回应了这些批评,并指出了区分经营债务和消费者债务的困难。然而,政府并不认为破产应该成为一种消费者可以随意适用的救济措施,并且驳回了公民咨询局推动的保守党修正案——建议有收入来源的个人应该自由地选择破产程序。按照大臣的观点,“破产申请不应被视为个人的一项权利,而应被视为最后的救济手段……破产不是处理债

〔105〕 See e. g. M. Waterson:“消费信贷在可获得性和获得条件方面可能会受到进一步的限制。消费者信贷协会表示:‘完全无担保贷款可能会成为过去。换言之,贷款人会越来越多地要求提供担保或担保人。’因此,根据法案,政府努力帮助的人可能会陷入更糟糕的境况,因为他们不太可能拥有财产,也不太可能认识能为他们的借款提供担保的人。我根据确凿的信息得知美国市场的另一个特点:美国的破产路径导致一种全新的、掠夺性的贷款机构的涌现,他们为那些无法获得其他信贷的边缘化群体提供服务。大多数评论家都会同意,美国的责任理念仅仅因为破产的随意适用而受到侵蚀。另据估计,美国普通家庭平均每年支付400美元用于覆盖整个美国经济的破产成本。正如副国务大臣了解的那样,另一个实际问题是,征信机构倾向将他们消费者及征信记录、信用评级保存6年。如果,作为法案的一部分,政府的目的是让消费者和商人更容易适用和退出破产程序,尊敬的阁下,您是否认同,即使在12个月、2个月或者其他任何期限内结束破产程序,具有破产记录的消费者也不大可能获得贷款?” M. Waterson, UK Enterprise Bill HC Debates Standing Committee 14 May Session 2001 - 2002, cols. 645 - 646.

〔106〕 See UK Enterprise Bill HC Deb 14 May 2002, col. 645.

务问题的唯一方法”。[107] 在梅拉妮·约翰逊看来,大法官对管理令的持续修订为低收入债务人提供了一个解决方案。[108]

“负责任地冒险”这一关乎创业精神的议题被叠加到现有的破产立法之上。虽然英国《2002 年企业法》减少了对未免责破产债务人的限制,但它保留了刑事强制执行保留的限制措施的基本技术特征,延续了破产在历史上的准刑罚性。[109] 科克委员会提出了一个有影响力的观点,强调破产在促进商业道德方面的作用,在取消破产公司董事资格的问题上推行更严格的标准;提出激进的“非法交易”理念,允许法院“揭开公司面纱”,要求相关董事向债权人承担清偿责任。新的破产限制令以董事资格取消规则为蓝本,破产管理署可以申请签发新的限制令,保护公众和商业社会,并协助债权人作出贷款决定。限制 91

---

〔107〕 正如众议院所知,破产不是处理债务的唯一方式;根据案件的具体情况,破产也不一定是债务人和债权人解决问题的最好方案……破产应该被视为最后手段……有财务问题的个人可以选择若干方式解决问题,其中,许多方式都不需要预缴费用。很多人可以,也确实可以向郡法院申请管理令,并通过每月清偿实现免责,每月的清偿额度设定在个人可以承受的范围之内……此外,越来越多有债务问题的个人寻求志愿者组织的建议和帮助,例如,消费者信贷咨询服务和支付连线(Paylink)。这些组织将代表债务人管理债务清偿计划,而债务人无须支付任何费用,债权人同意承担管理费用并免除部分新债务。其中一些组织提供的还款计划每周只需清偿 1 英镑。HC Deb 17 June 2002 Vol. 387 col. 59.

〔108〕 梅拉妮·约翰逊说:“这些事项是我尊敬而博学的朋友,大法官决定的。他对民事法院判决执行情况的审查包括改革郡法院的管理令。政府正在考虑一系列基于法院的程序和法院外程序的选择。在更广泛的背景下考虑改革的选择之前,我们无意采取任何临时措施,例如,增加适用债务上限等扩大现行郡法院管理令的适用范围,包括提高限额。我希望尊敬的先生您,能认识到这是进一步审议这些问题的合理前提。” HC Deb 17 June 2002, Vol. 387, col. 61.

〔109〕 See K. Möser, “Restrictions after Personal Insolvency” (2013) *Journal of Business Law* 679. 这些规定很少得到执行。

令将继续限制未免责的债务人,期限为 2 ~ 15 年,个人信息将被登记在册。与消费者相关的最重要因素以及签发破产限制令的决定因素是,“破产前发生的债务是不是债务人合理预期能够清偿的债务”。[110] 受限制令的影响,消费债务人不得在未披露限制令的情况下申请超过 500 英镑的信贷。债务人未依法披露的行为构成刑事犯罪。

对英国《2002 年企业法》的影响所作的评估表明,该法案重新开始的目标受到信用评估政策的限制,该政策要求破产记录保留 6 年。[111] 征信机构没有在行业规则中对收到限制令的破产者和其他破产者进行区分,削弱了破产限制令的实践意义。破产者仍然面临银行账户的问题,而包括房东和保险公司在内的许多机构将破产作为拒绝申请人的标准。尽管公众普遍认为,破产污名化的问题有所好转,但破产者仍然继续体验着破产的耻辱。[112] 关于企业法的规定

---

〔110〕 Schedule 4A[2(2)(h)]. 破产管理署也可以接受个人的担保,而无须诉诸法院。提供担保的情况表明,绝大多数限制令的签发往往是因为消费者发生的债务没有合理的清偿预期,直到登记官贝斯特(Baister)在“官方接管人诉索西案”(Official Receiver v. Southey [2009] BPIR 89)中作出决定,提起这种申请需要更大的举证责任。

〔111〕 See The Insolvency Service, “Enterprise Act 2002—The Personal Insolvency Provisions: Final Evaluation Report 2007” (London, The Insolvency Service, 2007),载英国国家档案馆官网, webarchive. nationalarchives. gov. uk/ + /http:/insolvency. gov. uk/insolvencyprofessionandlegislation/legislation/evaiuation/finalreport/report. pdf。

〔112〕 See The Insolvency Service, “Enterprise Act 2002—The Personal Insolvency Provisions: Final Evaluation Report 2007”, (London, The Insolvency Service, 2007) 51,载英国国家档案馆官网, webarchive. nationalarchives. gov. uk/ + /http:/insolvency. gov. uk/insolvencyprofessionandlegislation/legislation/evaiuation/finalreport/report. pdf。在法案出台前,(破产)个人遭受的耻辱是“家庭破碎的可能、对信用评级的影响以及对债权人的无力清偿”。在该法案颁布之后,耻辱感来自“破产令的公开和家庭破碎的可能”。

是否鼓励了创业精神，尚无定论。2007 年评估的结论是，它不仅没有影响开办企业的水平，也没有改善对失败的恐惧。[113] 企业法的主要受益者是 2002 年已经占据破产者总数 60% 以上的消费者。即便是消费者的变化也不应该被高估。早在 2002 年之前的许多年里，债务金额低于 20,000 英镑的小型破产者即可适用一项简易程序，由破产管理署进行简单调查，免责考察期为 2 年。

因此，企业法并不代表"与维多利亚时代债务社会污名化发生了决定性的背离"。[114] 这是一次立法妥协，层叠于一项拥有诸多历史基础支撑的法律之上，得到了负责任的冒险精神和商业道德这两种相互冲突的叙事的支持。

第五节　企业法之后的政策回应：举债盛宴 92

21 世纪初是家庭债务和工资压力急剧增加的时期。随着英国《2002 年企业法》实施后破产案件的持续增加，媒体报道了个人破

[113] See The Insolvency Service, "Enterprise Act 2002—The Personal Insolvency Provisions: Final Evaluation Report 2007", (London, The Insolvency Service, 2007) 16, 载英国国家档案馆官网, webarchive. nationalarchives. gov. uk/ + /http:/insolvency. gov. uk/insolvencyprofessionandlegislation/legislation/evaiuation/finalreport/report. pdf。

[114] John Willcock, "Enterprise Bill May Stoke Up Consumer Debt", *The Times*(9 May 2002).

产“急剧”、“飙升”和“惊人”的增长，并将之归因于高额的个人债务[115]和英国《2002年企业法》的实施。报刊《每日邮报》声称个人正在“入不敷出”，标志着一种“消费而不存款的文化”，他们认为，年轻的单身女性为“服饰、社交和度假”而欠下大量的信用卡债务。[116] 破产登记官(bankruptcy registrar)的报告称：破产不是由失业，而是由“失控的……没完没了的信用卡透支”造成的。[117] 2001～2005年，《卫报》以《不可持续的借贷盛宴》为标题发表了数篇文章，这也是破产执业者不断重申的一个问题。令《卫报》一位宣告破产的记者感到安慰的是：“我并不是唯一的案例……由于债务文化的不断发展，国内的破产案件成倍增加。”[118] 经济学家迈克尔·基特森(Michael Kitson)和弗兰克·威尔金森(Frank Wilkinson)认为，这一时期的经济增长是由“消费盛宴”驱动的……这导致了高水平的负

---

[115] See my discussion of this media response in I. Ramsay, “‘Wannabe WAGS’ and ‘Credit Binges’: The Constructions of Overindebtedness in the UK” in Niemi, Ramsay, and Whitford (eds.), *Consumer Credit, Debt and Bankruptcy: Comparative and International Perspectives*, (Oxford, Hart Publishing, 2009) 76.

[116] See e. g. B. Barrow, “Going Bust, the Wannabe WAGs” Daily Mail (21 August 2006), 载每日邮报网, http://www.dailymail.co.uk/news/article-401520/Going-bust-wannabe-WAGs.html。笔者在媒体上的评论是基于对2001～2005年英国报纸对债务和破产报道的分析。

[117] See Stephen Lawson, Association of Business Recovery Professionals, Enterprise and Culture Committee Official Report, Col. 2713, Scottish Parliament, Tuesday, 7 March 2006.

[118] A. Hardy, “Finding Life after Debt”, *The Guardian* (10 January 2004).

债率和破产率”。[119]

其间，英格兰债务人越来越多地呈现“入不敷出”和“根本没有合理预算”的个人形象。[120] 与法国不同，[121] 在英格兰媒体的叙述中，债务人的形象不是受失业和其他生活变化影响的被动债务人，而是越来越多地选择主动过度负债的中产阶级群体。媒体报道了债务人的错误判断、天真幼稚和目光短浅的借贷行为，并倡导加强金融教育。这些报告和评论决定了政策制定的框架，因此，让普通消费者更容易地破产免责的想法不太可能受欢迎。回顾过往，另一种不同的解释是，个人（负债的原因是）试图在工资相对停滞期间维持消费水 93
平。[122] 2007 年的一项研究结论表明，这一时期破产案件的增加主要是因为有担保债务和无担保债务的增加，[123] 而不是因为实施了企业法的改革措施。

---

[119] M. Kitson and F. Wilkinson, “The Economics of New Labour: policy and performance”, (2007) 31 *Cambridge Journal of Economics* 805, 811.

[120] See PricewaterhouseCoopers, *Living on Tick: The 21st Century Debtor* (London, PwC, 2006). 这基于债务人在个人自愿安排表格上对“超出收入的支出”框的勾选。这是一个模棱两可的选项，因为它没有解释隐藏在支出超过收入现象后面的原因。

[121] 参见第四章，原著第 105 页。

[122] 同一位《卫报》记者（注 116）解释说，她不是挥霍无度，而是“当我的工资用完时，钱都用在超市购物、汽油、汽车维修以及我与我丈夫合租的小屋的基本家具上了。我们没有过奢侈无度的生活，但我们的生活确实入不敷出”。

[123] See Department of Work and Pensions/Department of Constitutional Affairs, Tackling Overindebtedness (Annual Report, Overindebtedness Task Force, 2006). “英格兰银行将越来越多的个人破产主要归因于家庭负债的增加，并且认为，最近破产案件的增加不太可能是英国《2002 年企业法》带来的变化，因为早在法律颁布之前，破产案件已经出现了上升趋势。”

为了回应对破产案件激增的担忧，破产管理署召开了利益相关方的会议，并成立了一个主要由破产执业者和债权人组成的工作组，负责评介个人自愿安排程序，希望消费者能更容易地获得该程序的救济。[124] 能够清偿则应当清偿的主流叙事在消费债务人的政策制定中颇具影响力——其基本的立场是，如果破产者有清偿能力，就应该进行清偿。破产管理署将个人自愿安排视为消费者的最佳选择，对债权人和债务人双方都有好处。[125] 它提议在小额案件（债务低于 75,000 英镑）中简化个人自愿安排计划，将通过计划所需的多数比例降低到 50%，并禁止债权人提出修改建议。这些改革将通过立法改革令程序进行，该程序允许在有限的情况下通过二级立法修改一

---

[124] “2004 年 7 月 19 日，破产管理署主办了各利益相关方参加、讨论个人自愿安排的论坛。从论坛上发表的意见来看，各方似乎达成了共识，即对个人自愿安排程序的重新审查已经迟延，特别是在所谓‘消费者’债务人问题上。”根据破产管理署的意见，工作组代表“广泛的利益相关者”，但它由破产执业者和其他中介机构主导。工作组的成员包括：债务清偿计划公司（Payplan）的约翰·费尔赫斯特（John Fairhurst），免债直通车公司（Debt Free Direct）的安德鲁·雷德蒙（Andrew Redmond），数字科技公司（Numerica）的彼得·休斯·霍兰（Peter Hughes Holland），阿科玛公司（Accuma）的查尔斯·豪森（Charles Howson），贝弗利参与创建的公司中的贝弗利·布斯沃斯（Beverley Budsworth），普华永道会计师事务所（PwC）的帕特·博伊登（Pat Boyden），毕马威（KPMG）的史蒂夫·特里哈恩（Steve Treharne），麦克斯清收公司（Max Recovery）的查尔斯·罗斯巴桑（Charles Rusbasan），哈利法克斯苏格兰银行（HBOS）的尤安·麦克弗森（Euan McPherson），英国咨询服务公益公司（Advice UK）的尼克·皮尔逊（Nick Pearson），消费者信贷咨询机构（CCCS）的简·史密斯（Jan Smith）。See Dear ip ch. 24 voluntary arrangements.

[125] See Insolvency Service, *Improving Individual Voluntary Arrangements* (London, Insolvency Service, 2005).

级立法。[126]

银行业围绕个人自愿安排而进行的游说 94

免债直通车公司等早期进入个人自愿安排市场的机构获得的高利润吸引了新的参与者。激烈的竞争和相对无序的市场必定催生激进而有误导性的营销行为,例如,电话推销;一些公司向消费者承诺在"政府提供"的计划中大幅免除债务。这段时间,各大银行的坏账率都在不断上升,部分是因为早期对风险越来越高的客户积极推销信贷和相关的偿付保障保险所致,他们认为,个人自愿安排费用过高。这段时间的媒体大量报道个人自愿安排的新闻(见图 3.7),而银行则声称,针对那些根本不可能履行清偿计划、只能支付清偿计划最初费用的消费者过度推销个人自愿安排,并承诺可以减免 75% 的

---

[126] Under the Legislative and Regulatory Reform Act 2006. 该法限制了改革一级立法的能力。尤其是,根据第 3(1)条的规定:

"大臣不得根据第 1 条第(1)款或第 2 条第(1)款作出规定,只是重述成文法规定的条文除外,除非他认为该条文如果相关的话,其规定满足了第 3 条第(2)款的条件。

这些条件包括——

(a)拟由该条文实现的政策目标,不能通过非立法手段令人满意地实现;

(b)该条文的效果与政策目标相称;

(c)该条文作为一个整体,在公众利益与受其不利影响的主体之间的利益能够实现公正的平衡;

(d)该条文并未取消任何必要的保护;

(e)该条文并不阻止他人继续行使他有合理预期继续行使的权利或自由;

(f)该条文不具有宪法意义。"

债务,是激进而且具有误导性的。[127] 他们还认为,破产和个人自愿安排的增加可能导致贷款减少,尤其是对那些更贫穷的消费者。英国银行家协会游说政府采取行动打击误导性的广告推销,[128] 而劳埃德银行首席执行官埃里克·丹尼尔斯(Eric Daniels)则批评消费者对债务采取"漫不经心"的态度,并声称有越来越多的"生活方式(不当)而导致的破产"。[129] 某知名机构的破产执业者指出,"个人自愿安排工厂"的增加,是对借贷狂潮的回应。他们假设,当人们"认为不

---

〔127〕 See e. g. E. Lunn and P. Collison, "IVAs Blamed as Debt Crisis Mounts: Are People Being Encouraged to Just Ditch Their Debts?", *The Guardian*(5 August 2006)3. "这让那些大银行惶恐不安。他们声称,这些公司鼓励成千上万的英国人逃债,利用个人自愿安排程序为自己谋取丰厚的利润。近年来,个人自愿安排案件数量激增。1998年,案件数低于5000件,但去年这一数字超过了20,000件,专家预测:个人自由安排案件的数量可能在几年内达到100,000件。银行的成本达到了临界水平。本周,各大银行都报告了坏账水平的飙升,劳埃德信托储蓄银行的老板埃里克·丹尼尔斯指责个人自愿安排要为大部分问题买单。目前,银行开始还击,警告人们正在被唯利是图、提供个人自愿安排服务的债务公司发布的新闻报道以及日间电视广告推销迷惑。"

〔128〕 See J. Treanor, "Financial: Banks Call for Changes to Debt Advisory Services: Concerns Rise Over Advice on 'Bankruptcy Alternative': DTI and OFT Told Adverts May Mislead Consumers", *The Guardian*(29 September 2006)26; "Financial: Banks Call for Action Over Debt Advisers", *The Guardian*(29 September 2006)1: "英国主要的银行机构正在敦促当局改变债务咨询公司的广告推销方式。"

〔129〕 R. Clark and K. Miller, "Going for Broke: Every Minute of Every Working Day, Someone in England and Wales is Made Insolvent. Most Are Not Thrusting Entrepreneurs Down on Their Luck, but Feckless Consumers Eager to Walk Away from Credit Card Debts", *Sunday Telegraph*(6 August 2006)19. 引用丹尼尔斯的话说:"20年前,清偿债务是一件很自然的事情。今天,学生们得到的建议是,他们一毕业就应该违约。这是一个巨大的社会变化。" See "Alarm at 'Quickie', Bankruptcy Plan. Debts of Up to £ 15,000 Could Be Written Off After a Year With No Need for Court", *Mail on Sunday*(26 November 2006)5. 这篇文章指出,汇丰银行首席执行官"批评债务咨询公司敦促人们宣布破产的行为"。

清偿债务可以被接受"时，一场理念的变革正在发生。[130] 银行业协 95
会，即英国银行家协会一开始通过贸易和工业部游说政府对该行业进行监管，没有取得成功。一些个人自愿安排企业试图通过自我监管纠正不当行为，最终推动了行业协会——债务问题解决论坛的建立。[131]

---

〔130〕 See e. g. "Alarm at 'Shocking Increase' in Walk-Away Debt Pacts：How Debtors Set Up an IVA"，*The Times*(4 November 2006)65. 天职国际(Baker Tilly)个人破产部门负责人路易丝·布列塔因(Louise Brittain)表示："这些数字实在令人震惊。个人自愿安排令人担忧的增长反映了英国消费者超前消费的选择。"普华永道的合伙人帕特里克·伯依登(Patrick Boyden)在一些场合评论道：过去6年的"借贷狂潮"之后，个人自愿安排案件的增长接踵而至，而破产案件的增加反映了一种"文化的转变"。See P. Collinson，"Household Debt Leads to Record Bankruptcies"，*The Guardian*(6 November 2004)32. S. Watkins and D. Atkinson，"Banks Will Write Off 4 Billion Pounds as Debt Soars". 伯依登说："(破产的)接受度大大提高，尤其是年轻人群体。他们看待破产这件事情没有老一辈人那种耻辱感。"Mail on Sunday(30 July 2006)1. 伯依登对普华永道的个人自愿安排客户进行了评估，结果表明，寻求个人自愿安排一个主要的原因是"超前消费"。该研究没有就超前消费探究进一步的原因。See Pricewaterhouse Coopers，*Living on Tick*：*The 21st Century Debtor*(London，PwC，2006).

〔131〕 破产行业就如何改革意见不一。See I. Dey and R. Northedge，"Debt Firms in Spat Over Regulation"，*The Sunday Telegraph*(5 November 2006)City 2. "债务公司组成的联盟……将公布成立解决债务问题论坛的计划，这是一个由破产执业者协会支持的贸易机构。但英国最大的债务公司——免债直通车公司将对个人自愿安排通过的流程进行独立调查和随机检查，公布全行业通行的标准系统方案。"

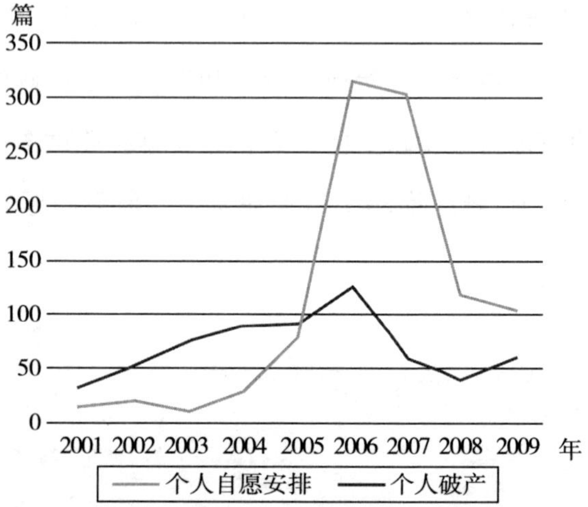

图 3.7 2001 ~ 2009 年提及个人自愿安排和个人破产的新闻报道

资料来源:Nexis 数据库。

2006 年银行最重要的行动是哈利法斯克银行(HBOS)和汇丰银
96 行(HSBC)等大银行对表决同意计划提出了较高的"最低回报率门槛"。[132] 由于银行的投票份额通常占到 25%,他们可以否决没有达到特定回报率的计划。例如,汇丰银行不会批准回报率低于每镑 40 便士的计划,虽然这个标准明显高于 35 便士的典型收益率。[133] 这对 2005 ~2007 年的个人自愿安排的案件数量产生了实质性影响(见

[132] See D. Atkinson, "Banks to Seal Escape Route from Debts", *Mail on Sunday* (London, 12 November 2006) 5. E. Conway, "Britons Go Bust at Rate of One per Minute", *Daily Telegraph* (5 August 2006) 1.

[133] See M. Green, "New Labour: More Debt—The Political Response", in J. Niemi, I. Ramsay, and W. C. Whitford (eds.), *Consumer Credit, Debt and Bankruptcy: Comparative and International Perspectives*, (Oxford, Hart Publishing, 2009) 412.

图3.1)。

破产中介行业协会(破产重整执业者协会,即R3协会)和其他组织批评了前述做法,认为这"挫败和阻挠了公共政策"。[134] 评论家认为,银行的策略是为了掩盖其受损的贷款,并将债务人转到他们自己的高成本综合贷款[135]或债务管理计划中。破产管理署试图将各方聚集到"债务峰会",由中介机构和银行制订简明的个人自愿安排标准协定。2007年英国银行家协会公开表示支持破产管理署,声明他们的成员"将遵守协定的条款"。[136] 当时的协定[137]共47页,涉及的问题,包括个人自愿安排直销和广告推销的定义、确定计划中家庭开支的方法、房屋净值的处理、计划变更和向债权人进行报告。它主要是对现有行业惯例的总结,并不打算删除通过清偿计划所需要的

---

[134] R3对破产管理署的审查评价道:"2006年,银行开始收紧批准个人自愿安排的标准……许多银行增加了所谓清偿率的要求,最著名的是汇丰银行'每英镑40便士'的要求。包括我们在内的一些知情评论家认为,如果没有银行的干预,2007年的个人自愿安排数量可能已经达到65,000件。对个人自愿安排的潜在需求和现实需求并没有减少。R3组织相信,对个人自愿安排批准的过分阻挠是对公共政策的侵蚀。" Evidence of Association of Business Recovery Professionals in Business and Enterprise Committee, The Insolvency Service(Sixth Report)(HC 2008 - 09,198) para. 4.2.

[135] See D. Atkinson, "Lenders in IVA 'Rogue' Loan Abuse; Warning over Debt Consolidation Deals", *Mail on Sunday*(3 June 2007)5.

[136] "我很高兴地确信,在我们向全面实施新标准前进的道路上,我们的成员持续地予以支持。实际上,基于协定而制定的建议案,我们的成员将根据协定条款的要求,予以遵从或者尊重。" Eric Leenders, Executive Director, BBA Open Letter to the Insolvency Service(18 December 2007).

[137] For the current protocol, see The Insolvency Service, "Individual Voluntary Arrangement(IVA) Protocol" (10 July 2014), 载英国政府网, www.gov.uk/government/publications/individual-voluntary-arrangement-iva-protocol。

多数决条件。由贷款人和破产执业者主导的个人自愿安排常务委员会对协定的适用进行监督。[138] 破产管理署没有继续推进简化个人自愿安排程序的立法。它认为不具立法性质的协定排除了立法的必要性。各方并没有在所有问题上达成共识,而达成共识是颁布立法改革法令的先决条件。[139]

97 "蒙德诉美信银行案"(Mond v. MBNA)体现了该协定的局限性。[140] 这是一个以美信银行为被告的判例,戴维·蒙德(David Mond,一位著名的破产执业者[141])和其他一些执业者认为,美信银行破坏了前述协定,引导债务人选择烦琐的个人债务管理计划而不

---

〔138〕 在20位成员中,17位是破产执业者或贷款人。

〔139〕 2008年11月,破产管理署在网站上指出,很明显有几个团体正在质疑是否需要简化个人自愿安排程序,并在2009年向商务和企业委员会提出证据,在证据文书的第20段表明:"2008年11月,破产管理署决定撤回通过立法改革令简化个人自愿安排程序的提议。这一决定既反映了我们在协定运作方面的发展经验,也反映了对以下问题的关注:(a)是否可以通过非立法手段实现预期的政策成果;(b)是否消除了负担;(c)是否明确它不会增加新的负担。" Business and Enterprise Committee—sixth Report, The Insolvency Service Session 2008 – 2009 HC 198(London, The Stationery Office, 2009).

〔140〕 Mond v. MBNA Europe Bank [2010] EWHC 1710(Ch).

〔141〕 在判决书的第5段,大卫·蒙德被为描述为"霍奇森(Hodgsons)注册会计师事务所的高级合伙人,蒙德先生在其第一份证词中称该事务所为'英格兰西北地区领先的独立商业救助和企业与个人破产专业机构之一'。蒙德先生表示,他专注个人和企业破产及相关事务已有40年左右。他是几个破产法律专业实践机构和其他有关机构的成员,尤其是在企业复苏领域,参与法律的审查、改革以及施行。这些机构包括破产重整执业者协会委员会、债务问题解决论坛、消费者金融论坛和联合英国银行家协会/协定的破产常务委员会(其职能是监督和审查协定的运作,并就协定未来的发展进行沟通和协商)。他还是第二位原告债务清洁公司(Clear Debt)的创始人兼首席执行官,根据蒙德先生的第一份证词,该公司'是一家为个人提供债务解决方案的机构,包括个人自愿安排(根据协议或其他方式)和债务管理计划'"。

是个人自愿安排程序或破产程序。

在该案中，一名 23 岁的男子负有 5 项金融机构债务，共计 18，969 英镑，其月收入和支出分别为 1083 英镑和 860 英镑。他申请了个人自愿安排，计划在未来 5 年每月清偿 223 英镑。他拒绝了中介机构——债务清洁公司（clear debt）最先提出的破产建议（也许是为了避免破产的耻辱）。根据该申请收取的总费用包括 1500 英镑的代理人费用和监察人按照清偿数额的 15% 收取的，总计约为 3200 英镑的费用。[142] 预计清偿给债权人的总额为每英镑 46 便士。美信银行持有超过 25% 的债务并拒绝接受这一安排，其给出的理由是"费用过高"（该理由后来被撤回）和"可支配收入可以适用债务管理计划"。随后，美信银行联系了债务人并安排每月支付 70 英镑的债务管理计划，直至债务清偿完毕（利息得到冻结）。这种安排依据的是美信银行的内部准则：当债务可在 10 年内结清时，债务管理计划比个人自愿安排更合适。蒙德请求法院判决应受前述协定约束的美信银行违反了协定，包括要求其提供拒绝安排的理由。

法院认为，前述协定不是一个具有法律约束力的文件，虽然该协 98
定确实要求成员在拒绝自愿安排时提供理由，但银行可以采取最大限度地实现自身利益的行动。债务清偿 10 年的条款可能不具备充

〔142〕 此外，月供款的 3.15% 将作为保险费用支付给结清债务公司，以防备个人自愿安排期间因事故、疾病或失业而无法工作的情况。

分的合理性,但这一事实不具有相关性。虽然法院对债务人表示同情,但它表示,应由协定的起草者进行必要的修正或由议会修改个人自愿安排规则。

如果之前建议的简易个人自愿安排(simplified individual voluntary arrangement,SIVA)已经生效,“蒙德案”的判决会有所不同,因为美信银行无权投出否决票。法官对协定委员会在私人选择程序次序方面的判断表示尊重,这种尊重能在实现最佳利益平衡的过程中考虑债务人和债权人之间的利益平衡。但是,考虑到协定委员会的组成、工作的低透明度和对专业知识的要求,这是不切实际的。毋庸置疑,破产执业者可以像在“蒙德案”中一样,充当债务人利益的代表。但任何超越立法改革法令所需的高度共识的改革提案,委员会中的债权人都可以否决。

因此,个人自愿安排的条款和条件反映了私营中介机构和债权人推行的“良好行为”。这一发展过程是一次重要的民间立法,通过金融机构和破产专业人士为主、透明度较低的委员会的谈判,对个人自愿安排的标准化条款进行调整。[143] 从债权人和中介机构的角度来看,现有个人自愿安排关于权益出资和为期 5 年的计划的条款可

---

[143] See discussion in J. Spooner and I. Ramsay, “Submission to Insolvency Service, Insolvency Proceedings: Debt Relief Orders and the Bankruptcy Petition Limit” (October 2014) (on file with author) and see M. Green, “New Labour” (n96) 408 – 409. For a judicial discussion of the IVA protocol see Mond v. MBNA Europe Bank (n140).

能是最好的；但从公共政策的角度看，这些规定对确保财务复苏和重新开始是否有效，尚不明确。目前，仍然没有关于个人自愿安排总体成本和效益的研究。

如果英国《法院和法律服务法》第13条能够实施，公共体系和私营体系本可以达成新的平衡。没有法院充分参与为基础的制度框架，刺激了非正式咨询机构替代方案的增加，而这些方案又被私营机构视为可能的市场利基。因此，英格兰和威尔士的现行制度中存在偶然因素。形成现有的制度格局，在一定程度上是因为大法官办公室（现为司法部）这一政府部门不愿承担运行管理令程序的成本。其他政府部门则希望通过个人自愿安排增加债务案件的司法外解决途径，因为它能降低政府成本，符合英国很多服务机构私有化的意识形态。

第六节　债务纾缓令：对值得帮助的穷人的救济 99

英国债务救济的最新创举是债务纾缓令，[144]其是一种通过收入测试进行债务豁免的低成本管理程序，低财产低收入的债务人可能

〔144〕 See Part 7A of the Insolvency Act 1986 c. 45.

于1年后免除大部分无担保债务。[145] 这项立法从新西兰移植而来，新西兰最先在2002年发布的一份政府文件中创设了无财产程序路径。[146] 债务纾缓令的目标是为那些“无法清偿债务而且目前也无法获得其他方式的债务减免”的人提供救济，并促进“金融包容”的发展。[147] 与新自由主义经济相关的其他盎格鲁国家(如新西兰、爱尔兰)已经推出了这样的程序，IMF在其与“三巨头”的工作建议中推荐了这一程序，认为它是那些正在进行结构改革的国家(塞浦路斯、

---

〔145〕 英国《2007年法庭、法院和执行法》颁布了债务纾缓令的相关内容，该法于2009年实施。英格兰和威尔士程序确立该程序的背景可以追溯到2004年的咨询文件《路径选择》，司法部(当时的宪法事务部)在其中提出了这一替代方案，建议“该方案针对那些在合理期间内甚至无法清偿任何债务的人群。这些人往往依靠极低的收入生活。尽管他们借钱时希望清偿债务，但他们只是没有这样的财力”。See Department of Constitutional Affairs “A Choice of Paths: Better Options to Manage Overindebtedness and Multiple Debt”, (2004) CP23/04. 2005年破产管理署发布了咨询文件《拯救债务人的破产替代方案》(London, The Insolvent Service)。随后，一个工作组制定了提案，并将提案植入英国《2007年法庭、法院和执行法》。

〔146〕 See N. Z. Ministry of Economic Development, No Asset Procedure Paper (Wellington, Ministry of Economic Development, 2002).

〔147〕 “第5部分……解决方案旨在推动金融包容的发展，尤其针对那些受债务影响特别严重，且通常最没有能力应对各种债权人要求的债务人”(HL Deb 29 November 2006, Vol. 687, col. 766)。第5部分包括“一揽子”解决方案，针对短期过度负债的个人(适用执行限制令)、可以清偿部分债务的个人(适用改革后的管理令)、没有清偿能力的个人(适用债务纾缓令)以及无法通过现行程序免除债务的个人。现在，只有债务纾缓令已经生效实施。

金融包容可以通过多种方式界定。拉维娜·米顿(Lavina Mitton)在2008年的评论中将其定义为“不能、很难或者不愿意利用合适的、所谓主流金融服务”。See L. Mitton, *Financial Inclusion in the UK: Review of Policy and Practice*, (London, Joseph Rowntree Foundation, 2008) 1. See also H. M. Treasury, *Promoting Financial Inclusion* (London, Treasury, December 2004).

希腊）的一剂“良方”。[148]

在英格兰和威尔士，该程序由债务人通过数量有限的“特许的中介机构”[149]（见表3.2）向破产管理署提出在线申请，这些主要由公共资金支持的中介机构[150]担任筛选机构，负责结合征信数据等参考 100
信息审查债务人的资格。[151] 债务纾缓令仅适用于非豁免财产低于1000英镑、车辆价值低于1000英镑、无担保债务低于20,000英镑且剩余收入不超过50英镑的个人。该剩余收入标准参照低收入个人

---

[148] See Greece Memorandum of Understanding between EU and Greece（2015）18 – 19，载欧盟委员会网，http：// ec. europa. eu/economy _finance/assistance _eu _ms/greek _loan _facility/pdf/01 _ mou _20150811 _ en. pdf. For Cyprus，see Insolvency of Natural Persons，（Personal Repayment Plan and Debt Relief Order）Law of 2015。

[149] 公民咨询局是主要的中介机构。它旨在“为有债务问题的人们提供必要的建议”，其次是“完善影响人们生活的政策和准则”，这是一项被称为“社会政策”的研究和运动议程。但它没有获准就福利问题采取行动。公民咨询局是一家登记注册了的慈善机构。其资金主要源于中央政府，每个地方分支机构也可以从国家彩票公司等机构获得资金支持。中央办公室提供专业支持，但它也非常依赖地方分支机构的志愿者。下文摘录于公民咨询局的网站：

“公民咨询局向英格兰和威尔士的3300多个社区提供咨询服务，由338个民间慈善机构管理运行。公民咨询局本身是一个注册的慈善机构，是决策局的全国性机构。我们一起提供公民咨询服务。在为该机构工作的28,500人中，超过22,000人是志愿者，近6500人是带薪员工。

通过提供培训、信息系统和运营支持，公民咨询局通过各分支向当地居民提供最高质量的咨询服务。反过来，各分支提交的客户材料则敦促我们发现需要在国家层面采取行动的普遍性问题。”载国家公民服务局网，https：//www. citizensadvice. org. uk/about-us/how-citizens-advice-works/who-we-are-and-what-we-do/introduction-to-the-citizens-advice-service/。

[150] See Debt Relief Orders（Designation of Competent Authorities）Regulations 2009，regulation 3（2）（b）（i）.

[151] 数据显示，破产管理署拒绝了大约1%的申请，其中大约5%的案件需要提供进一步的信息。相较而言，新西兰的程序申请拒绝率很高（大约为20%）。

的合理家庭需求确定，通常根据英国银行家协会和债务咨询机构谈判确定的通用财务报表（common financial statement，CFS）予以计
101 算。[152] 个人必须支付90英镑服务费，其中10英镑交给有特许中介机构。[153] 过去2年内有低价交易或偏颇清偿行为的债务人不能适

---

[152] 附表Sch 4Z(2)将“每月剩余收入”定义为“个人的月收入超过债务人及其家庭合理生活所需开支的部分”。《破产管理署技术手册》(*Insolvency Service Technical Manual*)第46.33段指出：“这个数据一般用通用财务报表计算，这是货币咨询信托基金(Money Advice Trust)根据国家统计局编制的家庭支出调查[现在称为支出和食品调查(CFS)]获得的统计数据而设计的电子表格。该表格包含‘临界’点，以显示债务人的开支可能超过正常水平，已成为债务咨询部门的标准工具。中介机构有责任确保债务人的开支不超过临界点。为了保护支出和食品调查的可靠性，临界点的标准没有完全公开。”(载英国政府网，https://www.insolvencydirect.bis.gov.uk/technicalmanual/Ch37 - 48/chapter46/Part%201/Part%201.htm#46.33。)通用财务报表最初由货币咨询信托(债务慈善机构)和英国银行家协会于2002年11月推出。货币咨询信托主要由民间金融部门(66%)提供资金，它还接受政府捐款、拥有自筹资金。See Money Advice Trust，载英国货币咨询信托网，www.moneyadvicetrust.org/whoweare/Funding/Pages/default.aspx。货币咨询组织是一个由政府出资的法定机构，它与金融机构、债务顾问一起编制了“标准财务报表”，2017年起，机构资助的所有债务顾问都将开始使用该报表，从而取代通用财务报表。该标准还将参考支出和食品调查以及从“英国最低收入的1/5典型家庭观察到的支出水平”。See Money Advice Service, *The Standard Financial Statement: A Consultation* (2014) and see Press Release: Standard Financial Statement, “Money Advice Service announce start date for vital initiative to bring greater consistency to debt advice sector” (27 July, 2016)，载英国货币咨询信托网，http://www.moneyadviceservice.org.uk/en/corporate/press-release-standard-financial-statement。苏格兰赋予“标准财务报表”法律效力，作为确定剩余收入的唯一标准。See Bankruptcy and Debt Advice (Scotland) Act 2014 asp 11 s 3.

[153] 向中介机构支付10英镑的适当费用是建立在以下假设成立的基础上：债务纾缓令能节省咨询机构与债权人进行协商的资源。

用债务纾缓令，〔154〕债务人的行为可以通过债务豁免限制令进行制裁。〔155〕这种与不免责破产人相关的限制将在免责后持续2～15年。债务人每6年只能申请一次债务纾缓令。债务人必须在1年内将其财务变化情况（如收入的增加）通知破产管理署。〔156〕使用“债务免除”而不是“破产”的说法是为了避免破产的耻辱，这种耻辱感可能会阻碍一些债务人提出申请。〔157〕

表3.2　2013～2014年主管机构及其中介机构以及其债务纾缓令申请数量

单位：件

主管机构	中介机构	占比	申请数	占比
英国咨询服务公益机构（Advice UK）	140	8%	827	3%
巴尼斯恩斯特公司（Baines & Ernst）	7	0	229	1%
基督消除贫困公益公司（Christians Against Poverty）	7	0	1097	4%

〔154〕注释性的说明指出，这个禁止规定的目的是“避免债务人处置财产以达到适用债务纾缓令的标准，以及保护债权人的权益”。

〔155〕限制令既可以由法院作出，也可以由债务人向破产管理署作出保证。关于限制令的作出是否适当，具有广泛的自由裁量余地，并受一系列因素的影响，如“在债务纾缓令的申请日之前产生的债务，债务人没有进行清偿的合理预期”。See Sch 4ZB(2)(h).

〔156〕Insolvency Act 1986. S251J(5).

〔157〕这是在一篇2004年关于管理令的研究论文中提出的，作者指出：“我们采访过的一些人非常抵触破产的想法。由于所欠的金额较小，他们不愿意因此蒙受破产的耻辱……因此，简化债务整理程序似乎更适合那些收入较低且不太可能增加收入的人群。非破产的程序名称可以克服人们的耻辱感，并将其与整个破产程序区分开来。”E. Kempson and S. Collard, *Managing Multiple Debts: Experiences of County Court Administration Orders among Debtors, Creditors and Advisors*, (London, Department for Constitutional Affairs, 2004) 76.

续表

主管机构	中介机构	占比	申请数	占比
公民咨询局(Citizens Advice Bureaux)	1337	72%	14,520	53%
债务减免直通车(Debt Release Direct)	1	0	120	0
破产执业者协会(Insolvency Practitioners Association)	2	0	225	1%
财务咨询师协会(Institute of Money Advisers)	287	16%	3703	14%
王国债务专线(National Debtline)	12	1%	1227	4%
债务清偿计划公司(Payplan)	12	1%	269	1%
债务人庇所公益机构(Shelter)	10	1%	40	0
“状况逐步改善”债务咨询慈善机构(Stepchange Debt Charity)	31	2%	4962	18%
智理财(Think Money)	5	0	106	0
总计	1851		27,325	

资料来源:英国破产管理署:《破产程序:债务纾缓令和破产申请限制——呼唤实证》,2004年,第5页。

102 最初由司法部提议的债务纾缓令的优点是,可以将低价值案件剥离出法院系统,并将签发该法令的职责转交给商业、能源和工业战略部的破产管理署。债务纾缓令的实施为长期的债务客户提供了解决方案,为其他咨询工作留出了资源,为公民咨询局等债务咨询机构减轻了压力。[158]

〔158〕 例如,咨询顾问将不再需要每6个月写一封信给债权人来说明个人客户仍处于失业状态。

初步研究表明，大多数债务人是女性，[159]许多债务人是单亲父母。大多数债务人处于失业状态。他们拖欠中央和地方政府、公用事业以及私人债权人的债务。[160]目前，尚未对使用债务纾缓令的债务人的经验或债务纾缓令的长期影响进行系统的调查研究。然而，2014～2015 年的一次政府调查从有资质的中介机构和相关机构收集了关于债务纾缓令运行效果的有用信息。其结论是："债务纾缓令制度目前运作良好。"[161]中介机构的客户表示，债务纾缓令增进了他们的身心健康。债务纾缓令还对债务人与家人的关系产生了积极影响。[162]在一项非随机在线调查中，61% 的债务人表示：他们不希望在债务纾缓令之后继续借款；有人评论道：适用债务纾缓令程序的经

---

〔159〕 同样在法国，适用个人恢复程序的债务人中，59% 是女性。

〔160〕 破产管理署的一项早期调查指出，使用债务纾缓令的债务人主要是"低收入人群，大部分为失业人员，平均有 6 名债权人；超过 53% 的债务是拖欠银行、房屋互助协会和信用卡公司"。See Insolvency Service, *DROs Initial Evaluation Report* (London, Insolvency Service, 2010). 大衰退以来的更多非正式数据表明，公共债权人现在可能变得更加重要。See e. g. A. Pardo, J. Lane, P. Lane, and D. Hertzberg, Citizens Advice, Unsecured and Insecure (Citizens Advice, 2015). 该报告在第 3 页提出，过去 5 年以来（自 2009 年以来），问题"从主流的信用卡债问题转向了关于市政欠税、租金和能源账单的问题。5 年前，我们看到的主要债务是信用卡债务。而现在，市政欠税已跃居榜首"。

〔161〕 See Department of Business, Innovation and Skills, Insolvency Proceedings: Debt Relief Orders and the Bankruptcy Petition Limit—Call for Evidence; Analysis of Responses (London, DBIS, 2015).

〔162〕 See Department of Business, Innovation and Skills, *Insolvency Proceedings: Debt Relief Orders and the Bankruptcy Petition Limit—Call for Evidence; Analysis of Responses*, (London, DBIS, 2015) 14. 破产管理署进行了一项非随机调查。在受访者中，72% 的人有适用债务纾缓令的经历。

历"为他们未来进行借贷上了一课"。[163]

债务纾缓令折射了类似新自由主义福利模式下的国家剩余职能,国家为值得帮助的债务人提供经过收入测试后的救济。

第七节 经济大衰退和个人破产法

103 随着新的金融监管局的权力增加,负责任的抵押贷款规则得以进一步发展,发薪日贷款的费用控制的引入,经济大衰退和支付保障保险的丑闻对信贷法律产生了重大影响。但是,它并没有触发对个人破产法的重大反思。在破产制度框架外加强了对过度负债的房屋所有人的保护,使其免予遭受房屋止赎拍卖。联合政府于2011年对信贷和破产监管进行了咨询审查。它得出的结论是,"总之,目前(债务救济)的选择确实在债务免除与负责任公平合理的债务清偿之间取得了平衡……尽管当前债务解决方案的范围不尽完善,但没有多少强有力的证据表明有必要对现有债务减免制度进行彻底的改革,

[163] See Department of Business, Innovation and Skills, Insolvency Proceedings: Debt Relief Orders and the Bankruptcy Petition Limit—Call for Evidence; Analysis of Responses, (London, DBIS, 2015) 18.

或表明此等彻底的改革会带来实质性利益。"[164]有人提议，应当让破产者更加容易地开设银行账户，以进一步增进金融普惠。2015 年财政部似乎决定检讨债务管理的法律框架，但不太可能进行全面的检讨。[165]

第八节　讨论

英格兰和威尔士展现了一幅公共权力漂移和私营机构实施转换的图景。私营专业机构将最初为企业设计的法律救济措施转换为大规模的消费者部分清偿救济措施，当前，公共和私人的领域的过度负债咨询行业蓬勃发展。关注降低成本的政府部门努力让消费者破产远离法院，正如管理令程序的公共政策发展漂移的过程所表明的那样，法官和律师对个人破产没有兴趣。[166] 作为长期持续的参与者，银行不仅通过游说议会议员、政府部门和专家委员会，还通过它们在

---

〔164〕 See DBIS and Treasury, Consumer credit and personal insolvency review: summary of responses on consumer credit and formal response on personal insolvency, (2011) paras. 5. 33, 5. 47, 载英国政府网, https://www. gov. uk/government/uploads/system/uploads/attachment_data/file/31840/11 – 1063-consumer-credit-and-personal-insolvency-responses. pdf。

〔165〕 See H. M. Treasury, *The Government's Response to the Independent Review of the Money Advice Service* (London, Treasury, 2015).

〔166〕 迈克尔·格雷(Michael Green)提议，要想作出有效的改变，在一个"以商业而不是以正义为导向的部门内实施改革才是一种理想的选择"(注释 96)。

个人自愿安排市场中的政治行动,以及通过在通用财务报表中规定债务人合理生活标准,一直发挥着重要影响。

与法国或瑞典不同,20世纪80年代,英格兰和威尔士在开始面对消费债务人的问题时,管理令以及非商人可以破产免责等减
104 免债务的程序已然存在。他们没有完成科克委员会对基于法院的管理令而倡导的改革,却开启和推动了大规模个人自愿安排的发展。英格兰和威尔士的发展过程称得上是务实的改革,昭示法律不断适应社会变化的能力。英国破产法似乎已经在各种破产替代救济方案之间实现了平衡,很少有利益集团或政府部门希望进行实质性审查或推动重大变更。将消费者用收入清偿债务的政策偏好设为适用债务纾缓令以外的其他债务人迅速减免债务的条件,可能符合大多数政策参与者的利益。这种偏好得到了能够清偿则应当清偿的当代公众叙事的支持。这种政策均衡在近期不太可能发生变化。

鉴于对破产制度运行的体系性认识有限,我们很难说这种均衡是否为最优均衡。债务人可以通过他们的市场选择来影响该制度(尽管行为经济学可能会对这些选择的长期合理性提出疑问),但债务人对政策制定几乎没有影响。英国对个人破产的监管强调了政策共同体和政策系统在当代公共治理发展中的重要作用。这些共同体的优势在于,他们能吸收专业知识、实现平衡取舍并建立共识,为工作组、委员会和磋商会谈中提出的措施提

供合法性，进而节省立法时间。与此同时，关于个人自愿安排等问题的政策制定的私有化趋势降低了立法的透明度，相关知识的专业性往往赋予了破产专业人士以话语权，最终结果不一定符合公共利益。

105 第四章　法国：偶然性、叙事的作用和新社会法

这就有点像世界末日一样，设立某种全新的、在法律上骇人听闻的东西：不用清偿自己债务的权利。

——伊曼纽尔·卡瑞(Emmanuel Carrère)：《与我不同的人生》(*D'autres vies que la mienne*)，(Paris, PL,2009)第167页[1]

---

〔1〕 描述的是1989年艾蒂安·里加尔(Étienne Rigal)教授在国家法官学院对法国《消费者过度负债处理法》(*le droit du surendettement*)的评价，"这就有点像世界末日一样，设立某种全新的、在法律上骇人听闻的东西：不用清偿自己债务的权利"。

第一节　简介

对于关注政策制度的稳定和变革的学者来说，法国调整过度负债的制度体系非常重要。该制度自 1989 年施行以来，其目标、对政策所面临的问题性质的理解以及解决问题的途径都发生了变化。一部旨在确保债权有效回收的临时法律，已经演变为一部消费者破产法，被一些学者称为管理过度负债的国际模式。[2] 过度负债问题的处理已经形成一个法律领域，有其独立的主体、制度以及债务人与债 106
权人的关系结构。[3]

---

〔2〕 See e. g. London Economics, *Study on Means to Protect Consumers in Financial Difficulty: Personal Bankruptcy, Datio in Solutum of Mortgages and Restrictions on Debt Collection Abusive Practices*, (London, 2013) 190; J. Kilborn, "Still Chasing Chimeras but Finally Slaying Some Dragons in the Quest for Consumer Bankruptcy Reform", (2012) 25 *Loyola Consumer Law Review* 1; H. Fraisse and P. Froute, "Household Debt Restructuring: Evidence from the French Experience" (Bank of France, Working Paper No. 404, 2012) (第一段指出，"理论上认为法国……破产法接近理想制度"). 用英文阐述法国制度的发展，参见 J. Kilborn, "*La Responsibilisation de l'Economie*: What the United States Can Learn from the New French Law on Consumer Overindebtedness", (2004 – 2005) 25 *Michigan Journal of International Law* 619; I. Ramsay, "A Tale of Two Debtors: Responding to the Shock of Over-Indebtedness in France and England—A story from the trente piteuses", (2012) 75 (2) *Modern Law Review* 212。关于法国制度的优秀的社会学考察，参见 S. Plot, *Les enjeux d'une mise en risque. La construction du surendettement comme problème public* (1989 – 2010) (Thesis, University of Paris-Dauphine, 2011)。

〔3〕 See discussion in L. Lacan and J. Lazarus, "A Relationship and a Practice: On the French Sociology of Credit", (2015) MaxPo Discussion Paper No. 15/1, 19.

法国制度的发展说明了以下几个问题。第一,在2003年政治因素打断了过度负债制度的改革之前的政策制定和行政制度背景,以及法国政府各部门和技术官僚在尝试谨慎和务实地改革过度负债制度中发挥的不同作用。[4] 第二,为债务人创设赋予过度负债的政策和实施赋予具备一定意义的重要叙事。在法国,国家控制了这种叙事;而导致美国2005年《破产滥用防止及消费者保护法》出台的被称为“理念之战”的辩论却没有发生。第三,它也揭示了法国制度的核心部分存在的偶然因素,即法兰西银行(Bank of France)在过度负债制度中的作用。第四,它表明了法国最高法院(Cour de Cassation)不得不将1989年的法律转换为切实可行的法律,尽管在法国官方的理念中,法院不制定法律。第五,存在一个以法国实质性地方自治与地区差异为特征的法律悖论,这个特征与法国的统一性、等级性及专业性等行政管理价值观并无多大联系。

---

〔4〕 See M. Prasad, *The Politics of Free Markets: The Rise of Neoliberal Economic Policies in Britain, France, Germany, and the United States*, (Chicago, University of Chicago Press, 2006) ch. 4, 275:“法国最重要的改革主力军……是技术官僚。”

第二节　大背景下过度负债的监管

法国对过度负债问题的应对是其信贷市场监管整体的一部分。法国信贷监管的体制结构具有以下几个特点:[5]通过中央银行负责的登记制度有限地分享负面信用的数据信息;对信贷价格上限详细具体的限制;受限制的抵押房屋净值贷款;相对严格的房屋抵押贷款的标准。这可能会使法国的家庭债务收入比低于其他欧洲国家,在历史上处于较低水平,尽管法国目前的家庭债务水平已经超过了德国(见图4.1)。同时,法国银行的贷款业务(倾向贷款给那些有长期稳定收入和稳定家庭的人)意味着低收入的个人更多地利用高成本的循环信贷渠道贷款。[6]

---

[5] See further I. Ramsay,"Culture or Politics? Models of Consumer Credit Regulation in France and the UK" in T. Wilson(ed.), *International Responses to Issues of Credit and Over-Indebtedness in the Wake of Crisis*,(Farnham, Ashgate, 2013)80.

[6] L. Lacan and J. Lazarus,"A Relationship and a Practice:On the French Sociology of Credit",(2015) MaxPo Discussion Paper No. 15/1, 19. 该文章在第六段指出:"工薪阶层更多地使用循环信贷……虽然就整体而言,最常使用信贷的是中等收入家庭,但一般而言,在主要是由蓝领工人、非管理层白领工人和单亲妈妈支撑的家庭中,消费信贷是他们唯一的选择。"

107

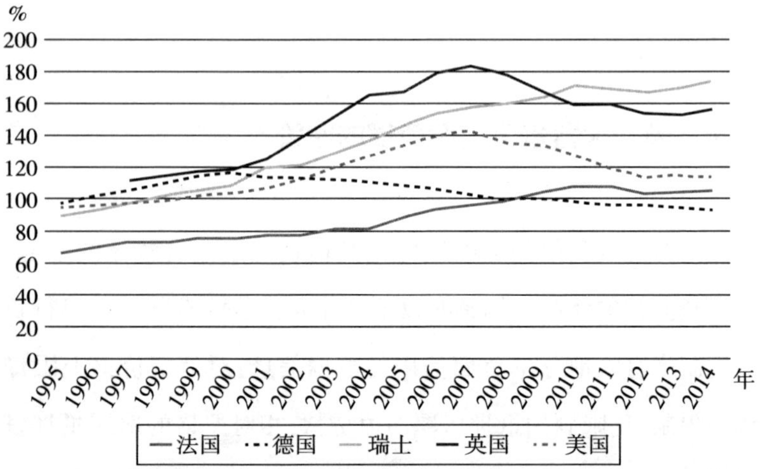

图 4.1 1995～2014 年典型国家(英国为 1997～2014 年)的家庭债务收入比

资料来源:经济合作与发展组织关于“国民核算一览表(多年份):家庭债务与可支配净收入之比”的数据。

这些阻碍信贷发放的制度障碍在一定程度上表明了法国文化传统中对信贷的不信任,其认为信贷是具有潜在危险的产品,且认为应当保护个人不受市场的侵扰,而不是为个人进入市场提供便利。[7]贡纳·特朗布尔(Gunnar Trumbull)认为,这种对信贷的历史叙事,反

---

〔7〕 See e. g. A. Chatriot, “Protéger le consommateur contre lui-même: la régulation du crédit à la consommation”, (2006) *Vingtième siècle. Revue d'histoire* 95. 英国学者约翰·兰彻斯特(John Lanchester)认为这是“一种完全不同的金钱观和借贷文化”; J. Lanchester, *Whoops! Why Everyone Owes Everyone and No One Can Pay* (London, Penguin, 2010)。“法国的传统……保护消费者免受自身的伤害”,“法国社会的大多数人都不信任信贷”, C. Taffin and B. Vorms, *Élargir l'accèss au crédit au logement des emprunteurs atypiques* (no page numbering) [Agence Nationale pour l'Information sur le Logement (ANIL), 2007]。

映了由保守的家庭压力团体和不信任信贷、认为信贷会减损工人工资的法国工党左派形成的政治联盟的存在。[8] 这个政治联盟现在已经对市场自由主义者形成了压力。

新自由主义和将私人信贷作为经济增长的杠杆的主张,即所谓的“私有化的凯恩斯主义”[9](privatised Keynesianism)在法国一直具有影响力,尽管法国在传统观念中被视为“社会模式”的代表。[10] 薇薇恩·施密特(Vivien Schmidt)认为,法国的新自由主义是“国家 108 管理”的新自由主义,[11] 因为它在20世纪七八十年代和21世纪初都曾尝试将消费信贷作为经济增长的工具。[12] 20世纪90年代初的

---

〔8〕 See G. Trumbull, *Consumer Lending in France and America: Credit and Welfare* (Cambridge, Cambridge University Press, 2014).

〔9〕 C. Crouch, "Privatised Keynesianism: An Unacknowledged Policy Regime?", (2009) 11(3) *British Journal of Politics & International Relations* 382.

〔10〕 See F. Denord, *Neo Liberalisme, Version Française* (Paris, Demopolis, 2007); S. Audier, "Is There a French Neoliberalism?" in R. Geenens and H. Rosenblatt (eds.), *French Liberalism from Montesquieu to the Present Day* (Cambridge, Cambridge University Press, 2012); and discussion in M. Prasad, "Why is France so French? Culture Institutions and Neo liberalism, 1974 – 1981", (2005) 111 *American Journal of Sociology* 357. See generally B. Amable, E. Guillard, and S. Palombarini, "Changing French Capitalism: Political and Systemic Crises in France", (2012) 19 *Journal of European Public Policy* 1168.

〔11〕 V. Schmidt, "French Capitalism Transformed, Yet Still a Third Variety of Capitalism", (2003) 32(4) *Economy and Society* 526.

〔12〕 See I. Rey-Lefebvre, "La croissance par l'emprunt?", *Le Monde* (12 January 2004); C. Mausson, "Faut-il s'endetter plus?", *Libération* (13 June 2007). 20世纪70年代,巴雷(Barres)政府通过补贴借款人,而非建造更多的国家资助的住房,造成了住房拥有率的增长。See discussion in P. Bourdieu, *The Social Structure of the Economy* (Cambridge, Polity, 2005).

一份政府报告表明,当时的法国人已经“负债累累”。[13] 尼古拉·萨科齐(Nicolas Sarkozy)政府开始推动消费信贷在经济中发挥更大作用,例如,通过引入重复抵押贷款促进房屋资产净值的利用。2003年,让·路易斯·波尔洛(Jean Louis Borloo)在为民事破产(faillite civile)辩护时,将目光投向了美国“重新开始”的破产模式。2005年的改革放宽了对“无息信贷”的严格管制。2008年时任法国总统尼古拉·萨科齐对英国议会表示:“英国(的经验)已经表明,存在一条实现全球经济强劲增长、充分就业和团结一致的道路。”[14] 然而,2007~2009年的经济大衰退削弱了人们对这种制度的推崇,因此,到2008年年末,尼古拉·萨科奇又说:“自由放任主义的时代已经结束了,万能的市场也不再是永远正确的了。”[15] 法国在次贷危机中受到的影响很小,房屋收回率极低。[16] 然而,消费信贷可能越来越多地被用于解决工资停滞和社会保障体系开支削减的问题。因为认识到消费信贷是一种有效的预算工具,并能在经济危机期间帮助维持经济增长,2010年的《拉加德法》(loi Lagarde)试图“在不打击消费信

---

〔13〕 J. Bourdin, *Accès des ménages aux crédit en France* (London, Senate, 2006).

〔14〕 Speech before two houses of Parliament UK, London (26 March 2008).

〔15〕 Nicolas Sarkozy, 25 September 2008, Discours de Toulon quoted in B. Amable, E. Guillard, and S. Palombarini, "Changing French Capitalism: Political and Systemic Crises in France", (2012) 19 *Journal of European Public Policy* 1183.

〔16〕 See discussion in W. Schelkle, "A Crisis of What? Mortgage Credit Markets and the Social Policy of Promoting Homeownership in the United States and Europe", (2012) 40 *Politics & Society* 59.

贷的前提下保护消费者”。20 世纪 80 年代以来，法国资本主义性质的不断变化，新自由主义思潮与“社会保障理念”之间的此消彼长，是法国试图解决过度负债问题的大背景。

第三节　过度负债制度的发展

20 世纪 80 年代，密特朗（Mitterand）的社会党政府改变立场，取消了贷款管制，开始推动金融部门的进一步私有化和自由化，并允许衍生品市场的存在。[17] 法国的家庭债务收入比从 1984 年的 35% 增长到 1989 年的 47%——这是一个显著增长，尽管远低于英国的增 109
长。[18] 1983 年法国经济和社会理事会首次提到了过度负债的问题。特朗布尔（Trumbull）认为，法国银行热情拥护了直接向消费者放贷的新自由，但在最初的尝试中，他们犯了一些错误，没有充分评估风险，导致了巨额坏账的产生。[19]

1978 年，受英国《1974 年消费者信贷法》（Consumer Credit Act

〔17〕 See discussion in B. Eichengreen, *The European Economy since* 1945：*Co-ordinated Capitalism and Beyond*, (Princeton, Princeton University Press, 2007) ch. 11; G. Gloukoviezoff, *L'exclusion Bancaire*, (Paris, Presse Universitaire, 2010) 58 – 60.

〔18〕 英国的债务收入比从 1981 年的 21% 上升到 1988 年的 68%。See National Consumer Council, *Credit and Debt*：*The Consumer Interest*, (London, TSO, 1990) Table Ⅲ. 7.

〔19〕 See G. Trumbull, *Consumer Lending in France and America*：*Credit and Welfare* (Cambridge, Cambridge University Press, 2014).

1974)的启发,法国《消费者保护法》(loi Scrivener)对法国的消费信贷立法进行了现代化改革,重点关注合同签订前的信息义务和"冷静期"条款。由于对冲动性赊购的担忧,法国于1984年开始对"无息信贷"的供给进行了严格管制。[20] 1985年法国政府还禁止对债务管理服务收取费用,[21]从而阻止了私人债务管理公司的兴起。

消费信贷正越来越多地用于弥补购买力不足而带来的压力。然
110 而,通货紧缩(从1981年的13%降到1988年的3%)对郊区那些正在贬值的新房不断增长的抵押贷款清偿数额的影响——受巴雷政府的新自由主义政策影响的法国小型次贷危机——成为公共行动的"导火索"。[22] 1989年法国还没有可以免除债务的破产法,但民法典中确有允许重新协商债务清偿的有限的规定。然而,在1877年德国占领阿尔萨斯—摩泽尔(Alsace-Moselle)期间,德国政府在该地区

---

〔20〕 参见现行法国《消费法》L. 311 – 27。

〔21〕 参见现行法国《消费法》L. 321 – 1。

〔22〕 See discussion in V. Vigneau and G-X Bourin, *Droit du surendettement des particuliers*, (Paris, Lexis Nexis, 2007) 3 – 4; J. Kilborn, "*La Responsibilisation de l'Economie*: What the United States Can Learn from the New French Law on Consumer Overindebtedness", (2004 – 2005) 25 *Michigan Journal of International Law* 626. 就业的稳定性下降和失业率上升的内容,参见 L. Boltanski and E. Chiapello, *Le nouvel esprit du capitalisme*, tel edition (Paris, Gallimard, 2011)。The Hyest and Loridant report [J-J Hyest and P Loridant, Rapport d'information no. 60: *Surendettement Prévenir et Guérir* (Sénat Français Paris, 1997)]描述了通货紧缩对抵押贷款的不良影响。完整的背景讨论参见 P. Bourdieu, *The Social Structure of the Economy* (Cambridge, Polity, 2005)。

移植了德国破产法。[23] 第一次世界大战后,法国重新占领这一地区,该地区恢复了法国民商法的适用。但是,包括破产法在内的一些地方法律保留了下来,1924年这一地区民事破产规定的适用扩大到非商人,最终于1985年颁布了与盎格鲁—撒克逊(Anglo-Saxon)破产程序相同的程序,允许免除债务。该法保留了商人和非商人适用程序的不同条件:要求非商人主体表明自己"显而易见且众所周知地破产"(insolvabilité notoire),法院将这种破产界定为"无可挽回的困境"。这项法律在法国以后的政策制定发展中发挥了重要的象征作用。

消费者团体意识到过度负债问题后,大力支持引入民事破产程序。1988年消费者事务部提议扩大破产程序的适用范围,将之作为过度负债消费者的一般救济措施。同时,美国破产法中"重新开始"的方式也得到广泛关注。[24] 因为担心民事破产程序对银行业的影响,它立即遭到权力更大的财政部(Ministry of Finance)的坚决反对。信贷行业也组织了反对民事破产立法的活动。1989年新政府上台后,身为政策企业家的社会党成员、消费者事务大臣韦罗妮克·奈尔

---

〔23〕 See discussion in D. Dagorne, "La faillite civile en Alsace et Moselle" in M. Gardaz(ed.), *Le surendettement des particuliers*, (Paris, Anthropos, 1997) 39.

〔24〕 关于最初的法国法涉及的利益集团的描述,参见 D. Salomon, "Quand une politique Publique en cache une autre... La Loi Neiertz comme réponse politique et acte opportuniste des organes de tutelle" in Gardaz, *Le surendettement des particuliers*, (Paris, Anthropos, 1997) 13。

茨(Veronique Neiertz)发动了一场媒体造势,她声称,法国有超过20万名的过度负债消费者。奈尔茨反对民事破产,是因为其成本过高,给人带来了污点和社会排斥,破坏了清偿道德和法国民法中的契约神圣原则。但是,1989年《奈尔茨法》(Neiertz)的目标正是通过允许债务人从"导致社会排斥的旋涡"中退出,从而避免社会排斥。[25] 她研究了《美国联邦破产法》第13章程序和加拿大魁北克的还款计划方案[26]等国外解决方式,得出的结论却是:美国直接的债务免除程序过于极端,将付出过高的社会成本和经济成本。奈尔茨认为,盎格鲁—撒克逊观念不具有直接可移植性。新的(破产)概念必须与法国的法律和思维方式相匹配。[27] 但在那时,消费者事务部没有足够的资源引进新制度来帮助过度负债的消费者。于是,一种庭外和解的程序构想被提出,在该程序下,债务人能与其债权人达成协议,在一段时间内(起初该期限为10年)重新安排其债务清偿。[28] 该方案不仅能防止债务人进入"被社会排斥的旋涡",还能避免给超负荷运转的法院带来更多负担。但是,谁来主持调解和管理该程序?

---

〔25〕 消费者事务国务秘书对1989年12月31日法律的介绍(1990年法国《竞争、消费和反欺诈局手册》)。

〔26〕 参见魁北克的《拉康布法》(Loi Lacombe),奈尔茨访问魁北克以了解该项目的运作情况。

〔27〕 1989年9月5日的法律草案。

〔28〕 2010年减少到8年,2016年减少到7年。

《奈尔茨法》[29]规定,每个行省政府都应当设立过度负债委员会,并由中央政府的政治代表省长进行管理。委员会最初由公共行政债权人代表、消费者代表和金融机构代表组成,并且由法兰西银行的雇员组建秘书处。自 2003 年以来,《波尔洛法》(Ioi Borloo)规定该委员会须增加一名法律工作者和一名社会工作者。法兰西银行被认为是发挥调解作用的理想角色,因为它已经在每个行省都设有办公室,可以提供 111
调解场所。当委员会与金融机构打交道时,它还可以为委员会提供正当性支持。

为什么中央银行会扮演这样的角色?这在全世界也是绝无仅有的。人们提出了以下几种解释。丹尼尔·萨洛蒙(Danielle Salomon)认为,《奈尔茨法》为法国财政部等更强大的机构提供了一个机会,通过更密切地监控那些没有恰当评估消费信贷市场扩张风险的银行放贷行为,实现审慎监管的目标。更具有讽刺意味的是,由于银行重组,出现了员工过剩的问题。法国劳动法提供了强有力的裁员保护,而解决过度负债问题过程中对这些银行员工的雇佣,避免了银行与众多工会的冲突。但是,还有一个更深层的因素是,在法兰西银行的

---

〔29〕 Loi no. 89 – 1010 du 31 décembre 1989 relative ò la prévention et au règlement des difficultés liées au surendettement des particuliers et des familles. 目前的规定载于法国《消费法》第三卷第三编。官方背景参见 L. Lamier, *Projet de la loi relatif à la prévention et au règlement des difficultés liées à l'endettement des particuliers* Avis no. 43 (1989 – 90); J. Simonin (1989 – 1990) Rapport no. 40 (Commission des Affaires Économiques, Paris)。设立过度负债委员会是消费者保护"一揽子"计划的一部分,其中包括建立个人登记簿、对新的过度负债委员会提出申请,以及对高利贷法进行现代化改革。

总体设想中,这只是一项临时职能。事实上,最开始的法案也被界定为"试验性"的,2 年内就需要对实际运行效果提出报告。这就解决了银行不愿意承担这个角色的问题。[30] 但后来,法兰西银行就此被固定在了这项它并不愿意真正承担的职能上,且这个职能部门在银行中的地位也不高。但是,截至 2010 年,法兰西银行 12% 的雇员(1570 人)参与到过度负债案件的工作中。

过度负债制度在 1995 年、1998 年、2003 年、2007 年、2010 年、2013 年和 2014 年都进行了修改——这一领域的法律发生了很多变化,主要是放宽了救济的范围和减少了案件的司法程序成本。该制度之下存在大量的议会和委员会报告,[31] 且该制度通过若干条例、法令和细则予以执行,也构成了这一制度的特征。最初的 1989 年

---

〔30〕 基于一位法兰西银行高级雇员的回应。

〔31〕 See e. g. R. Leron, *Rapport sur l'application de la loi no* 89 – 1010 *du* 31 *decembre* 1989 *relative a la prevention et au reglement des difficultes liees au surendettement des particuliers et des familles* (Paris, Senat, 1991); Hyest and Loridant report[J-J Hyest and P Loridant, *Rapport d'information no.* 60: *Surendettement Prévenir et Guérir* (Sénat Français Paris, 1997)]; J-C Le Duigou, *Rapport sur l'endettement et surendettement des ménages.* Avis et rapports du Conseil Économique (Paris, La documentation française, 2000); J. J. Hyest, *Projet de loi d'orientation et de programmation pour la ville et la rénovation urbaine.* Avis no 404(2002 – 03) (Paris, Sénat, 2002 – 2003); G. Canivet, *Rapport du comité de suivi de l'application des dispositions relatives au surendettement de la loi no* 2003 – 710 *du* 1*er août* 2003 (Paris, Cour de Cassation, 2005); Le Médiateur de la Republique, *Le malendettement, nouvelle urgence sociale*(Paris, 2006); Conseil Économique et Social, *Le surendettement des particuliers*(Paris, 2007); Cour des Comptes, *La lutte contre le surendettement des particuliers; une politique publique incomplete et insuffisante pilotee*(Paris, Cour des Comptes, 2010); M. Dini and A-M Escoffier, *Crédit à la consommation et surendettement: une réforme ambitieuse à completer* (2011 – 12 Senate Report no. 602).

法案根本不像是破产程序法,其目的也并非允许债务免除,而是通过协商促进债务的清偿。[32] 在 1989 年《奈尔茨法》中,在个人破产的申请阶段,债权人的诉讼不会自动中止,债务人的财产也不需要交给管理人。立法对协商程序的基本规则,如债务的相对优先次序,几乎没有提供任何指导。[33] 委员会可以通过考虑债权人的 112 贷款行为来决定债务的优先性和清偿的数额,从而制裁不负责任的贷款行为。[34]

过度负债委员会而非法院主导法国的过度负债整理制度。委员会为债务人提供了免费的"一站式"服务,服务内容包括延期清偿(制订通常长达 5 年的还款计划)、债务免责的可能性。从 2010 年起,委员会允许陷入"无可挽回的困境"的债务人不经过清算程序,只通过***个人恢复程序***,即可免除债务,[35] 法院只进行形式上的批准。过度负债问题的处理已成为一个法律领域。

---

〔32〕 因此,将 1989 年的法案描述为"法国的个人民事破产程序"是有误导性的。G. Trumbull, *Consumer Lending in France and America: Credit and Welfare*, (Cambridge, Cambridge University Press,2014)201.

〔33〕 某些债务被排除在计划之外:赡养费债务(See Code Civil arts 203,205,207 and Code de l'action sociale et des familles art L132 –6)、犯罪赔偿和刑事罚款。L 333 –1. 税务债务直到 2003 年才开始享有特权。

〔34〕 L 331 –7. See for example Civ. 1er 24 February 1993 D 1993,法院在强制出售房屋的时候减免了不足的数额,因为债权人早就知道债务人已经处于财务困难的高风险中。

〔35〕 一般来说,在 8 年内(从 2016 年开始变为 7 年内)无法制订还款计划,包括没有债务部分减记的可能性。没有清偿能力这个条件不是必需的。See Cass 2e Civ. ,22 May 2008, *Revue de Droit Bancaire et Financier* No. 6,November-December 2008,49.

法国改革的各个阶段:从债务清偿到债务免除[36]

图4.2显示,自1990年过度负债委员会成立以来,申请适用该制度的人数持续增长。这种增长有许多潜在的原因,如信贷增加、就业不确定性增加等。法国的政策制定者认为,申请人数的增加是个问题,因为这表明,减少债务拖欠的过度负债政策在总体上是失败的。图4.3表明,通常长达5年的和解计划达成的数量减少,强制计划增加。2003年开始,个人恢复程序允许完全免除非担保债务。***个人恢复程序***本来作为最后一种辅助程序,现在却成为最普遍的救济方式。

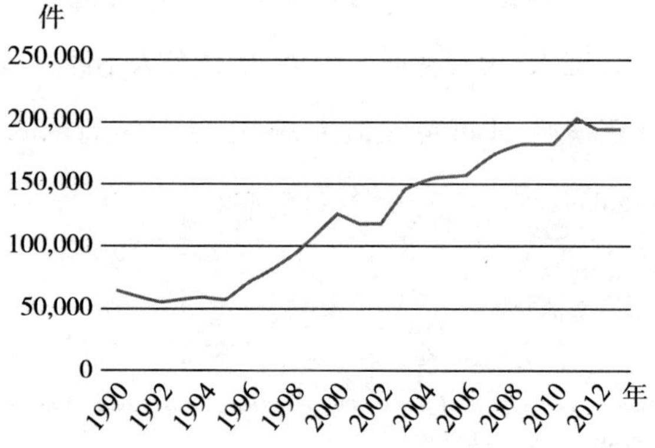

图4.2 1990~2012年法国过度负债委员会收到的申请数

资料来源:法兰西银行。

〔36〕 See generally S. Plot, *Les enjeux d'une mise en risque. La construction du surendettement comme problème public*, (1989 - 2010) (Thesis, University of Paris-Dauphine, 2011) ch. 2.

113

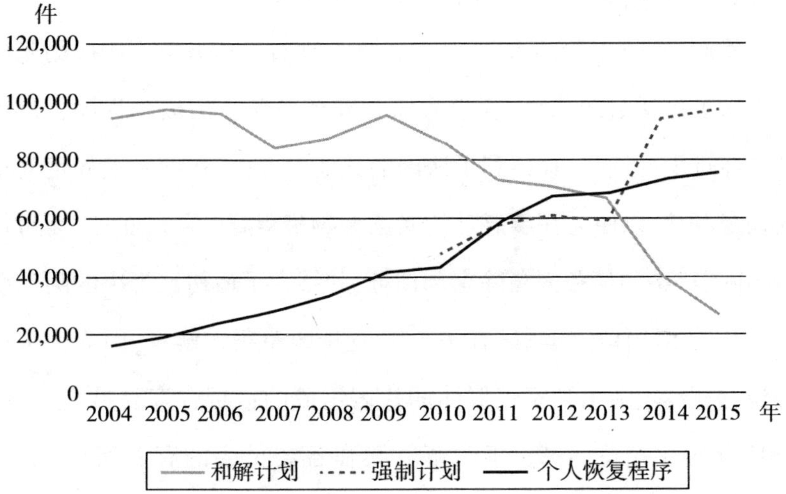

图 4.3　2004～2015 年达成合意的和解计划、强制计划以及个人恢复程序

资料来源：法兰西银行过度负债委员会活动数据，载法兰西银行官网，https://www. banque-france. fr/fileadmin/user _ upload/banque _ de _ france/La _ Banque_de_France/statistiquescommissions-surendettement-2015. pdf(imposed from 2004)。

从 1990 年起，法国的政策制定开始谨慎地转向增加债务人获得债务免责的可能性。利用许多债务人没有还款能力的合理叙事，1998 年的改革规定，委员会可以让那些长期资不抵债者在 2 年内暂缓清偿债务，并且可以在期间届满时，通过“特别”程序减免部分或所有债务。然而，20 世纪 90 年代，政府的报告继续反对将***民事破产***作为解决过度负债问题的一种路径。1997 年的耶斯特和洛里当报告（Hyest and Loridant report）认为，***民事破产***是一种错误的解决路径，因为它会引发债务人的欺诈行为和过高的成本。[37]

然而,法国2003年的《波尔洛法》在现有的债务整理法律的基础上引入了包括财产清算、管理人监管和债务免除的破产程序。民事破产经过少许调整,移植到了法国的其他地方,并在随后被界定为***个人恢复程序***,以便与***民事破产***的***负面影响相隔离***。它允许对“无可挽回的困境”中的债务人免除全部债务,并结合了最初被否决的阿尔萨斯—摩泽尔法律中的测试方法。[38] 这项改革很难解释,因为由金融
114 机构、消费者、劳工和家庭群体的代表组成的信贷咨询委员会[39]在2002年得出结论,1998年改革方案在各委员会的有效实施之下,能够充分解决那些还款能力很弱或者根本没有还款能力的债务人的过度负债问题。信贷咨询委员会中的某些消费者团体提议引入***民事破产***,[40]但司法部和经济部均不希望采取更进一步的立法措施。

---

〔37〕 The Hyest and Loridant report [J-J Hyest and P. Loridant, *Rapport d'information no.* 60: *Surendettement Prévenir et Guérir* (Sénat Français Paris, 1997)].

〔38〕 定义为“明显不可能实施处理(清偿)的措施”, *Code de la consommation* (Consolidated Version, 2016) L724-1, 载法国政府法律网, https://www.legifrance.gouv.fr/ffichCode.do;jsessionid=9BE150823077EBBF8F0CE9965774D177.tpdila18v_3?cidTexte=LEGITEXT000006069565&dateTexte=20161115。

〔39〕 Comité Consultatif du Conseil National du Crédit et du Titre, *Rapport* 2002-2003, 43 et seq.

〔40〕 “Faillite civile: les consommateurs font pression sur le gouvernement”, *Les Echos* (4 February 2003) 20.

早在2002年大选期间,在著名的"卡地亚夫妇事件"[41](*Les Époux Cartier*)之后,过度负债的问题就成为人们关注的焦点。一对使用信用卡而过度负债的夫妇企图谋杀他们的5个孩子并自杀,引起了媒体对过度负债问题的大量关注。让·路易斯·波尔洛虽然是总统多数派联盟(Union pour la Majorité Presidentielle,UMP)和右翼的一名部长,也是一位民粹主义者,他负责的部门是保守的拉法兰政府(Raffarin)的社会之窗。他还是一名对美国破产法有丰富经验和知识的企业律师,[42]他对其认为本质上已经僵化的法国政府和各部门中布满技术官僚精英的现象持批评态度。他负责的部门不在传统的部门体制内,也不属于贝尔西(Bercy)(经济和财政)和司法部主导的过度负债政策共同体。塞巴斯蒂安·普罗德(Sebastien Plot)认为,波尔洛希望媒体看到他正在引进一种"新程序",为"普通而辛勤工作的人"做点什么,从而期待媒体的高度关注。[43] 有证据表明,***民事破产***在阿尔萨斯地区的实践效果良好,没有导致债务人再次破产。

---

〔41〕 See "'L' affaire des époux Cartier", *La Croix*(29 August 2002). 这对夫妇随后被指控并入狱。P. Robert-Diard,"Les dérives d'un couple, du surendettement à l'infanticide" *Le Monde*(19 October 2005). 下面的部分参见 S. Plot, *Les enjeux d'une mise en risque. La construction du surendettement comme problème public* (1989 - 2010) (Thesis, University of Paris-Dauphine, 2011)。

〔42〕 S. Plot, *Les enjeux d'une mise en risque. La construction du surendettement comme problème public*(1989 - 2010), (Thesis, University of Paris-Dauphine, 2011) 111 - 118.

〔43〕 See S. Plot, *Les enjeux d'une mise en risque. La construction du surendettement comme problème public*(1989 - 2010), (Thesis, University of Paris-Dauphine, 2011) 112.

波尔洛辩称,美国有债务免责制度,而法国(没有免责制度)已经与现代社会的发展脱节。法官协会支持波尔洛,他承诺该程序不会使法院过度负荷,经萨科奇总统批准后,议会颁布了波尔洛草案而不是贝尔西草案。波尔洛草案是关于社会团结和社会排斥的"一揽子"方案,且针对那些充斥大量社会排斥的敏感地区和困难地区。[44] 他还成功地降低了税务机关在程序中的优先地位,而这恰恰是财政部一直反对的一项改革。他作为一名局外人,至少是在短期内迅速地取代了之前的过度负债政策团体。

议会关于该法案的多份议会报告通过假定过度负债的"新面
115 孔"、被动过度负债情况的增多,[45] 与社会排斥作斗争的需要,[46] 以及说明新发现的阿尔萨斯—摩泽尔法律的内在优点的理由,支持该法案的正当性。参议院的报告还强调了个人恢复程序的辅助性质。

---

〔44〕 "Les professionnels s'accommodent de la procédure de rétablissement personnel", *Les Echos*(7 August 2003).

〔45〕 See Hyest, *Avis de M Jean-Jacques Hyest, au nom de la commission des lois*, no. 404(Paris, Senate, 2002 – 2003).

〔46〕 *Avis No* 405 *de M Éric Doligé, fait au nom de la Commission des finances, du contrôle budgétaire et des comptes économiques de la Nation* (2002 – 2003), (Paris, Commission des Finances). See also E. Sander, "La faillite civile: l'experience alsacienne, un succes", *Les Echos*(28 May 2003). 最高法院在2009年的年度报告中评论道:"由于负债累累的债务人的形象已经改变,过度负债程序的目标也在演变。"从社会层面将其纳入更全球性的反对排斥斗争、确保社会凝聚力的关切中,已经优于关注纯粹的程序方面(作者翻译),Rapport Annuel Cour De Cassation, *Les personnes vulnérables dans la jurisprudence de la Cour de cassation, Contributions de la deuxième chambre civile de la Cour de cassation*, (Paris, 2009)146。

个人恢复程序是在为"最绝望的情况提供逃生的出口,并且只有当解决过度负债的传统方式不能奏效或者显然注定失败时,才能适用个人恢复程序"。[47] 因此,为消费者制定的破产法并没有使用"破产"这一术语。

一些评论家认为,2003 年法案与 1998 年法案在立法目的上并没有实质性差异,并指出财产清算程序可能对债务人不利。司法部觉得波尔洛抢夺了他们对该法案的权利,于是设法在该法案适用前,附加了个人应当陷入"无可挽回的困境"的条件,这个条件比 1998 年修正案中所用的"资不抵债"的定义更加苛刻,即会限制该法案的适用范围。法律为传统的还款方案(包括免除部分债务和个人恢复程序)创设的不同适用条件让法律变得更加复杂,[48] 因此,法律评论家也坦率地指出,法国在民事破产程序的态度上出现了 180 度的大转弯,1989 年民事破产程序在当时被描述为是耻辱的,会导致社会排斥的,[49] 现在却被称为对法国有效而积极的模式。

过度负债委员会是新程序的第一个"守门人",但法院又重新主导

〔47〕 Hyest, *Avis de M Jean-Jacques Hyest, au nom de la commission des lois*, no. 404 (Paris, Senate, 2002 – 2003).

〔48〕 See discussion in G. Paisant, "La réforme de la procedure de traitement du surendettement par la loi du 1er août 2003 sur la ville et la rénovation urbaine", (2003) *Revue trimestrielle de droit commercial* 671, 673.

〔49〕 31 October 1989, 2833, quoted in Paisant, "La réforme de la procedure", G. Paisant, "La réforme de la procedure de traitement du surendettement par la loi du 1er août 2003 sur la ville et la rénovation urbaine", (2003) *Revue trimestrielle de droit commercial* 673.

了破产程序的启动和监督。与波尔洛的承诺相反，新程序导致法院工作量增加了 20%，同时出现程序拖延，国家因此承担了巨大的成本。[50] 2005 年卡尼维特委员会（Cavinet Commission）得出的结论认为，新程序过于烦琐，下级法院经常作出限制性解释，新法律没有发挥预期的成效。[51] 2007 年在前述报告的基础上，[52] 法国颁布了法律修正案，允许法官在明确个人没有财产的情况下立即终止破产程序。

116 2010 年作为推行《2008 年欧盟信贷指令》（Credit Directive）的一项举措，法国《拉加德法》又对信贷和过度负债的监管推出了一系列深入的改革措施。[53] 这些改革措施包括降低个人恢复程序的成本和确保债务人更容易地重新进入信贷市场。[54] 在几乎所有的案例中，只有需要正式批准过度负债委员会的免责决定和个人恢复的决定时，法院才会介入。[55] 还款计划的执行期限最长为 8 年，而个人

---

〔50〕 See G. Canivet, *Rapport du comité de suivi de l'application des dispositions relatives au surendettement de la loi no* 2003 – 710 *du* 1*er août* 2003（Paris, Cour de Cassation, 2005）.

〔51〕 See G. Canivet, *Rapport du comité de suivi de l'application des dispositions relatives au surendettement de la loi no* 2003 – 710 *du* 1*er août* 2003（Paris, Cour de Cassation, 2005）.

〔52〕 Loi no. 2007 – 1787 2007 inserting a new art L. 332 – 6 – 1 into the *Code de la Consommation*.

〔53〕 Directive 2008/48/EC on credit agreements for consumers; loi no. 2010 – 737 2010（Journal Officiel 2 juill）.

〔54〕 有关改革的摘要参见 V. Vigneau and A. Lauriat, "La réforme du droit du surendettement des particuliers par la loi du 1er juillet 2010",（2010）39 *Receuil Dalloz Chroniques* 2593 – 2602。

〔55〕 L 331 – 7 and L 331 – 7 – 1. 贝盖里（Béguery）声称，现在 80% 的计划都得到了法院的批准。See M. Béguery, "Le dispositif de traitement des situations de surendettement des particuliers: les principaux effet de la loi Lagarde",（2010）*Bulletin de la Banque de France*（No. 182）.

记录在公开的个人信用还款事件档案中保留的期限是5年而不是8年。个人可以获得社会咨询或财务咨询。[56] 此外,那些过度负债的个人使用银行账户的权利不会被剥夺。2013年和2014年的进一步改革将还款计划的最长期限缩短至7年,并且鼓励公共房屋机构、社会保险机构[如家庭补助基金(caisses d'allocation famimliales)]和过度负债委员会加强合作。[57] 如今,法国的破产程序更接近盎格鲁—撒克逊法系的破产程序,即破产申请受理后,债权人的催收行为自动中止,并从受理申请之日起冻结利息。很多改革措施都是对批评意见的回应,如有人批评,在过度负债委员会的程序中,债务人只能得到有限的帮助。这表明,政策制定应当采取"社会学习"的方式,而不是"社会权力"(直接应用权力而罔顾社会意见)的方式。然而,法国的改革也反映了政治环境的重要性,波尔洛,一位特立独行又有人格魅力的部长,能够在总统和多数国会议员的支持下,引进个人恢复程序,推动立法的重大进步,战胜了以贝尔西为代表的技术官僚和金融利益群体。

---

〔56〕 See L 331 –3.

〔57〕 See Circulaire 22 Jul 2014 Ministre des Finance et des Comptes Publics, *Circulaire relative a la procedure de traitement des situations de surendettement des particuliers*; Ministry of Justice, *Circulaire du* 12 *mars* 2014 *de présentation des dispositions de la loi no* 2013 –672 *du* 26 *juillet* 2013 *de séparation et de régulation des activités bancaires relatives au traitement des situations de surendettement et du décret no* 2014 – 190 *du* 21 *février* 2014 *relatif aux procédures de traitement des situations de surendettement des particuliers.*

第四节 叙事的正当化：从积极债务人到消极债务人，再到……

法国制度的价值之一，体现在法兰西银行对适用过度负债委员会程序的人群分布和过度负债的原因进行了官方统计。表4.1显示了1990~2007年向过度负债委员会提出申请的债务人的社会职业类型，[58]表4.2显示了2010~2013年提出申请的债务人的社会职业类型。
117

表4.1 1990~2007年向过度负债委员会提出申请的债务人社会职业类型

单位：%

社会职业类型	1990年	2001年	2004年	2007年	2007年（rp）	（法国）2007年
工匠、自雇佣者	—	0.3	0.3	0.3	0.3	7.5
高级经理	—	1.1	1.1	1.0	0.3	13.1
技术人员及相关专业人员	8	3	2.3	2.1	0.9	16.1

〔58〕 该分类依据的是法国对社会经济地位的分类方法。See C. Brousse, "ESeC: The European Union's Socio-Economic Classification Project", (2009) 15 *Courrier des Statistiques* 27, 29.

续表

社会职业类型	1990 年	2001 年	2004 年	2007 年	2007 年（rp）	（法国）2007 年
雇员	27	31	32.6	31.7	23.7	11.6
蓝领工人	27	24	22.3	21.2	14.1	22.2
退休人员	3	8	8.0	8.0	11.4	24.2
其他	5	2	—	—	—	—
失业者和无业者	30	32	34	35.7	49.3	—
工匠、自雇佣者	0.3	0.3	0.3	0.3	—	7.5
高级经理	1.1	1.1	1.0	0.3	—	13.1

资料来源:法兰西银行进行的“社会职业类型调查”,由法国国家统计和研究所发布。表中“rp”指“rétablissement personnel”,即个人恢复程序。对法国社会职业类别的分析参见阿兰·德斯罗西:《社会职业类别》,载法国国家统计和研究所网,http:// www. insee. fr/fr/ffc/docs_ffc/cse15b. pdf。

表 4.2　2010～2013 年提出申请的债务人社会职业类型

单位:%

社会职业类型	2010 年	2011 年	2012 年	2013 年	2013 年（rp）	（法国）2012 年
工匠、自雇佣者	0.4	0.4	0.4	0.4	0.3	4.4
高级经理	1.0	1.0	1.1	1.0	0.3	9.6
技术人员及相关专业人员	2.6	2.8	2.9	2.8	2.7	13.3
雇员	33.8	35.1	35.7	34.8	27.8	16.0
蓝领工人	24.1	24.5	24.8	25.1	22.7	12.4
半工作状态的人	10.7	10.9	10.0	9.8	9.7	26.5
其他没有职业活动的人	27.5	25.3	25.0	26.1	37.8	17.7

资料来源:作者:法兰西银行,出版商:法国国家统计和研究所。表中“rp”指“rétablissement personnel”,即个人恢复程序。

118 申请债务人的情况不能代表法国人口总体的情况。相比总人口,债务人中的熟练和非熟练的蓝领工人(ouvriers)的比例过高,作为法国雇员主体的白领女性雇员债务人的比例也过高。[59] 失业和半工作状态的债务人比例过高。2012年26%的债务人失业。在这个住房拥有率约为65%的国家,近80%的申请债务人是在租房而非自有住房。[60] 而且,与普通民众相比,他们得到的政府支持显然更多。单身人士,包括离婚和分居的个人比例过高,妇女的比例也很高,尤其是在适用个人恢复程序中。2004年提出申请的债务人中,31%的债务人没有清偿能力;2013年提出申请的债务人中,54%的债务人没有清偿能力,这其中,71%的债务人每月的剩余开支不足250欧元。尽管支付能力的这种变化,可以在一定程度上以他们对自己的清偿能力的确定程度的增加来解释,但法国债务人似乎并不符合美国破产人的中产阶级形象,尽管他们并不都是穷人。[61]

法国官方文件中的常见观点是,自20世纪90年代初以来,债务

---

〔59〕 参见法国国家统计和经济研究所(Institut national de la statistique et des études économiques, INSEE)的社会专业类别。载法国统计局官网,http://www.insee.fr/fr/methodes/default.asp?page=nomenclatures/pcs2003/n1_5.htm。

〔60〕 关于房屋所有人是否能够利用法国《消费者过度负债处理法》在理论上存在一些不确定性,即如果债务人能够出售房屋,并在扣除重新安置的成本后清偿债务,那么他们就不属于过度负债的情况。过度负债委员会和一些法院往往不采用这种办法。2010年的法律澄清,房屋所有人也会出现过度负债的情况。See art L 330-1.

〔61〕 对个人破产途径的进一步调查可能会揭示更多和个人社会地位相关的信息。比较那些使用英格兰债务纾缓令和进入个人恢复程序的主体的情况(参见上文第三章,原著第34页)。

人的形象和过度负债的原因发生了变化。最开始申请适用程序的主要是过度负担住房贷款的中产阶级,而现在主要是经济状况不稳定的个人。1990～1993 年前期,过度负债程序适用与房屋所有人的资产贬值为负数和无法继续清偿抵押贷款有关。20 世纪 90 年代初,提出申请的债务人中,首次购房者的比例过高。[62] 1992 年过度负债的以下 3 个原因显现:住房贷款(41%)、消费信贷(55%)和收入不足(11%)。[63]

2000 年的杜伊古报告(Duigou report)总结了过度负债性质的变化,包括过度负债女性化的趋势:

> 在 20 世纪 90 年代初,家庭的负债更频繁地影响那些处
> 于中年、有较大的家庭负担、经济活跃的人。而收入较低、遭 119
> 受社会排斥、无法获得银行信贷的人则没有那么突出。
>
> 最近,更多的研究(显示):那些资历有限且失业风险较

---

〔62〕 The Hyest and Loridant report [J-J Hyest and P. Loridant, *Rapport d'information no 60: Surendettement Prévenir et Guérir*, (Sénat Français Paris, 1997) 3] (占总人口的 20% ～ 38%).

〔63〕 See E. Leser, "Le rapport annuel du comité des usagers: La loi sur le surendettement est inefficace pour régler les problèmes des faibles revenues", *Le Monde* (4 August 1992). 1997 年参议院的报告指出,旨在提高法国住房拥有率自由化的措施,是过度负债程序申请增加的一个原因。这些措施包括随时间增长的可变利率抵押贷款;符合住房储蓄条件的各种贷款(PAP),减少了借款人对实际经济贡献的要求;以及对购买新房的补贴,这些补贴人为地抬高了新房的价格,却使新房难以出售。关于这个房屋发展时代的完整的社会学讨论,参见 P. Bourdieu, *The Social Structure of the Economy* (Cambridge, Polity, 2005)。

大、最近财务状况急剧恶化的个人,还不得不考虑现有财产不能覆盖不时之需的话……透支信用额度是唯一的解决方案……有两三个孩子的单亲家庭似乎越来越容易过度负债……而妇女最经常受到影响。[64]

法兰西银行对债务人案卷的研究区分了"主动负债"和"被动负债",[65]并记录了从过度支出(主动负债)到债务人无法控制的情况引起被动负债这一变化。一份标准法律文件指出,原先旨在处理个人债务管理不当而颁布的这项法律(见表4.3),现在调整的是地位更加边缘的个人,而且该制度已从处理主动的过度负债转变为处理被动的过度负债。[66] 在支持放宽债务免除条件的论证过程中,主动负债和被动负债的区别起到了关键的叙事作用。被动过度负债将过度负债的责任归咎于债务人无法控制的外部条件。它免除了债权人和债务人双方的责任,并在债权人和消费者团体之间建立了共同的

〔64〕 J-C Le Duigou, *Rapport sur l'endettement et surendettement des ménages* 69 – 70. See also B. Bertrand, *Le Monde*(16 February 2002):"10年来,贫困已成为过度负债的主要原因;单身个人或单亲家庭、失业和低收入:自1989年《消费者过度负债处理法》颁布以来,负债过多的个人的社会形象已经发生了变化。信贷过度扩张已经让位于生活中的意外事件,成为过度负债的主要原因。"

〔65〕 主动过度负债与被动过度负债之间的区别,源于 the Comité Consultatif Rapport du Groupe de Travail sur l'endettement et le surendettement des ménages(July 1989),由路易斯·阿伦德尔(L. Arondel)和戴维·凯斯勒(D. Kessler)记录的文件中的一份报告。

〔66〕 See F. Ferrière and P-L Chatain, *Surendettement des Particuliers*, 3rd edn(Paris, Dalloz,2006).

认知。前者可以辩称,造成过度负债的原因是信贷发放之后的外部环境。2013 年法国银行家协会(French Bankers Association)曾利用这一论点,反对他们应该为过度负债委员会提供经费的提议。〔67〕银 120
行业协会(Banking Association)将自己界定为失业等外部环境的受害者,表示他们支持过度负债委员会的工作,但让他们为委员会的成本埋单是不公平的,作为一个社会问题,过度负债问题的处理应当是国家的责任。由劳工和家庭压力团体组成的消费者团体则认为,过度负债的增加反映了法国社会安全网和就业保护的失败。〔68〕

表 4.3　1990 年过度负债的主要原因

单位:%

主要原因	比例
超过收入的债务过多	48
失业	24
疾病	4
分居或死亡	9
社会补贴减少带来的损失	2
其他	13

资料来源:法兰西银行 1990 年的记录。

---

〔67〕 See Response of the French Banking Federation to the 2013 report of the Cour des Comptes. 法院的分析表明,这种现象主要是由于信贷发放之后的经济、社会和个人事件的结果,这一结果是特别令人惊讶和难以理解的。Cour des comptes, *La lutte contre le surendettement des particuliers:des progrès encore trop limités*, Annual Report 2013,260 – 261.

〔68〕 S. Plot,"Du Flambeur au Victime?(From Big-Time Gambler to Victim):Vers une problématisation consensuelle du surendettement",(2009) *Sociétés Contemporaines* 67,82.

表 4.4　2001 年、2004 年、2007 年过度负债的主要原因

主要原因		占比			
		2001 年/%	2004 年/%	2007 年/%	2007 年/%(rp)
主动负债	信贷泛滥	19.4	14.6	13.6	5.4
	理财管理差	7.7	6.4	6	2.4
	住房成本	3.1	1.2	1.2	0.9
	过度消费	2.2	1.4	1.3	1
被动负债	未就业/失业	26.5	30.8	31.8	32
	分居/离婚	15.5	14.7	14.7	14.5
	意外/疾病	9.1	10.8	11.3	18.8
	收入减少	6.9	6.2	6.2	7.3
	死亡	2.5	2.4	2.5	3.6
	其他	7.1	11.5	11.4	14.1
	总计	100	100	100	100

资料来源:法兰西银行做的“社会职业类型调查”。表中“rp”指“rétablissement personnel”,即个人恢复程序。

121 法国的官方报告和文件反复提到主动(负债)和被动(负债)的区别,使用被动债务人模式来支持更宽容地对待债务人的观点。[69]

---

〔69〕 See e. g. The Hyest and Loridant report [J-J Hyest and P. Loridant, *Rapport d'information no 60*: *Surendettement Prévenir et Guérir* (Sénat Français Paris, 1997)], J-C Le Duigou, *Rapport sur l'endettement et surendettement des ménages*, M. Dini and A-M Escoffier, *Crédit à la consommation et surendettement*: *une réforme ambitieuse à completer* (2011 – 12 Senate Report no. 602). 在 2003 年法案出台前的议会报告中评论道:“法兰西银行的研究强调了过度负债本质的发展,其中‘被动’过度负债占绝大多数(64%)。造成这种形式的过度负债的主要原因是失业(26.5%)和分居或离婚(16%)。”See Avis Houillon doc AN NO. 1001 12.

劳雷·拉康（Laure Lacan）和珍妮·拉扎勒斯（Jeanne Lazarus）注意到，管理过度负债政策中这些分类方法的工具的应用，可以使主动负债的人“应该得到宽恕和帮助”，而被动负债的人则成为“应当得到帮助的当代穷人的化身”。[70] 尽管这些基本类型的性质具有一定局限，但它们持续影响政策的制定。

主动负债和被动负债的二分法似乎是一种比较好的分类方法，但粗略地思考一下就会发现，它使过度负债的原因过于简单化。现实往往是错综复杂的。人们可能会经历诸如离婚之类的外部打击，然后试图通过信贷维持生活方式，并希望自己的情况有所改善。我们应该将其归类为主动负债过度还是被动负债过度？对于那些进行分类的人来说，将过度负债归结于单一的原因常常是困难的，分类可能反映了进行分类的个人的方式方法或意识形态。[71] 塞巴斯蒂安·普罗特指出，法兰西银行的员工更倾向将债务人归类为被动过度负债型，而不是将债务人界定为有一定污点的积极过度负债型。[72] 2010 年法国国家审计署严厉地批评了银行将债务人分为不同类型的做法，并且指出，无论债务人离婚多久，法国银行似乎都机

[70] L. Lacan and J. Lazarus, “A Relationship and a Practice: On the French Sociology of Credit”, (2015) MaxPo Discussion Paper No. 15/1, 21.

[71] 参见本书第一章关于叙事的讨论，原著第 16 页。

[72] See S. Plot, *Les enjeux d'une mise en risque. La construction du surendettement comme problème public*(1989 – 2010), (Thesis, University of Paris-Dauphine, 2011) 256.

械化地将离婚的债务人归为被动负债。[73] 这对法兰西银行产生了巨大影响,他们停止发表关于债务原因的分析报告,也不再提及主动负债和被动负债的区别。

法兰西银行最近发表了一份关于导致过度负债原因(路径)的实证研究报告,承认了负债原因的复杂性。[74] 该报告发现了4种主要原因:(1)未就业或就业量减少(23%);(2)预算受限(17%);(3)信贷的常规使用(14%);(4)占最大的百分比(41%)的是同时遭遇某些事
122 件,如环境条件的变化,但某些人没有根据这些变化有效地调整自己的预算(见表4.5)。对照组是那些遭遇类似变化,却没有向委员会提出申请的债务人,他们似乎能够更有效地管理他们的预算和储蓄——"面对近期的困境,他们似乎能更好地预防过度负债,因为他们对预算的管理和监控更负责任,对信贷的使用更加谨慎,可以借助储蓄资金更容易地面对暂时的困难"。[75] 这种负责任的信贷主体的形象——与拉扎拉托(Lazzarato)提出的"负债者应该学会正确地利用信贷市场"[76]

---

〔73〕 See Cour des Comptes, *La lutte contre le surendettement des particuliers: une politique publique incomplete et insuffisament pilotée* (Paris, 2010).

〔74〕 *Étude des Parcours Menant au Surendettement*, (Bank of France, 2014) 7 – 8.

〔75〕 *Étude des Parcours Menant au Surendettement*, (Bank of France, 2014) 11.

〔76〕 M. Lazzarato, *The Making of the Indebted Man: An Essay on the Neoliberal Condition* [*La fabrique de l'homme endetté: Essai sur la condition néolibérale*] (Cambridge MA, MIT, 2012).

的观点相似——被法兰西银行用以[77]支持以下主张:应当加强金融教育,普及金融知识,更早地进行干预,更普遍地使用小额贷款。这种关于个人责任的新叙事,与法兰西银行的努力具有内在的一致性,尽管过度负债的现实更为复杂。[78]

表 4.5 2014 年过度负债的主要原因

单位:%

主要原因	比例
失业或就业状况恶化	23
预算受限	17
信贷的常规使用	14
事件的同时发生	41
代际支持	5

资料来源:法兰西银行:《对过度负债原因的研究》,第 7～8 页,2014 年,载法兰西银行官网,https://www.banque-france.fr/fileadmin/user_upload/banque_de_france/La_Banque_de_France/study-of-paths-leading-to-over-indebtedness.pdf。

社会排斥也一直是法国过度负债的法律[79]和政策文件中的一

---

[77] See Banque de France, *Étude des parcours menant au surendettement* (Paris, 2014).

[78] See L. Lacan, "Les dossiers de contentieux des banques: observatoire privilégie de l'endettement", (2010) 2 *Entreprises et histoires* 122.

[79] "关于过度负债的立法'为保护个人不受社会排斥提供了正当性。'" V. Vigneau and G-X Bourin, *Droit du surendettement des particuliers*, (Paris, Lexis Nexis, 2007) 16. 2009 年最高法院年度报告(注释[46])在第 146 段中提及社会层面的目标,以及考虑将其融入更加全球化的反排斥斗争中。

个重要叙事。2013年过度负债被列入消除贫困和社会排斥的部级合作计划。社会排斥的概念最初是在20世纪七八十年代的法国发展起来的,[80]它替代了以阶层不平等和收入再分配为重点的表述。它为法国提供了福利国家的改革蓝图,其可能对右翼和中左翼都有
123 吸引力,例如,证明将失业津贴与鼓励积极参与劳动予以关联的措施的正当性。这一概念的性质千变万化,1989年它被用以证明反对引进民事破产程序的合理性,而在2003年,它又被用来证明引入民事破产程序的合理性。丹尼尔·贝兰德(Daniel Béland)认为,社会排斥"使适度的政策改革合法化,这些改革完全符合对经济自由主义的温和理解,但最终无法与社会排斥所剑指的社会弊病作有效斗争"。[81]

第五节　变化中的制度图景:委员会、法院和法律的实践

在法国,过度负债监管的发展可以描述为过度负债委员会的主导地位日益增强的故事,主要是因为:在"经费长期不足"[82]的司法体系中,债务人进入负担过重的基层法院的程序会遭受拖延,而司法

〔80〕 See R. Lenoir, *Les Exclus: un Francais sur dix* (Paris, Editions du Seuil, 1974).

〔81〕 See D. Béland, "The Social Exclusion Discourse: Ideas and Policy Change", (2007) 35 *Policy and Politics* 123.

〔82〕 See generally A. Knapp and V. Wright, *The Government and Politics of France*, (London, Routledge, 2006) 330-338.

部也有意将债务整理案件从法院分流。然而,最初的法律未能将案件从法院分流,[83]案件的审理被拖延15个月之久。最初,基层法院的法官并不总能认同他们在处理债务问题上的新角色,因为它不同于传统上法官解释法律的角色,作为法官,他们对削弱承诺约束力的法律有一些意识形态上的抵制。[84] 1995年的改革使过度负债委员会成为程序的中心,[85]这次改革是司法部以减少成本的名义进行的。司法部支持将该类案件的管辖权完全移交给过度负债委员会,但这一立场没有得到消费者团体和商人团体的支持。因此,1995年改革的折中办法是保留法院在协商失败时正式批准过度负债委员会建议方案的权力。[86]

过度负债委员会是独立的行政机构,不属于国家科层架构。它们在概念上不是行政裁判机构,而行政裁判机构错误裁决的纠正是

---

〔83〕 See generally J. Kilborn, "*La Responsibilisation de l'Economie*: What the United States Can Learn from the New French Law on Consumer Overindebtedness", (2004 – 2005) 25 *Michigan Journal of International Law* 619; D. Laniet, B. Munoz-Perez, P. Pailler, and E. Serverin, "Le traitement amiable et judiciaire des situations du surendettement", 37 *Infostat Justice* (May 1994) 3; The Hyest and Loridant report [J – J Hyest and P. Loridant, *Rapport d'information no* 60: *Surendettement Prévenir et Guérir* (Sénat Français Paris, 1997)].

〔84〕 实证研究参见 D. Saudane de Olivera, "La réticence des juges face à l'application des lois sociales", (1999) 42 *Droit et Société* 421 and P. Ancel, "*La pratique française du redressement judiciaire civil*" in Gardaz, *Le surendettement des particuliers*, (Paris, Anthropos, 1997) 55。

〔85〕 如果协商失败,委员会可以提出一个方案供法官批准。

〔86〕 See L 332 – 1 and L 332 – 2.

124 由行政法院管辖的。[87] 它们由法兰西银行根据其与国家签订的合同进行管理。委员会主席由国家机构的代表——省长担任,[88]债权人代表来自大型金融机构,债务人代表来自消费者协会和家庭协会组织。法兰西银行的员工作为委员会秘书,在案卷文件的组织和处理方面发挥关键作用,[89]这包括对是否接受申请文件作出初步决定,与债权人和债务人联系,并将申请的情况通知全国个人还款档案中心。委员会通常每月召开两次会议,但不会处理案件的细节。社会机构可协助债务人准备申请书,委员会秘书可与债务人面谈,使之了解进入过度负债程序的后果(如记录在个人信用还款事件档案中)。[90] 委员会一般是经过一致同意作出裁决:诉诸投票表决是例外情况。双方都可以就最初的裁决向执行法官提起上诉,但债务人很少这样做,而债权人上诉的情况也少于10%。[91] 委员会可以听取与该案件有利害关系的所有人的意见,自1998年以来,债务人有在

---

〔87〕 过度负债委员会认为,委员会不受《欧洲人权公约》第6(1)条等规则的约束。See Cass 2e Civ. ,18 December 2003 Bull Civ. Ⅱ no. 397. And see decision of Conseil D'État CE 18 June 1997, no. 170824, *inédit au Recueil Lebon*.

〔88〕 当代省长角色的复杂性参见 J. Loughlin, *SubNational Government—The French Experience*, (London, Palgrave, 2007) ch. 7。

〔89〕 例如,赛特仑(CETELEM)是最大的消费者融资机构,在大约30个委员会中有代表,而国家家庭协会联盟(the Union Nationale Des Associations Familiales, UNAF)通过其部门组织的省级家庭协会联盟(UDAF)在委员会中也有大量代表。See N. Revenu, "'L'accompagnement social, pratique de l'institution familiale", (2010) 91 *Réalités Familiales* 44.

〔90〕 与法兰西银行的讨论表明,约有50%的案例出现了面谈。See also Ferrière and Chatain, *Surendettement des particuliers*, 3rd edn, (Paris, Dalloz, 2006) 23. 22.

〔91〕 See Conseil Économique et Social, Le surendettement des particuliers (Paris, 2007).

委员会面前进行听证的权利,尽管这种权利几乎从未行使过。许多还款计划都遵循相对标准化的程序,几乎不需要协商,并且多数大型债权人都遵循与委员会的例行合作。整个过程相对比较客观。

委员会的组成结构导致了以下两个问题:不同团体对裁决的影响,以及委员会是否为特定团体所俘获。[92] 公共债权人和私人债权人主导了委员会最初的构成。塞巴斯蒂安·普罗特声称,因为经常很难找到积极的消费者代表,所以常常会导致代表性的失衡。[93] 委员会中大型金融机构的代表们是有组织的重复参与者,他们密切关注不同委员会的裁决,以评估该决定是否更有利于或更不利于债务人。该法刚出台时,债权人往往不愿与委员会合作,但他们后来意识到,该国家体系可能会实际上降低他们的催收成本。法兰西银行秘 125
书处——准备案卷的指导人员——大多由女性担任。在银行内部,处理过度负债问题的工作被视为二等岗位。21 世纪初,消费者团体批评委员会中的债权人代表存在偏见,不愿意运用权力免除债务人的部分债务。

委员会的独立分散性质最初导致了法律适用上的巨大差异,包

〔92〕 关于过度负债的规定(see R331)要求由债权人和消费者集团提供的名单决定成员。(成员由各省省长根据债权人和消费者团体提供的名单作出决定)法定代表人由上诉法院的地方主席提名,且必须有 3 年的法律经验。

〔93〕 S. Plot, *Les enjeux d'une mise en risque. La construction du surendettement comme problème public* (1989 – 2010), (Thesis, University of Paris-Dauphine, 2011) 276 – 277. 在 2003 年之后,填补负债委员会的法律职位是困难的,因为它的工作是无偿的。

括对待债务人的方式,以及对其清偿能力的判断也大有不同(“剩余财产”)。法国国家审计署在2010年报告中提请委员会注意这种缺乏连贯性的情况。这些重大的地区差异对法国的统一、科层制和专业性的行政价值观构成了挑战。2010年各委员会被要求提高透明度和增强问责制,法兰西银行也试图采用通告方式确保处理方式的一致性。〔94〕 法国国家审计署在其2013年的报告中继续批评地区差异性以及与其他社会机构缺乏协作的问题。2013年的法律修正案要求,过度负债委员会和租户驱逐委员会以及家庭援助网络(caisse d'allocation familiales)加强联系。〔95〕

那些执行政策的人也可能改变或破坏政策。〔96〕 研究表明,法兰西银行的雇员在作出是否准许延期还款的决定方式上存在差异。〔97〕委员会也有权决定如何分配还款和优先清偿哪些债务(通常是房租、家庭开支、水电气等公共费用,然后是消费信贷),因此,申请的处理就不会是简单的平均分配。是否将债务人转入“个人恢复程

〔94〕 参见2014年7月22日的广布的通知。

〔95〕 See loi no. 2014 - 366 24 March 2014. 这是对蒂尼(Dini)和埃斯科菲耶(Escoffier)2012年报告中批评的回应,*Crédit à la consommation et surendettement* M. Dini and A-M Escoffier, *Crédit à la consommation et surendettement*: *une réforme ambitieuse à completer* (2011 - 12 Senate Report no. 602).

〔96〕 See Sebastien Plot's discussion of the Bank of France employees as street level bureaucrats, *Les enjeux d'une mise en risque. La construction du surendettement comme problème public*(1989 - 2010), (Thesis, University of Paris-Dauphine, 2011) 25 - 29.

〔97〕 See H. Fraisse and P. Froute, "Household Debt Restructuring: Evidence from the French Experience" (Bank of France, Working Paper no. 404, 2012).

序”的决定绝不是机械性的,各委员会在行使这项自由裁量权时也有所不同。[98] 此外,法国银行通过通告提供优先权指南,并设法将不同的参与机构(委员会、法院等)召集到一起,以确保案件处理的一致性。

法院的作用:上位法和下位法

尽管法国的过度负债制度越来越被视为一种行政制度,但法院在这一发展过程中仍发挥了重要作用。[99] 法国最高法院在制定政策方面具有重大的影响力,特别是在法律出台之初。文森特·维尼 126
奥(Vincent Vigneau)和纪尧姆·哈维尔·布兰(Guillaume-Xavier Bourin)认为,法国《消费者过度负债处理法》主要是由最高法院制定的。[100] 最高法院最初处理的数百例案件[101]涉及以下一些问题:是

---

〔98〕 法国审计院在2013年关于法兰西银行过度负债管理的报告中指出了这些差异。他们指出:“有些委员会更支持债务免除,且各委员会对这一问题的判例作了完全不同的解释。”Cour des Comptes, *La lutte contre le surendettement des particuliers: des progrès encore trop limités*, (Paris, 2013) 230.

〔99〕 法国下级法院仍在审理相当数量的此类案件。2012年“审裁处”(Tribunaux d'instance)共审理了55,082宗案件,占案件总数的9%;“大审裁处”的案件总数为10,513宗(占案件总数的1.5%);上诉法庭的案件总数为7772宗(占案件总数的3.8%)。

〔100〕 See V. Vigneau and G-X Bourin, *Droit du surendettement des particuliers*, (Paris, Lexis Nexis, 2007) 16. 关于其作用的评价参见 Rapport Annuel Cour De Cassation, *Les personnes vulnérables dans la jurisprudence de la Cour de cassation*, *Contributions de la deuxième chambre civile de la Cour de cassation* (Paris, 2009)。

〔101〕 See G. Paisant, “La Jurisprudence de la cour de cassation et la question de la réforme de la loi sur le surendettement des particuliers”, (1994) *Dalloz Chronique* 173. 参见 B. Bouloc (1991) Cass Civ. 1991 D 1991 307 note Bouloc。

否将债务人的善意(good faith)作为该程序适用的条件,[102]同时负有商业债务和非商业债务的个人能否适用该程序,[103]没有清偿能力的个人能否适用过度负债程序。[104] 法院的做法维护了适用程序的自由,并为那些1989年的政治妥协未能保护的、没有清偿能力的债务人提供了一些救济。[105] 它试图使这项含糊的"瑞士乳酪"法(Swiss Cheese)保持统一,因为该法把许多问题留给法官自由裁量(初审法官拥有决定事实问题的权力),这使基层法院享有较大的司法裁量权。最高法院限制善意要件成为程序适用障碍的潜在影响,转而要求债权人证明债务人的不诚实,防止基层法院自己提出关于善意的动议。然而,最高法院的确将关于实质性善意的解释留给了初审法官,但也指出债务人的过失并不等于恶意。[106] 最高法院认为,通过预测债务人未来的情况支持程序适用的限制是不恰当的。[107] 最高

---

〔102〕 See Cass 1ère civ. 4 Avr 1991(Bull civ. 1 no. 123). 法院限制了善意要求的影响,要求债权人证明债务人缺乏善意,并禁止下级法院自行提起诉讼。法院还指出,过失并不等同于恶意。1ère civ. 31. mars 1992, Bull 1992, I no 107, arrêt no 3, pourvoi no. 91 - 04. 032.

〔103〕 如果非职业债务足以使个人无力清偿债务,法院允许将职业债务纳入计划。See discussion of cases in V. Vigneau and G-X Bourin, *Droit du surendettement des particuliers*, (Paris, Lexis Nexis, 2007) 85 - 92.

〔104〕 Bracq Bull Civ. I no. 41, arrêt n 2: D 1993. 343 note Bonthoux.

〔105〕 See G. Paisant, (1993) *Revue trimestrielle de droit commercial* 368, 370. 最高法院认为,法院通过推测债务人的未来前景,限制债务人向委员会提出申请是不合理的。1ère civ. 31 mars 1992, Bull 1992, I no. 107, arrêt no. 3, pourvoi no. 91 - 04. 032.

〔106〕 Cass 2e civ. ,20 October 2005. G Henaff, (2006) Note, *Receuil Dalloz* 870. 将善意的问题留给基层法院解决的思路受到了布洛克(Bouloc)的批评,他认为法院应该给予更多的指导,因为新的程序挑战了传统的合同概念。

〔107〕 Iere civ. 31 mars 1992, Bull 1992, I no. 107, arret no. 3, pourvoi no. 91 - 04. 032.

法院规定，即便是没有清偿能力的个人，也可以提出申请，法院可以作出新的、连续5年的清偿计划，这就拒绝了沿袭大多数上诉法院的做法。[108] 这实际上导致了法院强制的暂停清偿；最高法院还允许各法院将延期的利息调整为0，尽管立法仅规定了“降低”利息，它还免 127
除了房屋出售的清偿差额——同样，法律仅规定了降低利息的权力。法学家吉勒斯·派桑（Gilles Paisant）对这些做法提出了批评，认为最高法院超越了其“完善法律”的传统角色，开始“改写法律”，用“公平正义的理念”（equity）取代了法律条款的严格属性。[109] 最高法院还允许在非商业性债务已经令个人无力清偿时，将商业性债务列入还款计划。[110] 这对医生、建筑师和律师等自由职业人士来说意义重大，因为他们直到2005年才能适用商法破产程序。派桑将这些现象描述为专门为消费者设计的、“大胆的”法律的解释，而最高法院依职权在年度报告中建议的立法改革，或许是更好地处理这些问题的路径。[111]

---

〔108〕 See Paisant(1993) *Revue trimestrielle de droit commercial* 368,370.

〔109〕 See G. Paisant, “La jurisprudence de la cour de cassation et la question de la réforme de la loi sur le surendettement des particuliers”, (1994) *Dalloz Chronique* 173. 1995年改革将法律条款修订为“处理”而不是“解决”债务问题。

〔110〕 1ère civ. 16 juin 1993, Bull 1, pourvoi no. 92 – 04. 113; Cass 1ère civ. 2 décembre 1992(Bull civ. 1, no. 302). 这些决定和最高法院处理商业债务的方法，参见 Vigneau and Bourin, *Droit du surendettement des particuliers*, (n 22) 85 – 92。

〔111〕 Paisant(1993) *Revue trimestrielle de droit commercial* 374. See Cour de Cassation, *Contributions de la deuxieme chambre civile de la cour de cassation*, *troisieme etude*, Rapport Annuel Cour De Cassation, *Les personnes vulnérables dans la jurisprudence de la Cour de cassation*, *Contributions de la deuxième chambre civile de la Cour de cassation*, (Paris, 2009) 140.

法国在2003年引入个人恢复程序之后,最高法院不赞成基层法院拒绝对年轻债务人予以救济的做法,再次对“无可挽回的困境”的概念提供了宽松的解释。[112] 在对法国《消费者过度负债处理法》的意见作出初次回应后的法律运行过程中,最高法院发布了一份通知(基层法院的判决相互冲突时采用),将进入个人恢复程序的债务人限制为几乎没有清偿能力的个人。[113] 比较法专家让人们注意到最高法院功能中的悖论;法学理论不能被视为法律渊源,也不能创造有约束力的判例,但法国的现实似乎完全不同。[114]

在法国,“上位法”和“下位法”之间的关系由“事实审法官的决定权”原则(pouvoir souverain des juges du fond)予以协调,该原则赋予下级法院法官决定事实问题的重大自由裁量权,而最高法院则负责解决法律问题。最高法院是监督法院,保证法律的一致适用。基

〔112〕 在2003年12月至2005年的案例样本中,在33%的案例中,执行法官不允许债务人进入个人恢复程序。超过30%的案例中,法院认为债务人情况可能会改善,26%的案例中被拒绝的原因是债务人的收入和资产足以清偿某种形式的债务,8%的案例中因为债务人太年轻而不能提出申请。参见2003~2005年案例的实证研究。C. Bourreau-Dubois, B. Chopard, and Y. Ziane, “Plans de redressement et procédure de rétablissement personnel: une analyse du traitement du surendettement des particuliers” (2010), 载法国经济学协会官网, http://congres. afse. fr/docs/2010/865526predetprpuneanalysedutraitementdusurendettementdesparticuliers. pdf。

〔113〕 See Cass civ. Avis no. 0050001 10 January 2005. See the opinion of M. Benmakhlouf.

〔114〕 For a general discussion see J. Bell, *French Legal Cultures*, (London, Butterworths, 2001) 66 et seq; M Mitchel de S-O-l'E Lasser, *Judicial Deliberations: A Comparative Analysis of Transparency and Legitimacy* (Oxford, OUP, 2009).

层法院对案件的具体处理方式则各不相同。伊曼纽尔·卡雷尔（Emmanuel Carrère）在他的小说《与我不同的人生》中，描述了法官艾蒂安·里加尔（Etienne Rigal）和菲利普·弗洛里斯（Philippe Flores）在维埃纳和尼奥尔地区法院中所运用的司法正义。这些“红袍法官”（red judges）通过对信贷法的形式主义解释和对法国《消费者过度负债处理法》的自由化解释，推翻了信贷合同。[115] 里加尔被比作“马尼奥法官”（bon juge Magnaud），后者在1989年一份著名的判决中，拒绝给一个因生活所迫而偷面包养活自己孩子的年轻女子定罪。[116] 128

在契约团结主义观念和减少社会排斥理念的启发下，法国法学学者将过度负债领域定义为一门新的社会法。它代表一种特殊的法律——一种代表了“与社会最弱势群体团结的社会逻辑”的社会法，[117] 复兴了19世纪晚期法学学者的思想，他们强调社会相互依存

---

〔115〕 See e. g. Trib Inst Vienne 25 November 2002 *Revue trimestrielle de droit commercial* 2003 174, note Paisant discussed by Kilborn, "What the United States Can Learn", Kilborn, "*La Responsibilisation de l'Economie*: What the United States Can Learn from the New French Law on Consumer Overindebtedness", (2004 – 2005) 25 *Michigan Journal of International Law* 653.

〔116〕 普通法中记载了“下级”法院基于司法正义作出的裁决。See e. g. D. Cowan and H. E. Hitchings, "'Pretty Boring Stuff' District Judges and Housing Possession Proceedings", (2007) 16 *Social and Legal Studies* 363 – 82. M. Finn, T*he Character of Credit* (Cambridge, Cambridge University Press, 2003).

〔117〕 Rapport Annuel Cour De Cassation, *Les personnes vulnérables dans la jurisprudence de la Cour de cassation*, *Contributions de la deuxième chambre civile de la Cour de cassation*, (Paris, 2009) 129.

和社会关系的不平等，其与体现在契约意志理论中的19世纪自由主义的原子论个人主义形成鲜明对比。[118] 19世纪保护伤亡工人的正当理由被用于解释保护现代信用社会的消费者受害人。然而，正如工业资本主义的最初受害者为了从社会化国家的新官僚机构获得补偿往往要经历复杂的程序一样，债务人也要接受委员会的裁判，判断他们是资不抵债还是陷入了"无可挽回的困境"，能否完全免除债务。从债务人的观点来看，"程序即惩罚"[119]或许是一个恰当的描述。为了保护"弱者"的利益，将债务免除作为全面履行合同的例外，是对新社会法(new droit social)[120]的一种社会性的保守解读，拉康(Lacan)和拉扎勒斯(Lazarus)提出上述解读，[121]通过个人恢复程序免除债

---

〔118〕 这些作者包括弗郎索瓦·舍尼(Francois Gény)、伊曼纽尔·古诺(Emmanuel Gounot)和里昂·迪吉(Leon Duguit), See M. C. Belleau, "The 'Juristes Inquiets': Legal Classicism and Criticism in Early Twentieth Century France", (1997) *Utah Law Review* 379; D. Kennedy, "Two Globalizations of Law & Legal Thought 1850 – 1968", (2003) 36 *Suffolk Law Review* 631, 648 et seq. 肯尼迪在第650页强调了关于"社会"的各种合法叙事。"那么，社会可能是基于社会主义或社会民主意识形态[也许是迪尔凯姆主义(Durkheimian)，基于新教宗派的社会基督教，基于新康德主义(neo Kantian)的'情境自然法'(situational natural law)，基于康德实证主义，基于天主教自然法，基于俾斯麦(Bismark)、迪斯雷利(Disraeli)的社会保守主义，或基于法西斯意识形态。]" See also J. Cedras, "Le Solidarisme contractual en doctrine et devant la cour de cassation" in Cour de Cassation Rapport Annuel 2003.

〔119〕 The reference is to M. Feeley, *The Process is the Punishment: Handling Cases in a Lower Criminal Court* (New York, Russell Sage Foundation, 1992).

〔120〕 See A. Supiot, "Grandeur and Misery of the Social State", (2013) 82 *New Left Review* 99.

〔121〕 L. Lacan and J. Lazarus, "A Relationship and a Practice: On the French Sociology of Credit", (2015) *MaxPo Discussion Paper* No. 15/1, 19.

务，是一种温和地降低债务人对国家福利需求的再分配形式。[122]

第六节　讨论 129

法国的经验表明了制度背景对政治变革的重要性、叙事的作用以及初始事件的长期影响，这里主要指，法兰西银行扮演了进程主导者的角色。一部含糊不清的临时法案得以保留，部分归功于法兰西银行，部分源于司法的扩张性解释。普拉萨德(Prasade)分析了法国的政策创新，并指出变革的3种起源：对前政府政策的强烈反对、借鉴其他国家的经验和本国的技术官僚。[123] 她认为，最重要的影响来自技术官僚——法国各行政机构行事谨慎而务实，因为他们经常受到来自技术官僚内部的批评。[124] 推动过度负债制度发展的主力是司法部、财政部以及法兰西银行，它们严谨地调整了法律，尝试通过消费者金融咨询委员会等委员会调控政策，并回应来自内部的诸多批评。司法部希望将债务案件分流出法院，而财政部则成为与金融

---

〔122〕 See G. Gloukoviezoff, *L'exclusion Bancaire*, (Paris, Presse Universitaire, 2010) 229 – 230.

〔123〕 M. Prasad, "Why is France so French? Culture Institutions and Neo liberalism, 1974 – 1981", (2005) 111 *American Journal of Sociology* 357.

〔124〕 See M. Prasad, *The Politics of Free Markets: The Rise of Neoliberal Economic Policies in Britain, France, Germany, and the United States*, (Chicago, University of Chicago Press, 2006) ch. 4, 275："法国最重要的改革主力军……是技术官僚。"

利益群体沟通的管道。2003年法国《波尔洛法》打破了法国专家政治的渐进式变革。法国的技术官僚了解美国等国的过度负债调整模式,他们最初拒绝内部法律的移植,即移植阿尔萨斯—摩泽尔法律中的民事破产制度,将其与美国直接免除债务一样极端的方式联系起来。然而,随后采用的法国《摩泽尔法》被证实是法国式而非盎格鲁—撒克逊式的解决方案。

国家审计署一直在批评法兰西银行所主持的过度负债工作。2005年它认为这不应该是中央银行承担的任务;2010年它对法兰西银行管理过度负债工作的许多方面提出了尖锐批评,包括政策的制定缺乏充分、可靠的证据,成本较高,[125]各委员会表现平庸,且在核心问题的处理方法上差异较大,在清偿计划达成合意之后缺乏对债务人的跟踪监督。国家审计署认为,法兰西银行在过度负债的政策方面几乎没有中央的统一协调,各委员会也没有在工作中探索与其他社会机构的协商及合作。[126] 国家审计署2013年的报告继续持批评的立场。[127]

法兰西银行作出了以下回应,它进行了更加深入的研究,建立了
130 与其他机构的交流与合作,并通过详细的通告确保各委员会的工作

---

〔125〕 法国国家审计署估计,每个案件平均需要花费1035欧元。

〔126〕 See Cour des Comptes, *La lutte contre le surendettement des particuliers: une politique publique incomplete et insuffisament pilotée* (Paris, 2010).

〔127〕 Cour des Comptes, *La lutte contre le surendettement des particuliers: des progrès encore trop limités* (Paris, 2013).

更加一致。但银行在其对审计署2010年报告的回应中，呈现了对过度负债管理的态度，表现出它们对监督清偿计划执行情况这项建议的反感。它们指出，银行为执行过度负债管理这项特殊职能付出了高昂的代价，却没有得到国家的充分补偿。因此，它们不愿意接受其职责范围的进一步扩大。[128]

法兰西银行的独特功能或许可以通过法系渊源的相关文献进行解释。[129] 这种观点认为，法国民法和普通法代表"对经济生活进行社会控制的不同方式"，一般认为，法国民法传统不太适宜促进信贷的利用，而更愿意保护债务人，更有可能通过集中监管来干预市场失灵的情况。尽管法律体系与特定的解决方案之间并无紧密的联系，但国家可能会在经济危机期间引入集中调整的制度，而危机过后，该制度没有被废除，并继续予以保留。最后，关于法系渊源的观点或许有助于解释法兰西银行在监管过度负债方面的独特作用。然而，其他受法国法影响的大陆法系国家所沿袭的调解模式是由法院进行监管，而不是由中央官僚机构进行监管。因此，法兰西银行最初承担该任务似乎是一个偶然事件，却产生了深远影响。

国家对债务人和过度负债的叙事管理是法国在国家主导的知识

---

〔128〕 Cour des Comptes, *La lutte contre le surendettement des particuliers: des progrès encore trop limités*, (Paris, 2013) 494.

〔129〕 See R. La Porta, F. Lopez-de-Silanes, and A Shleifer, "The Economic Consequences of Legal Origins", (2008) 46 *Journal of Economic Literature* 285.

体系中制定政策的一个特点。[130] 这与美国各种政策范式之间争夺主导地位的“理念之战”形成了鲜明对比,法国没有公开的思想论战。法国政府一直通过法兰西银行的研究来管理这种叙事。法国的法学教授不采用跨学科的经验主义、法学和经济学的理论框架等政策分析方法。[131] 他们的批评主要集中在法律概念的完整性上。法国的社会学家越来越多地将债务、信贷和过度负债作为主导性的社会学问题来研究,并主要采用详细记录信贷的族群分布的方法。

韦罗妮克·内耶茨最初反对将民事破产作为消费者的一般救济途径,因为她认为,民事破产不适合法国人的思维方式,而思维方式似乎与“契约必须遵守” 原则同等重要。[132] 这就提出了一个问题,法国不愿引入破产免责是否可以用其法律文化来解释,即法国推崇
131 蕴含在《法国民法典》第1134条中的契约约束力的理念。法国的政策制定者是否比美国《1978年破产改革法》[133] 或英国《2002年破产法》的政策制定者更加重视信贷合同的神圣性,更加深切地担忧消费

[130] See J. Campbell and O. Petersen, *The National Origins of Policy Ideas: Knowledge Regimes in the United States, France, Germany, and Denmark* (Princeton, Princeton University Press, 2014).

[131] See R. Colson and S. Field, “Socio-legal Studies in France: Beyond the Law Faculty”, (2016) 43 *Journal of Law and Society* 285.

[132] 重要的是“不要让法国人认为他们可以约定债务,却不清偿债务”。Decl Neiertz Jo An (CR) 8 December 1989, 6109.

[133] G. Trumbull, *Consumer Lending in France and America: Credit and Welfare* (Cambridge, Cambridge University Press, 2014).

者破产制度的引进对信贷市场造成的有害后果？

法国 1989 年的选择与美国《1978 年破产改革法》大相径庭。1989 年法国法中破产免责制度的缺失，使主张（免责）实现重大政策变化的团体需要付出高昂的政治成本，因为几乎没有证据表明这种改变会产生哪些潜在影响。美国《1978 年破产改革法》很好地确立了破产免责制度，实践经验表明，它只对信贷发放产生有限影响。当时的法律经济学并不关注破产的事前效应。在 2002 年的英格兰和威尔士，更宽松的破产免责程序并不是为消费者所设计的，也不是消费者（相对于企业家）冒险精神的内容。

法国财政部和法兰西银行的精英政策制定者或许真的担忧债务减免会带来的影响，这也是在当时引入债务整理制度的所有欧洲政策制定者的担忧。法国的辩论提到维持信贷规范的重要性，而并不仅仅局限于债权人对自身利益的追求。当整个欧洲引入这些制度时，往往伴有这些制度无意挑战“契约必须遵守”规则的表述。[134] 普通法国家也担心债务减免是否会影响承诺的神圣性。英国 2009 年针对无收入、无财产、无清偿能力的债务人推出债务纾缓令时强调，这不会对信贷体系构成威胁，这是对“陷入债务困境的弱势群体”的

〔134〕 如参见荷兰，“债务人履行债务是我国法律制度的起点。对于那些……生活放荡、不负责任、债台高筑的人来说，目前的方案并不能为他们提供一个轻松的出路。” Quoted in J. Apeldoorn, “The ‘Fresh Start’ for Individual Debtors: Social Moral and Practical Issues”, (2008) 17 *International Insolvency Review* 57.

一种救济措施。[135] 因此，“契约必须遵守”并不是法国人特有的执着，而是法国人的思维方式。[136]

法国有时被描述为代表与主流的盎格鲁—撒克逊模式——消费信贷驱动经济的新自由主义——形成对照的社会模式。官方文件越来越多地提到：在国家承担管理过度负债职责的背景下，过度负债委员会的社会功能、过度负债法是社会性的法律，以及社会排斥的核心理念。但是，只有那些陷入“无可挽回的境地”的债务人（通常是那
132 些脆弱的穷人）才能免除债务，是一种保守的社会概念。在私法中，它可能被描述为需求—理性的社会福利主义的一种恰当形式。[137] 它与社会排斥的联系并没有带来大量支持个体债务人的社会干预。[138]

---

〔135〕 See Parliamentary Under Secretary of State for Business, Innovation and Skills, (Mr. Edward Davey) HC Deb 9 November 2010 c7 – 8WS. See also DTI Insolvency Service, *Relief for the Indebted— An Alternative to Bankruptcy* (London, Insolvency Service, 2005).

〔136〕 环境变化对合同效力的有限影响在法国民法中可能更多地归因于历史偶然性。See J. Gordley, “Comparative Law and Legal History” in *The Oxford Handbook of Comparative Law*, (Oxford, Oxford University Press, 2007) 764. 戈德雷（Gordley）认为，民法典未涵盖对缺乏远见的人的救济是一种“意外”。

〔137〕 See T. Wilhelmsson, “Varieties of Welfarism in European Contract Law”, (2004) 10(6) *European Law Journal* 712.

〔138〕 See M. Dini and A-M Escoffier, *Crédit à la consommation et surendettement: une réforme ambitieuse à completer*, (2011 – 2012 Senate Report, no. 602) 72; Cour des Comptes, *La lutte contre le surendettement*, (Paris, 2013) 233 – 234（是指各委员会与社会服务机构之间联系较少）.

不同的慈善组织和社会组织为债务人提供分散的建议和帮助。[139] 法国没有类似英国公民咨询局的国家机构。法国2010年的改革使个人更容易重新进入信贷市场,该改革和最近的金融知识扫盲行动,与新自由主义思想一致。这些措施起到了“授人以渔而非授人以鱼”的效果。[140] 它是否为个人恢复程序债务人的财务危机提供了长效解决机制,答案仍不得而知。

以基督教民主模式为基础的法国福利体系,传统上倾向于家庭而非个体,更倾向于能在社会中有稳定工作的圈内人士,而非没有就业保障的人,并且不喜欢那些不鼓励个人重返工作岗位的消极劳动力市场政策。法国福利体系经常通过累退税措施获得资金支持。[141] 20世纪八九十年代,这一制度发生了重大变化,其试图消弭新自由主义和高失业率的影响。[142] 现在,法国越来越多地关注被排斥者,通过诸如最低收入保障(Revenu Minimum d'Insertion,RMI)之类的

---

〔139〕 讨论第三部门的巨大作用和法国社会服务的分散性,参见 E. Archambault, “Social Services in France:A Public Private Partnership” in P. Herrmann and S. Herrenbrueck (eds.), *Changing Administration-Changing Society. Challenges for Current Social Policy*, (New York, Nova, 2006) 223。

〔140〕 See discussion in R. Gaillard, “Échec Annoncé de la Lutte Contre le Surendettement des Particuliers en France? Sociologie d'une Forme d'Assistance”, (2014) 1 – 2 *Revue Française des affaires sociales* 78.

〔141〕 See J. Levy, “Vice into Virtue? Progressive Politics and Welfare Reform in Continental Europe”, (1999) 27 *Politics and Society* 239.

〔142〕 See M. Vail, *Recasting Welfare Capitalism* (Philadelphia, Temple University Press, 2010).

国家补助措施救济他们,在2009年,有3%的法国人口得到了最低收入保障救济。[143] 当前,法国仍然关注那些“被排斥者”和社会生活中地位不稳定的人。个人也会担心自己从社会的“主流”沦落为“边缘”。因此,过度负债可能会成为讨论阶层下沉、社会和家庭稳定性的崩溃以及不平等等话题的象征性场景。

[143] See B. Palier and K. Thelen, “Institutionalizing Dualism: Complementarities and Change in France and Germany”,(2010)38(1) *Politics and Society* 119,134. 最低收入保障也随着劳动补助收入(RSA)的引入而不断改变。

第五章　瑞典:甚为勉强的仁慈品质

第一节　简介

瑞典经常被当作经济和社会进步的一个典范。瑞典人是世界上受教育程度最高的人群之一,他们的假期最长,拥有一流的医疗系统,平均寿命最长,社会犯罪率极低,且生活水平居世界前列。[1] 评论家们指出,瑞典在2008年大衰退中受到的影响比较小。[2] 瑞典

---

〔1〕 S. Steinmo, "Sweden: The Evolution of a Bumble Bee" in S. Steinmo, *The Evolution of Modern States: Sweden, Japan and the United States* (Cambridge, Cambridge University Press,2010).

〔2〕 See G. Schnyder, "Like a Phoenix from the Ashes? Reassessing the Transformation of the Swedish Political Economy Since the 1970s",(2012)19(8) *Journal of European Public Policy* 1126.

的债务整理制度往往被视为国家福利制度或社会导向的一部分,[3]其强制执行债务的行政制度被认为是最佳方案。[4] 然而,笔者的研究显示,它仍然是一个相对严格的债权人导向的制度,这一制度与奥尔多自由主义中负责任的个人理念更加匹配。从 1994 年引入债务整理制度开始,数个委员会和一些报告就提出了改革的考虑,并推行了一些主要以降低成本和实现更高效的强制执行为目标的改革。瑞典的妥协政治导致了这样一种“平衡”:相对债务人重新开始的经济和社会效益,瑞典更加强调“良好清偿文化”的重要性。

瑞典的生产公有化程度很低,瑞典将(新)自由主义市场方法论与基于社会保险(而非“福利”制度)[5]的广泛的社会安全网相结合。
134 传统上,瑞典的产业集中于少数几个大企业,包括 4 家大银行所组成的寡头银行体系把控的金融系统。瑞典在历史上以妥协政治和将政治问题概念化为技术问题的精英社团主义而闻名。这一点在政府为实现立法预期而任命的官方委员会所撰写的瑞典国家公共报告

---

〔3〕 J. Niemi,“Constructions of Debtors and Creditors in Consumer Bankruptcy” in J. Niemi, I. Ramsay, and W. Whitford, *Consumer Bankruptcy in Global Perspective* (Oxford, Hart Publishing, 2003).

〔4〕 See London Economics, *Study on means to protect consumers in financial difficulty; personal bankruptcy, datio in solutum of mortgages, and restrictions on debt collection abusive practices*, (2012) 190.

〔5〕 斯文·斯坦莫(Sven Steinm)将其描述为一种“社会—自由”的政治经济,以“描述一种不寻常的制度,它将大量的个人社会保护与非常自由的经济结合起来”。S. Steinmo, *The Evolution of Modern States: Sweden, Japan and the United States*, (Cambridge, CUP, 2010) 41.

(Statens offentliga utredningar,SOUs)中得到体现。[6] 瑞典还拥有先进的北欧消费者法,[7]该法考虑了弱势方的需求,并关注合同结果是否符合一般正义。

自20世纪90年代初的银行业危机以来,瑞典的经济和社会保障发生了巨大变革。中小企业受到激励并得到发展。2003~2013年中小企业的数量增长了1倍。瑞典迎接了新知识经济的到来。政府出台鼓励创业的政策,这在最近的破产制度改革建议中也有所体现。[8] 瑞典的社会安全网也发生了改变,助学贷款制度已存续多年,[9]但2006年之后,随着越来越多的工人退出了失业保险计划,瑞典的失业保险费用上升,医疗保险福利减少并受到更严格的监管,

---

〔6〕 Statens offentliga utredningar(SOUs). 不同利益相关群体有各自的立法期待,政府调查委员会根据这些期待完成了这份报告。

〔7〕 "在20世纪七八十年代,瑞典是消费者保护领域的领军国家……关注消费者保护仍然是瑞典私法的一个典型特点。"See R. Dotevall,"Sweden" in J. Smits,*Elgar Encyclopeadia of Comparative Law 2nd edn*,(Cheltenham,Edward Elgar Publishing,2012)849 – 50.

〔8〕 See SOU 2014:44 *An Opportunity for a Fresh Start for Serious Entrepreneurs.*

〔9〕 现代制度可追溯到1965年。瑞典实行免缴学费制,但大多数学生在政府拨款外都申请了助学贷款,毕业时平均负债19,000美元。还款期限是25年,未清偿债务可于债务人67岁时核销。然而,政府正在计划提升核销年龄,同时加强对这些助学贷款的未清偿尾款的强制执行。See M. Phillips,"The High Price of a Free College Education in Sweden. Here's why Swedish college students still graduate with a ton of debt" *The Atlantic*(31 May 2013),载大西洋月刊网,www. theatlantic. com/international/archive/2013/05/the-high-price-of-a-free-college-education-in-sweden/276428/。See also "Students to keep paying off debt beyond 67",The Local(20 April 2014),www. thelocal. se/20140420/students-to-keep-paying-off-debt-beyond-67.

临时雇佣有所增加,失业率仍然居高不下。[10] 2014 年的赫德伯格报告显示,这些因素都增加了个人过度负债的风险。[11]

瑞典的家庭债务收入比较高(参见第一章,图 1.1)。[12] 家庭债务总额与可支配收入的比率从 1995 年的 90% 上升至 2015 年的 179%,并预计将继续增长。[13] 抵押贷款占家庭债务的绝大部分,而消费贷款仅
135 占可支配收入的 10%。利息可以扣减的税收制度促使更多人选择抵押贷款,[14] 国家财政提供购房资金成为瑞典的一个笑谈。在瑞典,鼓励个人迅速清偿债务的因素很少,许多抵押贷款只需要定期清偿利息。[15] 如果仅分析承担家庭债务的人,则家庭债务收入比超过了

---

〔10〕 See IMF, *Article IV Consultation on Sweden*(2014). 4.8% 的失业率,而经济衰退前是 6.5%。

〔11〕 See SOU 2013:78 *Over-indebtedness in the Credit Society*? ("赫德伯格报告")[由安娜·赫德伯格(Anna Hedborg)领导,安娜·赫德伯格是政府的一位前政府部长,是社会民主党的政治家],载瑞典最高行政机关网,http://www. regeringen. se/49bb85/contentassets/7d6ed04741ab4b9badd089ed01fd3039/overskuldsattningi-kreditsamhallet-sou-201378-hela-betankandet。

〔12〕 其他的北欧国家(丹麦和挪威)的债务收入比同样也比另外的欧洲国家高,也比当前的美国高。

〔13〕 See Riksbank's *Financial Stability Report*, 2016:1, 11.

〔14〕 "最高 10 万克朗(约 8500 英镑)的抵押贷款利息成本可按 30% 的所得税税率扣减,超过的金额按 21% 的税率扣减。" IMF, *Article IV Consultation on Sweden*(2014), at 9. 购买游艇的利息也可以进行税款的扣减。

〔15〕 Riksbank's *Financial Stability Report*, 2016:1, 24. See "Swedes Doomed to Die with Mortgage", The Local(7 May 2014), www. thelocal. se/20140507/swedes-doomed-to-die-with-mortgages-central-bank.

300%,以中低收入消费者的负债比率为最高。[16] 低收入消费者很少使用抵押贷款而更多地使用消费贷款(信用卡贷款、分期贷款和助学贷款)。[17] 关于哪些人可能出现过度负债的问题,出现了意见上的分歧。赫德伯格报告认为,该问题集中于低收入消费者,一般而言,瑞典执行局(Kronofogden,KFM)登记的低收入债务人受教育的程度普遍不高,多为单身人士并租赁住所。[18] 相反,瑞典银行认为,全社会都可能存在潜在的过度负债问题。银行考虑到这样的债务水平对瑞典经济的潜在不利影响,以及可能拖欠债务的消费者的困难境地,其深表忧虑。[19]

---

〔16〕 See C. Skingsley,"Household Debt under the Microscope",载瑞典中央银行官网,www. riksbank. se/Documents/Tal/Skingsley/2014/tal_Skingsley_140508_eng. pdf。See also J. Winstrand and D. Olcer,"Economic Commentary:How indebted are Swedish households?"(Riksbank,2014).

〔17〕 G. Alfelt,M. Bos,and K. Roszbach,"Online Intermediation and the Terms of Consumer Credit",(2014) *Sveriges Riksbank Economic Review* 1,2,载瑞典中央银行官网,www. riksbank. se/Documents/Rapporter/POV/2014/2014_1/rap_pov_artikel_3_140306_eng. pdf。

〔18〕 SOU 2013:78 *Over-indebtedness in the Credit Society*?,para. 2. 6,112. "相比一般人口来说,那些因负债被瑞典执行局处理的过度负债者更可能是没有受过中学以上的教育、单身且住在租来的公寓。"报告还猜测,这些在执法局登记的个人可能还有尚未登记的贷款,如发薪日贷款。

〔19〕 See C. Skingsley,"Household Debt under the Microscope",载瑞典中央银行官网,www. riksbank. se/Documents/Tal/Skingsley/2014/tal_Skingsley_140508_eng. pdf。See also IMF,*Article IV Consultation on Sweden*,(2014) at 6,这里提到高家庭负债对金融稳定有潜在的危险。有观点认为,过高的债务水平并不构成问题,因为高债务是由高收入群体承担的,参见 L. Svensson,"The Riksbank's new study of household debt—misleading conclusions,or deliberate disinformation?"("Riksbankens nya undersökning av skulderna—missvisande slutsatser,eller medveten desinformation?"),载瑞典央行副总裁斯文森网,http://larseosvensson. se/2014/05/12/the-riksbanks-new-study-ofhousehold-debt-misleading-conclusions-or-deliberate-disinformation。

瑞典和其他北欧国家较高的家庭债务水平相比,看似反常,因为较高的家庭债务收入比通常与经济相关,如英国和美国,在两国工资不稳定或停滞不前的情况下,家庭债务使个人维持了较高的消费水平。在北欧国家,许多消费者服务由政府提供,个人消费在国民生产总值中占比较低。瑞典不同的社会阶层可能出于不同的目的使用信
136 贷,中产阶级利用信贷获得资本,贫困人群利用信贷进行日常消费。[20] 社会福利制度的改变将使贫困人群更加依赖信贷。

第二节 瑞典消费者信贷市场的监管

瑞典对消费者信贷的监管较宽松。瑞典的信贷信息数量庞大,由于政府保留的所有信息都是公开的(如纳税申报单等),瑞典人仿佛生活在信息的“金鱼缸”中。瑞典商业和信贷机构 UCAB[21] 编纂的征信报告包含了个人收入来源、财产所有权等详细信息,也向贷方提供风险评分。瑞典商业和信贷信息机构声称,其报告覆盖了年满16周岁以上的全部个人,并同时包含正面信息和负面信息,但相比

---

〔20〕 See the discussion in C. Crouch, “Employment, Consumption, Debt and European Industrial Relations Systems”, (2012) 51 *Industrial Law Journal* 389.

〔21〕 瑞典商业与信贷信息机构,由瑞士四大银行所有。

美国而言，正面信息可能更少。[22] 个人的负面信息，如逾期超 90 日的欠款记录将在档案中保留 3 年，债务整理的信息将保留 5 年，这也是清偿计划的执行期间。[23]

瑞典消费者信贷法对消费者的保护程度和英国等国家类似，《欧盟消费者指令》和《抵押信贷指令》的实施已经缩小了它们之间明显的差异。债权人在放款之前必须对债务人的清偿能力进行评估。瑞典也没有规定利率的上限，虽然过高的利率被批评为不合理。目前正在进行的一场辩论和调查就是关于发薪日贷款的利率是否设置上限。[24] 瑞典《合同法》第 36 条（1976 年增添的）这个一般不合理条款将消费者界定为市场中的弱势一方，赋予法院保护消费者的自由裁量权。其争议在于，该条款是要在多大程度上将福利主义引入《合同法》，还是主要是对市场失灵的问题的一种回应。[25] 1990 年托马斯·威廉姆森（Thomas Wilhelmsson）主张，社会不可抗力的概念出现

---

〔22〕 瑞士的征信报告比其他国家的征信报告包含更多个人收入的细节，却似乎并没有涵盖个人的清偿档案（按时清偿、遗漏清偿等），而这是美国的征信报告标准要求之一。

〔23〕 因此，相比美国消费者，瑞典债务人将更早地获得“干净”的信用记录，而美国消费者的破产记录可能会被存档 10 年。

〔24〕 See discussion in A. H. Persson and A-S Henrikson, “Regulation of Instant Loans and Other Credits in Swedish Law”, (2014) 22 *Juridica International* 57. 英国现在已经开始控制“发薪日贷款”的利息。

〔25〕 See U. Bernitz, “Swedish Standard Contracts Law and the EC Directive on Contract Terms”, (2000) 39 *Scandinavian Studies in Law* 13 (section 36, primarily addressing market failures); T. Wilhelmsson, “Varieties of Welfarism in European Contract Law”, (2004) 10 *European Law Journal* 712.

137 在北欧具体的法律和判决中,当一方遭遇不可预见的变故(如疾病或失业)而无法履行义务时,社会不可抗力条款可以用来调整义务。[26]这代表需求导向的福利主义对弱势群体的关注和回应。瑞典和法国一样,都没有保护消费者免受信贷侵害的叙事,瑞典只对很容易被网上或手机上的"即时贷款"诱惑的年轻消费者加以保护。瑞典消费者对银行和金融服务市场缺乏透明度表达了严重的不满。[27]最近的赫德伯格报告也表达了与英国消费者信贷报告类似的忧虑:消费信贷透明度的缺乏,不负责任的信贷营销和利率过高的发薪日贷款。

从债权人的角度来看,瑞典的债务执行制度迅速而高效。如果债务人拖欠债务,企业可以将债务人的银行账户报送瑞典执行局,从而启动强制执行行政程序,债务人则承担抗辩的义务。瑞典执行局不用就此承担责任,人们普遍认为,很多有合法抗辩的自然人因为惰性而没有进行抗辩。[28]然而,瑞典在《世界银行营商环境报告》中的排名并不高。瑞典在合同执行的容易程度上排名第21位,在"获得贷款"的容易程度上排名第61位。在合同执行的便利程度上,瑞典的排名低于法国和德国,但高于英国,而德国和英国"获得贷款"的容

〔26〕 See T. Wilhelmsson, "'Social Force Majeure' A New Concept in Nordic Consumer Law", (1990) 13 *Journal of Consumer Policy* 1. 威廉姆森将社会不可抗力的概念解释为不可预见的事件(如失业)后的"履行障碍"。See T. Wilhelmsson, *Critical Studies in Private Law; A Treatise on Need-Rational Principles in Modern Law*, (Springer, 1992) ch. Ⅶ.

〔27〕 See Konsumentverket, *Swedish Consumer Report* 2014, 58.

〔28〕 SOU 2013:78 *Over-indebtedness in the Credit Society*?

易程度都比瑞典高。[29] 虽然这些是关于商业信贷的数据，但对消费者信贷也具有一定的参考价值。

第三节　瑞典债务整理体系的发展[30]

瑞典在20世纪80年代放宽了对金融系统的管制。这可能是20世纪90代初银行业危机的原因之一，数家银行在这次危机中倒闭。138
此后，许多个人和小微企业面临重大的债务问题，瑞典于1994年颁布了《债务整理法》（Skuldsaneringslagen）。在引入《债务整理法》之前，政府委员会调查、比较和评估了不同的替代方案。[31]

1991年政府委员会专家成员、后来担任瑞典最高法院法官的格特鲁德·伦南德（Gertrude Lennander）陈述了立法背景和立法目标。这些观点对于理解瑞典的《债务整理法》仍然十分重要。当时提出的

〔29〕 World Bank, *Doing Business 2015: Going Beyond Efficiency* (World Bank, 2014). 这些数据与商业有关，但在信用信息系统的排名方面与消费者信贷存在重叠。

〔30〕 关于瑞典于2013年的发展概述，参见A. Persson, "The New Swedish Debt Relief Act" in W. Backert, S. Block-Lieb, and J. Niemi (eds.), *Contemporary Issues in Consumer Bankruptcy* (Berlin, Peter Lang, 2013)。See also the excellent article by J. Kilborn, "Out with the New; In with the Old: As Sweden Aggressively Streamlines its Consumer Bankruptcy System, Have U. S. Reformers Fallen off the Learning Curve?", (2006) 80 *American Bankruptcy Law Journal* 435.

〔31〕 See G. Lennander, "Debt Adjustment for Private Individuals", (1991) 5 *Stockholm Institute for Scandinavian Law* 1129 (SOU 1990: 74).

法案借鉴了丹麦的经验和英格兰的管理令，是“针对问题、追求实效的应对方案”。[32] 美国的直接免责方案因为没有考虑债务人未来的清偿能力而被否定了。由债务人清偿部分债务的整理方案既考虑了债务人又考虑了债权人，债权人能够得到比进行破产清算更多的清偿款，而债务人则可以避免破产的污名。它针对的是消费者和因生意失败而身负大量个人债务的小商人的债务问题。该程序是德国破产法长达7年的清偿计划和美国式免责程序的折中方案。债务整理程序针对的是无财产可扣押的个人，因此，程序设计具有低成本和高效率的特点。

瑞典债务整理程序的目标是“经济复苏”。它不是解决社会问题的“万能药”，而只适用于出现社会不可抗力的情形，即因为情势完全变更或不可预见的事件，个人无法清偿债务。伦南德指出，这种债务整理并没有挑战“契约必须遵守”的原则；它只是体现了契约必须遵守原则的另外一面，即情势变更原则，且在任何情况下，新立法只允许在严格条件下调整债务：一是要求债务人处于永久支付不能的困境；二是合理标准，即允许法院审查债务人的行为、债务性质及其存续期间。同时，清偿计划结束时，税收和助学贷款可以根据瑞典《债务整理法》得以免除。债务整理程序应当在法院的监督下进行，应当

〔32〕 对于瑞典的提案，伦南德表示“最接近的模式是丹麦的程序，而其也借鉴了英美的相应制度”（管理令和第13章）。G. Lennander, “Debt Adjustment for Private Individuals”, (1991) 5 *Stockholm Institute for Scandinavian Law* 1129 (SOU 1990:74) 137.

简单迅速、简便经济。[33]

在瑞典《债务整理法》的立法过程中，瑞典一直强调债务减免不应违反“契约必须遵守”的原则，债务减免虽然只是例外，也应该简单迅速。当初，债务整理仅适用于处于永久支付不能困境中的个人，并应当经过合理测试(见下文讨论)。最初的立法将整个程序分成 3 个 139
阶段。首先，在市政咨询服务的协助下，债务人与债权人就清偿计划试行协商。其次，如果失败，债务人会尝试和执行局达成和解。最后，地区法院将就债务整理作出拘束性的裁定。该法设立了 5 年的标准清偿期，清偿期结束时，债务人可以获得免责。

对瑞典《债务整理法》的初步调查发现，该程序耗时较长，很难达成自愿清偿计划，执行局和市政府的职责不够明确。2004 年的调查之后，瑞典启动了 2006 年改革，废除了前述程序的第一阶段，授权瑞典执行局作出有拘束力的决定，该决定可以被上诉至地区法院。瑞典执行局是一个古老的机构，它最初是税收机构，现在是一个与财政部相关联的、催收所有政府债务和私人债务的自治机构。它兼具执行和防范的权力，并在全国各地设立了办公室。它被设置成一个类似英国破产管理署的“中立机构”，因此，它并不向债务人提供其债务是否有效的建议。

---

〔33〕 G. Lennander, “Debt Adjustment for Private Individuals”, (1991) 5 *Stockholm Institute for Scandinavian Law* 1129(SOU 1990:74)141.

瑞典执行局以前的形象是严苛的执行机构，但自2000年以来，它一直在努力改变自己的形象。2010年彭特·拉松（Bengt Larsson）和彭特·雅各布森（Bengt Jacobsson）发现，瑞典执行局的一项政策明确鼓励其官员放宽债务整理的适用条件。这反映出该机构的政策目标是减少"程序运行时间，提高效率，使债务人更容易地获得债务减免"。[34] 最近的国家公共报告（下文中将讨论）建议瑞典执行局在宣传债务整理方面（尤其是对可能沦为永久债务人的个人）发挥更加积极的作用，提供更多的建议，并与债务顾问进行协作。

图5.1显示了自2006年以来债务整理申请数量的大幅上升，这在一定程度上归功于程序的精简。[35] 但与其他拥有发达的个人破产制度的欧洲国家相比，瑞典债务整理程序的人均申请率仍然很低。瑞典债务整理的制度门槛太高，低估了需要适用整理制度的债务人数量，正如英格兰司法外的破产程序使破产统计数据显得不太高一样。过高的适用门槛同样会让债务人与债权人更难达成非正式的清偿协议。

---

〔34〕 B. Larsson and B. Jacobsson, "Discretion in the 'Backyard of Law': Case Handling of Debt Relief in Sweden", (2013) 3(1) *Professions and Professionalism* 1, 8（一项2011年的观察性研究）.

〔35〕 自愿达成清偿计划的第一阶段被废除，导致了2006年后申请数量的大幅上涨。这一阶段通常被证明是一种无效和高成本的程序。

140

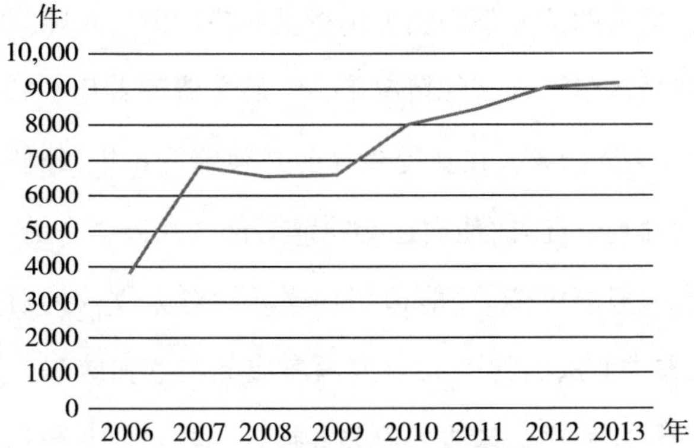

图 5.1　瑞典债务整理申请数量

资料来源:瑞典执行局年度报告。

瑞典《债务整理法》自颁布起已历经数次修订。[36] 立法修订削弱了法院在程序中的作用,使程序更加简单和迅速。最近的报告建议为债务人提供简单的网络申请表。[37] 2011 年为鼓励创业精神,该程序被扩展适用于小微个体企业[38](这是程序设计的初衷)。但是,程序的基本要素——要求所有债务人进行 5 年清偿的计划,在计划期间只能保留维持基本生存的收入,以及较高的适用门槛几乎没有

---

〔36〕 See e. g. Swedish Consumer Agency, Assessment of the Debt Relief Act 1995[瑞典消费者保护局(Swedish Consumer Agency)在报告中批评了破产资格测试,提出了更多现实可行的对债务人重返住房市场能力的评定方式];National Tax Board Report 2001;SOU 2004:81 *A Step Towards a Simpler and Faster Debt Settlement Procedure*;SOU 2008:82 *The Road Back for the Over-indebted*;Swedish Enforcement Authority, 2008:*Everyone Must Pay Their Fair Share*;SOU 2013:72 *Out of the Debt Trap*;SOU 2013:78 *Over-Indebtedness in the Credit Society*;SOU 2014:44 *An Opportunity for a Fresh Start for Serious Entrepreneurs*.

〔37〕 SOU 2013:72 *Out of the Debt Trap*, 21.

〔38〕 它们是“容易调查”的。Debt Restructuring Law 2006:548 as amended 2011, s. 4.

改变,因此,瑞典的债务整理制度仍然是严格的债权人导向的制度。

在维持最低生活水平的情况下,[39]很多债务人几乎完全没有清偿能力。[40] 这类债务人在获得免责前必须等待5年,即便他们执行
141 的是零清偿计划。此外,他们还必须证明自己在接下来的15年内没有清偿所有债务的可能,才能适用程序。针对无收入无财产的债务人,瑞典没有类似法国的***个人恢复程序***或英格兰和威尔士的债务纾缓令这样的快捷程序。瑞典国家公共报告一再对债务减免自由化给“良好的清偿文化”和信贷发放带来的影响表示担忧。最近的报告显示,只有“严重负债的退休老人和患严重疾病的债务人”,才能制订短于5年的清偿计划。[41] 如此看来,瑞典的仁慈品质确实甚为勉强。

2005年前后,“永久债务人”——在可预见的未来没有清偿所有债务的可能性,却不向瑞典执行局申请债务整理程序的个人——的问题备受关注。政策制定者们估计瑞典有50,000名左右的永久债务人。[42] 考虑到经济(减少国家成本)和人道主义,立法者们希望鼓励这些自然人进入债务整理程序。[43] 永久债务人可能已经在瑞典

---

〔39〕 可支配收入是根据瑞典《强制执行法》第74条的工资扣押规定来决定的。这也确定了债务人可保留收入的数额。

〔40〕 See V. Nordenanckar, “The Swedish Debt Relief Act” ECDN Money Matters (2007). SOU 2013:72 *Out of the Debt Trap* in 2014,提到36%的债务人没有清偿能力,且清偿的数额不足20%。

〔41〕 SOU 2013:72 *Out of the Debt Trap*, 23.

〔42〕 资料来源:瑞典消费者保护局。

〔43〕 See SOU 2013:72 *Out of the Debt Trap*, para. 4.3.1.

执行局登记多年且受工资扣押令拘束10年以上。2011年欧洲法院提供了一个“永久债务人”的案例。这个案件涉及一名在比利时为瑞典公司工作的瑞典人，他的小企业在1996年破产（大概在银行业危机之后），他自1997年以来受工资扣押令拘束，12年后，他才申请债务整理。[44] 瑞典执行局因为他不在瑞典居住而拒绝了他的申请。欧盟法院否定了瑞典执行局关于“在瑞典居住”这一条件，认为这违反了欧盟条约中的劳动者自由流动原则，而瑞典政府提出的理由也不能支持其裁决的正当性。

2008年的国家公共报告[45]非常详尽地讨论了永久债务人的问题，建议将清偿计划缩短至3年，并对严格的适用条件进行调整。该报告总结道，这种改变并不会影响信贷发放或者清偿行为。然而，虽然2011年法律对程序适用条件进行了调整，但5年清偿计划一如既往地困扰永久债务人。2013年又发布了两份报告。提出2004年瑞典官方政府报告的法官提交了名为《走出债务陷阱》（*Out of the Debt Trap*）的报告，[46]建议对债务整理制度进行改革（见下文），赫德伯格提交的另一份名为《信贷社会中的过度负债》（*Overindebtedness in the Credit Society*）的报告[47]研究范围则更广。除大量的统计材料

---

〔44〕 Case 461/11 Ulf Kazimierz Radziejewski v. Kronofogdemyndigheten I Stockholm EU：C：2012：704.

〔45〕 SOU 2008：82 *The Road Back for the Over-indebted.*

〔46〕 SOU 2013：72 *Out of the Debt Trap.*

〔47〕 SOU 2013：78 Over-indebtedness in the Credit Society？

外,这份报告还为瑞典债务整理制度的管理和过度负债应对政策的制定敲响了警钟。两份报告都认为,债务整理是被忽略了的公共政策领域,其公众可见度低、公共政策事实基础薄弱。

142 第四节 谁在适用瑞典债务整理制度

早期报告显示,瑞典较典型的过度负债者是受教育程度有限、租房居住且无子女的45岁单身女性。[48] 表5.1显示:获准进行债务整理的债务人中,62%的人超过50岁,1/3的人超过60岁。他们并不是瑞典人口和国民的典型代表,他们的年龄也与其他国家或地区债务人的年龄构成形成了鲜明对比,如法国[49]、英格兰和威尔士(见表5.2)。瑞典绝大部分债务人的年龄超过50岁,很少有低于40岁的债务人。正如表5.1所显示的,进入债务整理程序的债务人的年龄构成与在瑞典执行局登记的个人年龄构成也有所不同,或者说,和已经被强制执行的个人年龄构成有所不同。后者的年龄主要在25～54岁。[50]

---

〔48〕 B. Carlsson and D. Hoff, "Dealing with insolvency and Indebted Individuals in respect to law and morality", (2000) 9 *Social & Legal Studies* 293, 296, 引用了1996年的《国家消费者政策委员会报告》。

〔49〕 参见上文第四章,原著第105页。

〔50〕 See SOU 2013:78 *Over-indebtedness in the Credit Society*?

表 5.1　2009 ~ 2012 年准许适用债务整理的债务人年龄构成

年龄/岁	百分比/%			
	2009 年	2010 年	2011 年	2012 年
20 ~ 29	0.5	0.9	0.9	1.6
30 ~ 39	6.5	7.9	8.7	10.3
40 ~ 49	29.1	27.5	24.7	25.3
50 ~ 59	31.9	31.9	30.5	28.9
60 以上	32	31.8	35.2	33.9

资料来源:瑞典国家公共报告(2013 年第 72 号报告):《走出债务陷进》,第 170 页,表 8.3。

表 5.2　2012 年英格兰和威尔士破产年龄分布

年龄/岁	百分比/%
小于 25	4.1
25 ~ 34	23.1
35 ~ 44	29.6
45 ~ 54	26.3
55 ~ 64	11.9
65 以上	4.9

资料来源:英国破产管理署:《2009 ~ 2013 年按年龄、性别和地区分列的破产情况》,载英国政府网 2014 年 7 月 10 日,https://www.gov.uk/government/statistics/insolvency-statistics-individual-insolvencies-by-region-2013。由于四舍五入,各项百分比加起来不到 100%。

2012 年瑞典债务整理程序的债务人的主要收入来源是长期残 143

疾/医疗保险金(32%),或者是养老金(21%)。[51] 失业者似乎很少能获准适用债务整理程序。赫德伯格报告指出,在瑞典执行局登记的债务人通常受教育程度不高、单身且居住在租赁的住处中。[52]

最近,关于债务人清偿计划的一项研究证实了瑞典债务人的非典型性。[53] 他们平均年龄为58岁,50%的债务人不再有工作收入,只有25%的债务人有自己的房子。他们中上过大学的人少于10%。超过80%的债务人每年的家庭总收入低于29,000英镑,45%的债务人每年的总收入低于17,500英镑。该研究通过采访完成债务整理程序3年后的个人,以调查债务整理的效果。其中1/3的债务人认为债务整理给了他们重新开始的机会,而34%的人认为并没有。大约1/5的人不能开设银行账户。总体上看,相比债务整理之前,他们的生活水平并未改善,他们的身心健康也有所恶化。研究结论褒贬参半地认可债务整理计划,但是这值得与最近关于美国重新开始的程序效果的研究进行比较。[54]

---

〔51〕 See SOU 2013:72 *Out of the Debt Trap*, Tables 8.4, 8.5 p. 171.

〔52〕 SOU 2013:78 *Over-indebtedness in the Credit Society*?

〔53〕 See R. Ahlstrom, S. Edstrom, and M. Savemark, "Over-Indebtedness as a Risk Factor for Inequality in Health and Life Quality among Swedes—A Survey of Debts, Health and Living Conditions among Over-Indebted Households in Sweden" (Stockholm, Swedish Consumer Agency, 2014).

〔54〕 See R. J. Mann, "Making Sense of Nation-Level Bankruptcy Filing Rates" in J. Niemi, I. Ramsay, and W. C. Whitford (eds.), *Consumer Credit, Debt and Bankruptcy: Comparative and International Perspectives* (Oxford, Hart Publishing, 2009).

适用债务整理的人群分布在一定程度上是适用门槛较高而导致的后果。几乎40%的债务整理申请都被驳回了,[55]和具有类似制度的法国等国相比,这是一个相当高的驳回率,因此,潜在的申请人获得建议的水准受到了质疑。表5.3显示了瑞典2009~2012年驳回债务人适用程序理由的情况。

表5.3　2009~2012年拒绝的理由分布

单位:%

年份	违反形式要件	不符合破产条件	不合理
2009	3	24	73
2010	3	37	60
2011	3	40	57
2012	3	35	62

资料来源:瑞典国家公共报告(2013年第72号报告):《走出债务陷阱》,第170页,表8.2。

裁判者在“符合破产条件”,即“在可预期的未来不太可能具有清偿能力的个人”和“不合理”这两点上有重要的自由裁量权。[56] 这些 144
条件旨在防止那些只是暂时不能清偿债务的个人使用债务整理程序,

〔55〕 See Table 8.1 in SOU 2013:72 *Out of the Debt Trap*.

〔56〕 瑞典《债务整理法》第4条将“符合破产条件”定义为“债务人背负过重债务,以至于在可预见的未来内很可能没有清偿能力”和“就债务人的个人和经济情况来看,批准其债务清偿计划是合理的”。在“合理性”的认定上,“应该特别考虑负债开始时,债务人为履行其义务做出的努力和债务人参与处理债务整理案件的方法”。这一部分不再包括“债务存续期间”的规定,这一规定被认为使债务整理仅适用于申请债务整理前已负债多年的自然人。

同时是为了缓解对债务人陷入财务困境前后的道德风险的担忧。

2013年的报告《走出债务陷阱》介绍了一些数量有限的"符合破产条件"的案例,并且指出,在前述案例之外的实践中,[57]当债务人为退休或者长期残疾的自然人时,情况会大不相同。法院没能给出确切的标准促使瑞典执行局在2008年制定了若干准则,要求裁判者推测"可预期的未来"应当限制在5~10年内。彭特·拉松和彭特·雅各布森研究了案件承办官(可以是取得法律资格证书的个人)如何运用关于"符合破产条件"和"合理行为"的一般条款。[58]他们在研究中发现:在实践中存在这样的分歧,一些案件的承办官对债务人比其他承办官更宽容。他们的结论是,准则和经计算机编程管理的案件处理程序减少了自由裁量权,但在筛选和解释申请人文件中的信息是否满足宽泛的合理性标准时,承办官依然有很大的自由裁量权。案件承办官们宣称:判例法只是提供了有限的指引,[59]在考虑个人

---

〔57〕"报告中有大量法院案件涉及符合破产条件的问题,但案件中几乎没有说明'可预见的未来'是多久以后。" SOU 2013:72 *Out of the Debt Trap* at 8.5.

〔58〕B. Larsson and B. Jacobsson, "Discretion in the 'Backyard of Law': Case Handling of Debt Relief in Sweden", (2013) 3(1) *Professions and Professionalism* 1, 8.

〔59〕他们引述一位官员的话:"我们对立法条文的依赖是非常少的。各案件——或者说各债务人——像白天和黑夜一般不同。" B. Larsson and B. Jacobsson, "Discretion in the 'Backyard of Law': Case Handling of Debt Relief in Sweden", (2013) 3(1) *Professions and Professionalism* 1, 86. 拉松和雅各布森也注意到了2010年"瑞典执行局的一条未成文的政策使案件负责人放宽条件……并且在案件开始前不要'过度调查'。" B. Larsson and B. Jacobsson, "Discretion in the 'Backyard of Law': Case Handling of Debt Relief in Sweden", (2013) 3(1) *Professions and Professionalism* 1, 6-7.

无力清偿债务时,他们更依赖将"可预期的未来"具体化的准则。[60]

然而,瑞典最高法院在2010年审理的一个案件中驳回了一名47岁的兼职社会工作者适用债务整理程序的申请,她在20世纪90年代失业时拖欠了大量债务,递交申请时的月薪大概为1500英镑,而债务约为30,000英镑(其中很多为应付利息),助学贷款为25,000英镑(尚未到期),每月需还款约400英镑(这样就能清偿超过80%的非助学贷款债务),法院驳回其申请是因为从长远看,她可能找到一份维持到退休的全职工作,然后在15年内清偿债务(除去助学贷款)。[61] 这个长达15年清偿期限的裁决推翻了瑞典执行局之前的 145
准则,但法院在2013年的另一判决中改变了立场,指出法院应结合个案的具体情况作出个案裁决。[62] 同时,政府于2012年委托调研和撰写了另一份国家公共报告,[63]议会中的社会民主党和基督教民主党议员们敦促政府加速改革,以缩短据以推测符合不能清偿条件的时间和清偿计划的时间。然而,债务清偿计划的统计数据清晰地显示:50岁以下的债务人占比很少。虽然这可能是其他因素导致

---

〔60〕 虽然瑞典执行局的手册中提到"对是否偿债不能的评估不是僵化固定的,而只是个大概"。B. Larsson and B. Jacobsson, "Discretion in the 'Backyard of Law': Case Handling of Debt Relief in Sweden", (2013) 3(1) *Professions and Professionalism* 1, 10.

〔61〕 See *Nytt Juridiskt Arkiv* (NJA) 2010, s. 496 discussed in SOU 2013:72 *Out of the Debt Trap* s. 8.3.

〔62〕 *Nytt Juridiskt Archiv* (NJA) 2013, s 28, discussed in SOU 2013:72 *Out of the Debt Trap* s. 8.3.

〔63〕 Which became SOU 2013:72 *Out of the Debt Trap*.

的，却令人惊讶，因为其他国家30～50岁的债务人占比极高，因为这是自然人一生中负债最多的年龄段，瑞典却迥然不同。

"合理性"测试会评估债务人的性格和债务人对债务的处理。基于这一理由驳回申请的案件数量减少了，也许是因为瑞典《债务整理法》删除了第2节中关于"债务存续时间"的规定，即删除了只有长期负债的债务人才能适用债务整理程序这一限制。

第五节 债务咨询与"赋能福利国家"[64]

北欧债务整理程序的一个特点是，债务咨询是为公民债务人提供经济复苏机会的能促型福利国家制度的一部分。能促型福利国家为个人提供服务，使其重返劳动力市场，而非现金转移支付。[65] 这些服务在过去10年间已有所削减，而债务咨询可能是其中之一。

---

〔64〕 See P. Kristensen, "Developing Comprehensive Enabling Welfare States for Offensive Experimentalist Business Practices" in P. Kristensen and K. Lilja (eds.), *Nordic Capitalisms and Globalization*, (Oxford, Oxford University Press, 2011) 220, discussed in G. Schnyder, "Like a Phoenix from the Ashes? Reassessing the transformation of the Swedish political economy since the 1970s", (2012) 19 (8) *Journal of European Public Policy* at 1134.

〔65〕 See P. Kristensen, "Developing Comprehensive Enabling Welfare States for Offensive Experimentalist Business Practices" in P. Kristensen and K. Lilja (eds.), *Nordic Capitalisms and Globalization*, (Oxford, Oxford University Press, 2011) 220, discussed in G. Schnyder, "Like a Phoenix from the Ashes? Reassessing the transformation of the Swedish political economy since the 1970s", (2012) 19 (8) *Journal of European Public Policy* at 1134.

起初，律师们能够为债务人提供法律援助，但现在律师们不再承担提供援助的工作。市政府必须为债务人提供预算咨询服务，〔66〕但是，债务人并非必须在申请债务整理前寻求咨询。大约75%的债务人在准备向瑞典执行局提出申请时会寻求咨询。〔67〕由于申请人必须完成一份相对较复杂的申请书，〔68〕其中包括未来就业可能性等问 146
题，因此，申请人很需要获得建议。瑞典执行局的工作人员将审核申请书以决定债务人能否适用债务整理，考虑到这个决定本质上属于自由裁量，熟知该领域的人就如何组织信息提供建议可能非常重要。债务咨询程序的结构遵循了试图协调普遍原则和地方自治原则的瑞典社会福利模式。政策在国家层面制定，由“高度独立”的地方机构负责实施。〔69〕该模式存在的一个问题是，地方咨询服务能降低国家的社会保险机构和公共医疗等项目的成本，而市政府缺乏为咨询预

〔66〕 最新的条文（s 2）在“为债务人提供预算和债务问题的建议和指导方面规定了更广泛的义务。该咨询义务同样适用于债务整理程序和清偿计划期间”。更早的条文仅要求市政府“为债务人提供建议和指导”（s 1）。

〔67〕 SOU 2013：72 *Out of the Debt Trap*，在7.4.1段中指出：“2012年，70%以上的债务整理申请受到了预算顾问的帮助。”获得建议似乎并不意味着申请就会通过。66%被拒绝的申请也获得了咨询建议。最新的条文（s 2）在“为债务人提供预算和债务问题的建议和指导方面规定了更广泛的义务。该咨询义务同样适用于债务整理程序和清偿计划期间”。更早的条文仅要求市政府“为债务人提供建议和指导”（s 1）。

〔68〕 “对申请内容的要求是相当广泛的，而这可能会导致债务人放弃申请债务整理。” SOU 2013：72 *Out of the Debt Trap notes*, at para. 7.4.1.

〔69〕 See G-B Trydegard and M. Thorslund, “One Uniform Welfare State or a Multitude of Welfare Municipalities? The Evolution of Local Variation in Swedish Elder Care”, (2010) 44 (4) *Social Policy and Administration* 495.

算提供支持的动力。[70]

2014 年的赫德伯格报告,尖锐地批评了当时的咨询制度。一些市政府没有咨询顾问,很多市政府只有 1 位顾问且每周仅工作 1 天。预约顾问需要等待很长时间。平均等待时间是 6 周,而随后的债务咨询到申请债务整理平均需要 4 个月之长。[71] 瑞典执行局一般需要 2 个月的时间决定是否接受一份申请。之后,还需要 5 个月时间债务整理才能获得批准。在最后这一阶段中,瑞典执行局可以查看官方记录以核实债务人提供的信息。自最初与预算顾问接洽,到债务整理计划的开始,债务人可能需要等待 1 年以上的时间。这个过程比英格兰和法国都更长。

赫德伯格报告发现,几乎没有人采取任何预防措施,计划一旦制订,顾问和债务人就很少联络了。顾问的专业水平参差不齐,各个市政府的做法也大不相同。赫德伯格担忧:债务人可能得到了不正确的建议,这些建议几乎没有对债务的法律效力进行评估。多年来,瑞典似乎没有对咨询服务进行过彻底的调查,它成了社会服务中不受关注的"灰姑娘"。赫德伯格报告总结,瑞典需要进行彻底改革,使咨询服务能在全国范围内可靠地运作。[72] 瑞典消费者保护局以后会

---

〔70〕 See I. Nilsson and E. Nilsson Lundmark, "Budget and Debt Counselling—A Huge Cost or a Profitable Social Investment", paper prepared for Swedish Consumer Agency 2011.

〔71〕 SOU 2013:72 *Out of the Debt Trap*, 133. 时间差异很大,从无须等待到 1 年以上不等。

〔72〕 SOU 2013:78 *Over-indebtedness in the Credit Society*? 235 – 237.

向各市政府提供更多的支持和指导[73]、在培训咨询顾问方面发挥更 147
大作用,中央政府则会为咨询服务提供更多的基本资金支持。[74]

第六节 5 年清偿计划

法律规定,5 年清偿计划是免责的条件之一,除非有缩短期限的特殊正当理由。而这种情况几乎没有出现过。2013 年,4637 件案件中只有 25 件或 30 件案件的清偿期限低于 5 年。这个期限是否合理一直是法律讨论的焦点,尤其是在大量债务人没有清偿能力的情况下。债务人的收入盈余都要交给债权人,因此,他们在 5 年内几乎没有动力提高清偿能力。2002 年瑞典消费者保护局提议将该期限缩短至 3 年,理由是债务人通常已陷入财务困境多年,缩短清偿期限能使更多债务人自愿达成清偿计划。2004 年的国家公共报告对 5 年的要求进行了考察,并依然秉持 5 年期限为合理期限的观点。[75] 2006 年瑞典《债务整理法》废除了期限可以超过 5 年的规定。2008 年的国家公共报告提议将期限缩短至 3 年,部分原因是为了促进企业家

[73] See now Debt Restructuring Act,2006 as amended s 2.

[74] See SOU 2013:78 *Over-indebtedness in the Credit Society*? 237.

[75] SOU 2004:81 *A Step Towards a Simpler and Faster Debt Settlement Procedure*, s 235.

精神。[76]

政府2011年修订法律时没有采纳这项提议,理由是担心会影响清偿文化以及导致债务整理申请数量的增长。2013年的瑞典国家公共报告《走出债务陷阱》调查了各种相关主体,最终仍决定保留5年的期限,但也有可能酌情缩短期限,如债务者已退休或身患重病。报告意识到过度负债者的生活成本和尽早实现经济复苏以调动个人生产力的重要性。然而,报告也提到了缩短清偿计划时间会损害债权人利益,债务人需要花时间学习控制预算,对完全清偿这一习惯的普遍影响,以及维持公众高度信心的需要。此外,相关主体没有在讨论中显示出缩短5年期限的强烈愿望。

2013年的瑞典国家公共报告认识到瑞典可能没有顺应缩短债务清偿期限的国际趋势,但瑞典国内并没有这样的需求。然而,在相关主体的商讨中,谁代表债务人的利益,并没有确切答案。债务顾问们并没有就缩短期限的价值达成共识。有些债务顾问认为,5年的
148 期限对个人重回正轨来说是必要的。债权人群体则普遍反对缩短该期限。官方委员会最终作出妥协,建议每年可以有2个月的“清偿假期”。这一建议保留了5年期限的外观,但实质上将这一期间缩短至4年零2个月。

另一个问题是清偿计划的执行。令人惊讶的是,没有机构监督

[76] SOU 2008:82 *The Road Back for the Over-indebted*, s 135.

或核实债务人是否在坚持清偿,而且债务人每个月都要向每个债权人还款。虽然这可能是虑及对债务人进行教育的效果,但这样经常会让债务人陷入复杂的计算当中。银行业拒绝了由银行债权人托管清偿账户的提议,理由是成本高昂,瑞典执行局也拒绝管理清偿账户。2013 年之前,各方对清偿计划当时的设计都不能令人满意,2013 年报告便提出了设立集中清偿管理服务的建议。

2014 年的报告进一步调研了为创业者设定特殊免责制度的必要性。20 世纪 90 年代初,关于债务免除的最初提案本来已经包括了小微企业,但直到 2011 年,债务结构简单的小企业才可能获得免责。2011 ~ 2013 年这些小微企业破产案件在全部破产案件中占比很小(共 69 件)。2014 年的报告提出,应当为"认真的创业者"建立一个破产 3 年后即可免责的新程序。[77] 创业者在 3 年期限内仍须进行较高比率的清偿(每季度最少 5000 瑞典克朗)。报告设定了识别诚实或认真的创业者的标准,也保留了"合理性"这一适用条件。可能是为了明确创业者没有获得比消费者更优惠的待遇,他们的 3 年清偿期不会有"清偿假期"。2014 年的报告指出,这些提议对彰显瑞典是一个善待创业者的国家具有重要的象征意义。

---

〔77〕 See SOU 2014:44 *An Opportunity for a Fresh Start for Serious Entrepreneurs*. 选择 3 年的期限是为与 2014 年的《欧洲建议》保持一致。See Commission Recommendation on a New Approach to Business Failure and Insolvency C(2014)1500. 委员会现在提出了《企业失败和破产指令》。参见下文第六章,原著第 132 页。

尽管2014年的报告受到了美国迅速重新开始以促进创业精神这一理念的启发，但是，瑞典为创业者重新开始设置了更高的前置条件。该报告以所谓“传统文化的名义”来证明这些前置条件是正当的。2014年的报告指出，过度负债在欧洲和美国应当被区别看待。在欧洲，“过度负债被认为是社会和道德问题……人们普遍认为：债务人应当承担更多风险……欧洲路径的特点是不让每个人都可以适用债务整理，不愿让人们认为这是一种‘轻松摆脱债务的方法’”。[78]
149 然而，第六章讨论的《2016年欧盟破产指令》要求各国降低企业家适用破产程序的门槛，因此，作为欧洲鼓励创业精神战略的一部分，瑞典可能不得不调整其立场。

第七节　避免住宅的收回和抵押止赎拍卖

瑞典国民的房屋拥有率较高（70%）。住房既是市场上的资产，也是一种福利形式，如瑞典往往会为老年人提供免租住房。瑞典通

〔78〕“在美国制度中，核销债务被认为是一种有效分散风险的方法。过度负债被看作市场的失灵，被解释为市场评估风险失败。这种认知下，将债务整理作为处理过度负债问题的有效途径，使自然人作为消费者和借贷者迅速回归市场，也就顺理成章。报告已指出，在欧洲，过度负债被认为是社会或道德问题，而且债务人被认为应该承担更多的风险。个人债务整理在20世纪八九十年代才被引入欧洲，而1978年该制度在美国作为‘个人破产制度’生效。欧洲处理方法的特点是不让所有人都可以进行债务整理，不让人们认为这是一种‘轻松摆脱债务的方法’。”SOU 2014:44 *An Opportunity for a Fresh Start*, 34.

过税收制度促进购房,抵押贷款通常是长期的,利率也是不确定的。这种事先的普遍性“福利”形式往往效果不佳。从 2010 年前的大衰退以来,中央银行对瑞典抵押贷款债务水平的纵高深表担忧,2007 ~ 2011 年止赎拍卖案件数量增加了 1 倍。[79]

中央银行已经通过限制最高贷款与房价比率(85%)的方式调整了获得房屋抵押贷款的条件。对消费者的这种事前保护也是为了保护银行资本。瑞典没有对陷入财务困境的房屋所有人施加援手的计划。由于房屋抵押止赎和拍卖程序相对迅速,房屋所有人获得的保护有限。安妮娜·佩尔森(Annina Persson)、安 - 苏菲·亨里克松(Ann-Sofie Henrikson)和卡林·朗德斯特姆(Karin Lundstrom)总结道:“虽然房屋总体上是瑞典人生活中极其重要的核心因素,但瑞典对房屋的法律保障是匮乏的。”[80] 这与信奉“新自由主义”的英国相反,英国通过各种各样的补贴、程序和法律规定解决大衰退后过度负债的房屋所有人所面临的问题。[81] 前述措施往往针对更加脆弱的

---

〔79〕 See discussion in H. Haber, “Regulation as Social Policy: Home Evictions and Repossessions in the UK and Sweden”, (2015) 93 (3) *Public Administration* 806.

〔80〕 A. Persson, A-S Henrikson and K. Lundstrom, “Household Credit, Debt and Insolvency”, (2013) 3 *European Review of Private Law* 795, 813.

〔81〕 I discuss them in I. Ramsay (2015) “Two Cheers for Europe: Austerity, Mortgage Foreclosures and Personal Insolvency Policy in the EU” in H. W. Micklitz and Irina Domurath (eds.), *Consumer Debt and Social Exclusion in Europe* (Farnham, Ashgate, 2015). 与此相对的进一步讨论大体参见 H. Haber, “Regulation as Social Policy: Home Evictions and Repossessions in the UK and Sweden”, (2015) 93 (3) *Public Administration* 806。

消费者。

150 ## 第八节 讨论

自1994年确立以来,瑞典严格的债务整理制度已经略有调整。这些调整可能因为受到高度集中的银行部门政治力量的影响,但笔者并不认为这提供了充分的解释。当然,有一个问题与债务人利益在各种官方委员会中的代表相关。劳工群体(可能会代表债务人发言)似乎缺席了讨论,而债务顾问似乎并不是一个组织良好的支持阵营。与美国不同的是,瑞典的债务免除并不被视为一种可以为普罗大众适用并获益的制度。债务免除可能并不符合瑞典中产阶级消费者支持的传统瑞典式普遍性福利形式。他们可能更担心债务免除对贷款成本的影响。斯文·斯坦莫引用数据说明,瑞典人不太支持需求导向型的计划,如住房补贴和社会援助。[82]

家庭债务整理也不能很好地融入通过补贴和社会支出进行再分配的福利国家模式。瑞典的购房前补贴历来被视为"中产阶级"的福利,却几乎没有为面临困境的房屋所有人提供任何法律保护。瑞典

[82] S. Steinmo, "Sweden: The Evolution of a Bumble Bee" in S. Steinmo, *The Evolution of Modern States: Sweden, Japan and the United States*, (Cambridge, Cambridge University Press, 2010) 83.

的机构和政策被视为低效而不稳定,例如,能获得大幅税收减免的抵押贷款和仅支付利息的长期抵押贷款。在国际机构和中央银行看来,自然人步入老年仍背负高额的家庭债务包含潜在风险,但这似乎已经嵌入了瑞典的现实社会生活。认为这个现象与资产积累相匹配的观点不尽合理,因为这也是英国在大衰退前对家庭债务的担忧进行否定性回应的标准观点。

在瑞典,国家承担执行和咨询的功能,而个人债务人不必为适用债务整理程序缴纳费用。在这个意义上,债务整理似乎与更"社会化"的债务免除模式相匹配。和法国一样,瑞典没有通过价格控制保护个人免受市场影响的强大叙事。与那些奉行新自由主义的国家,如英国相比,瑞典贷款发放的签约前控制并没有什么明显的不同。赫德伯格报告最近提出的应对过度负债的策略(包括更好的咨询和教育,调整过高的利率和尝试发放"救济性贷款"),与英国采取的措施非常相似。

妥协政治似乎已导致瑞典个人破产制度自由化的进展陷入僵局。这可能与立法政治有关,2006 年以来掌握政权的中右翼联盟政府不太赞同债务免除条款。多份国家公共报告中的技术分析试图"平衡"不同的观点。在检验改革对信贷发放和瑞典"清偿文化"影 151
响的实证问题上,社会科学知识发挥的作用比较有限。严格限制债务免除可能导致信贷过度扩张,而且可能导致许多人宁可艰难地还债,也不愿意申请启动债务整理程序。鉴于瑞典银行系统的准寡头性质,无法确保在这种情形下金融机构的利益会传递给消费者。当然,这些假设还有待考证。

在家庭债务领域,由于国家机构和市政府的管辖权分立,致使他们都不愿投入国家资源;律师等能代表债务人的私主体缺失,一并导致了瑞典家庭债务调整的困难进一步复杂化。债务人被界定为有需求而不是有权利的个人。2014 年的改革提案可能带来了对过度负债政策的更多关注:《走出债务陷阱》的一个主要结论就是债务整理的"低透明度"。[83] 瑞典的回应是通过更加有效地协调不同的公共机构(瑞典执行局、市政府、消费者保护局),使国家制度的运行更加高效。瑞典不像英格兰一样热衷通过私营部门解决债务问题。

瑞典对保持"良好的清偿文化"的强调与美国关于"个人责任"的言辞相似,后者推动了美国 2005 年《破产滥用防止及消费者保护法》的通过。[84] 瑞典保持"良好的清偿文化"的叙事是一个反复出现的主题,且不能简单归结为维护金融业的利益。它似乎是瑞典人都认同的叙事。最近的瑞典国家公共报告调查了企业家精神并指出:

> 无论是在商业活动中还是私人生活中,我们都需要保持高水准的清偿行为。如果行为人确信合同能得到遵守,

---

〔83〕 "社会目前对债务整理所知甚少。"SOU 2013:72 *Out of the Debt Trap*,20.
〔84〕 参见本书第三章的讨论,原著第 68 页。

账单会得到支付，商业关系和交易就能从中受益，这对社会的顺畅运行和高度的社会信任至关重要。[85]

欧盟委托的一项关于过度负债的研究数据显示，除德国外，瑞典目前的抵押贷款和租金拖欠水平确实低于其他大多数欧盟国家。该研究显示，和其他欧洲人相比，瑞典人更少面临意外的财务状况，更不会入不敷出，或者更少感受到过度负债的风险。[86] 也许瑞典的确有良好的清偿文化，但是把良好的清偿文化视为严格破产法的产物之观点，可能高估了法律在塑造行为模式或塑造共同道德准则中的作用。[87]

---

〔85〕 SOU 2014:44 *An Opportunity for a Fresh Start for Serious Entrepreneurs* 42.

〔86〕 See Tables 7,13,14 and 16 in Civic Consulting, *The Over-indebtedness of European Households: Updated Mapping of the Situation, Nature and Causes, Effects and Initiatives for Alleviating its Impact Final Report*(Brussels,2014).

〔87〕 共同道德准则的概念可能与过去"好社会"的概念相似。佩尔·阿尔宾·汉森(Per Albin Hansson)提到,"一个好的社会,应该有公平、关心、合作和乐于助人的特点", quoted in R. Goksor "Jurisprudence of Protection of Weaker Parties in European Contracts Law from A Swedish and Nordic Perspective",(2006)6 *Chicago-Kent Journal of International and Comparative Law* 184。

152 # 第六章　危机之后：个人破产法迈向国际“共识”

致明日将起之风。

——夏尔·波德莱尔(落选者沙龙评论,1845 年)

第一节　概述

本章讲述了 2008 年经济大衰退之后,区域和全球范围内的个人破产政策制定发生了重大变化。金融危机可能是变革性的,因为它们会对人们现有的知识和专业经验提出质疑,并为提出新的诊断和政策救济提供机会。[1] 经济大衰退之后,家庭债务和个人破产的国际意义得到认可,促进了关于个人破产本质与作用的跨国叙事的发展和政策性文件的出台。在国际组织和欧盟的压力下,欧洲一些国家的立法进程在特定背景下急剧缩短。[2] 法律制度的融合是由多种原因造成的:各国对共同问题的类似反应和效仿[3],强国对其他国家规则制定的影响、统协、监管竞争以及“跨国交流”[4]某个问题的改革推动相关领域的改革时,会产生溢出效应。公司和企业破产制度的改革会推动一个国家引进个人破产制度改革。所有这些过程都与 153
个人破产息息相关。[5] 欧盟和 IMF 要求借款国家按照贷款规定的

---

〔1〕 “危机也常常对专业知识和实践的局限性提出质疑:在许多危机中,预断的专家不知道解决问题的可靠方法是什么,甚至也不知道接下来会发生什么。”E. Engelen et al., *After the Great Complacence: Financial Crisis and the Politics of Reform*, (Oxford, Oxford University Press, 2011) 160.

〔2〕 制定法律进程的加快主要参见 J. Peck and N. Theodore, *Fast Policy: Experimental StateCraft at the Thresholds of NeoLiberalism* (Minneapolis, University of Minnesota Press, 2015)。

〔3〕 社会学家称之为“模仿性同构”。

〔4〕 C. Knill, “Introduction: Cross-National Policy Convergence: Concepts, Approaches and Explanatory Factors”, (2005) 12(5) *Journal of European Public* 764, 770.

〔5〕 关于企业破产,参见 T. Halliday and B. Carruthers, *Bankrupt: Global Lawmaking and Systemic Financial Crisis* (Stanford, Palo Alto, 2010)。迄今为止,企业破产在全球化方面的努力已经在破产法原则层面取得了一致,但在立法和执行层面,仍然存在重大的区域性差异。具有讽刺意味的是,作为企业拯救的国际范式,在美国,《美国联邦破产法》第 11 章已经不再按照最初的制度构想发挥作用了。但在国际破产法改革中,《美国联邦破产法》第 11 章的叙事仍然颇具影响力。哈利迪和卡拉瑟斯没有描述全球性规范顺利推广的过程。各国抵触这些规范的方式各不相同,地方团体实施了一系列的抵制策略,如“文化之手”(388)——指全球化法律不适合当地的具体情况。在破产领域,专业主体(律师、法官、法律学者等)经常对国际化议程发挥促进或阻碍的关键作用。因此,这样的后果并不是世界规则的同质化,而是一个“试验和犯错……全球主体参与创新和调适”的周期(34),学习其他国家的经验,并经常受到居于“全球金融中心”的更强大国家的影响(34)。破产法全球化的进程中存在一种偶然性的因素。

条件推进破产法改革，基于欧洲学期机制（European Semester）的欧盟劝导西班牙等国引进更加宽容的个人破产法。欧盟还将促进个人破产法各方面的协调，作为欧盟市场一体化进程中促进创业精神的战略组成部分，而消费者破产的发展在前述进程中“搭便车”。[6] 个人破产法的各种理念通过国际破产协会[7]、破产监管人协会和其他学术组织的专业网络平台实现了跨国交流。个人破产迁徙增加了改革的政治压力。[8] 国家之间甚至展开了监管竞争。最近，苏格兰的改革宣称，其建立了全球领先的个人破产制度（或者至少比英格兰、威尔士更好的个人破产制度）。

一些学者认为，现有的跨国法律秩序[9]与公司破产有关，该关联出现于20世纪90年代末的亚洲金融危机之后，当时，修正后的盎格鲁—美利坚“拯救文化”作为经济发展中国际金融架构的组成部

---

〔6〕 参见欧洲议会和委员会关于预防性重组框架、第二次机会和提高重组、破产和免责程序效率措施的指令提案，以及修订指令，2012/30/EU COM（2016）723 22.11.2016；早期有影响力的叙述见 DG Just Inception Impact Assessment DG Just（A1）2016/JUSt/025（2016）。

〔7〕 See the INSOL International, *Consumer Debt Report* 2001 *and* 2011.

〔8〕 参见本书第六章第五节，本书原著第173页。

〔9〕 See T. Halliday and G. Shaffer（eds.）, *Transnational Legal Orders*（Cambridge, Cambridge University Press 2015）. 作者在第11段中，将跨国法律秩序定义为“正式规则和有权调整和规范各国司法辖区内的法律理解和适用的相关机构和参与者的集合”。See S. Block-Lieb and T. Halliday, “Settling and Concordance: Two Cases in Global Commercial Law” in Halliday and Shaffer[T. Halliday and G. Shaffer（eds.）, *Transnational Legal Orders*（Cambridge, Cambridge University Press 2015）]，在文中，作者讨论了企业破产跨国法律秩序的出现。

分,变得更加国际化。隶属于不同组织(例如,G7、国际金融机构、专业协会、国际治理组织和核心国家等集团)的国际主体组成的小型紧密团体,秉持有效的破产法在市场经济中发挥重要作用的理念,通过制定如联合国国际贸易法委员会《破产法立法指南》等国际准则,塑造了全球破产法的制定格局。这些准则为世界银行评定各国个人破 154
产法提供了最佳方案,它们也是通过附条件的贷款进行结构性改革的组成部分。相反,就国际金融结构而言,个人破产的重要性并没有得到国际性认同;人们认为,个人破产制度以及过度负债问题引发的一系列社会文化和政治问题,最好留待各国自行处理。[10]

本章识别出关于个人破产的一种新国际叙事的出现。该叙事的一个论点,强调了债务引发的经济衰退后家庭迅速去杠杆的重要性。它与另一个论点,即宽松的破产免责制度能促进创业精神相一致。然而,这些叙事遭到了一些国家和欧洲中央银行等机构的政治抵触,他们担心债务免除对“清偿文化”的冲击可能会引发道德风险。IMF和欧洲“三巨头”(欧洲中央银行、IMF、欧盟委员会——2010 年援助希腊时成立的非正式团体)在欧洲推行个人破产改革时采用的“最佳方案”和“跨国经验”的技术官僚性叙事,试图平衡这些冲突,在不同

〔10〕 2008 年,斯金尼(Skene)和沃尔特斯(Walters)指出:“几乎没有人从国际层面关注消费者过度负债对全球社会经济的潜在影响。这与全球对企业破产和拯救的关注形成鲜明的对比。” See e. g. D. Skene and A. Walters, “Consumer Passions: Benchmarking Consumer Bankruptcy Law Systems” in P. Omar (ed.), *International Insolvency Law*, (Aldershot, Ashgate, 2008) 137.

的国家产生了不同的结果,部分取决于欧洲“三巨头”和主权国家之间的权力平衡。在一种新兴的欧洲模式中,为期3年的清偿计划作为免责条件似乎成为程序主导,并为无收入、无财产的债务人提供了迅速免责的可能。将这种新兴模式称为新的华盛顿或布鲁塞尔共识,抑或是新的“跨境(破产)法律秩序”,可能具有误导性,但正如所有跨境法律模式一样,它将学术领域和政治领域有机地结合起来了。

第二节 国际举措:经济大衰退之后

经济大衰退将家庭债务(金融领域的一个边缘问题)[11]从一个狭隘的问题转变为国际金融建构问题。加强审慎监管为当务之急,但金融消费者保护制度改革对全球金融体系的安全和稳健的贡献也
155 变得重要起来。二十国集团(G20)采取的国际举措,确立了各国承

〔11〕 See K. Pistor, “A Legal Theory of Finance”, (2013) 41 (2) *Journal of Comparative Economics* 315, 319. 皮斯特(Pistor)指出,在大衰退之后美国的纾困计划中,“消费者被排在最后,表明他们处于边缘地位。救命稻草最后才抛给他们,但这主要是出于政治原因(担心紧缩政策可能导致结构性失业或政治反弹),而不是因为消费者对金融体系直接构成了威胁。”

诺实施的消费者信贷市场监管的高层次准则。[12]

个人破产法改革并不是这些国际举措最初的组成部分。苏珊·布洛克·利布指出，这揭示了消费信贷在经济中的作用及个人破产作为信贷市场基本规则的重要性问题——缺乏国际共识。[13] 跨国企业拯救模式确实改善了债权人和债务人双方的状况；而免除消费者的债务却引发了债权人和债务人、不同的消费者团体之间的利益分配冲突和政治冲突，似乎守约者总在为那些被免除债务的人埋单。

2010 年解决个人破产问题的权威性国际文件尚未出现。世界银行和 IMF 在评估各国企业破产制度时采用了联合国国际贸易法委员会的《破产法立法指南》，该指南为了贷款条件的目的，[14] 限制了

---

〔12〕 See OECD, *G20 High Level Principles on Financial Consumer Protection*(2011); World Bank, *Good Practices for Financial Consumer Protection*(2012). See discussion in T. Williams,"Continuity not Rupture: The Persistence of Neoliberalism in the Internationalization of Consumer Finance Regulation" in T. Wilson (ed.), *International Responses to Issues of Credit and Over-Indebtedness in the Wake of the Crisis* (Farnham, Ashgate Publishing, 2013).

〔13〕 S. Block-Lieb and T. Halliday, "The Micro-Economics and Macropolitics of Systemic Financial Crisis: Bankruptcy as a Point of Reference" in J. Garasic and N. Bodiroga-Vukobrat (eds.), *Sovereign Insolvency—Possible Legal Solutions*(Springer, forthcoming).

〔14〕 联合国国际贸易法委员会“通过将其准则与有说服力和执行力的机构联系起来，将其准则施加于各国”。Halliday and Carruthers, *Bankrupt: Global Lawmaking and Systemic Financial Crisis*, (Stanford, Palo Alto, 2010) (no. 5) 165. 联合国国际贸易法委员会《破产法立法指南》概括了该指南需要解决的核心问题，并就如何起草某些立法规则提供了具体指导(第 2 段)。该指南提出了具体建议，这些建议似乎已经达成“高度共识”，但也勾勒了其他备选方案(联合国国际贸易法委员会《破产法立法指南》，第 158～159 页)。美国、美国专家主导的专家团体以及 IMF，在这一共识的达成上颇具影响力。

非商业自然人的适用。[15] 当时,消费者破产领域没有诸如《美国联邦破产法》第 11 章那样有影响力的国家消费者破产模式。事实上,域外对美国个人破产制度的评价毁誉参半。强有力的专业团体并没有倡导特定的个人破产模式。[16] 世界银行也没有针对消费者债务或消费者破产启动类似全球营商环境评估的项目。很多欧盟国家直到 20 世纪末才引进免责制度,许多发展中国家迄今尚未确立个人破产制度。关于个人破产制度运行的实证分析非常有限。在经济衰退之后,如何应对个人难以解决的抵押贷款债务是一个关键问题,但最佳方案仍未出现——例如,是否在个人破产法框架内处理担保债务——这一问题仍然是政策制定者持续面对的挑战。[17] 因此,个人破产规范方面并没有达成华盛顿共识或布鲁塞尔共识。

156 2011 年世界银行破产和债权人权利工作组与其他机构一起举行会议,讨论大衰退之后的个人破产问题。这是国际上首次将自然人破产问题作为系统性风险加以考虑。初步的调查证据显示,半数以上的中低收入国家没有个人破产制度。世界银行指出,破产制度现代化的必要性,它同时承认:“政策视角、价值观、文化偏好和法律

〔15〕 参见联合国国际贸易法委员会《破产法立法指南》第 38 页,聚焦“制定一部关注从事经济活动的债务人的破产法”。

〔16〕 尽管国际破产协会(INSOL)已经在 2001 年发表了一项指南。

〔17〕 J. R. Andritzky,“Resolving Residential Mortgage Distress:Time to Modify?”, IMF Working Paper 14/226.

传统的多样性，都会影响各国解决过度负债问题的路径选择。”[18]它召集了一个国际特别工作组，对各国法律制度解决“消费者破产”问题的背后政策和原则进行调研。随后，世界银行的《自然人破产问题处理报告》[19]提出了引进个人破产免责的经济和社会理由，包括减少由债务拖欠引发的外部效应（如生产力流失、家庭和社区的成本消耗）、采取措施激励负责任的放贷和会计行为、减少浪费性的催收成本、鼓励创业精神和将损失分配给最有能力分散损失的人。[20] 这份报告吸收了许多欧洲的理念，例如，防止社会排斥，促进“重新开始”，推动破产成为社会保险的一种形式。该报告指出，道德风险往往是

---

〔18〕 这个文件全名为《自然人破产的最佳方案》（Best Practices in the Insolvency of Natural Persons）（Susan Block-Lieb, rapporteur, World Bank, 2011）。维吉·塔塔（Vijay Tata）（世界银行法律事务副行长办公室首席律师）指出，“从最近的金融危机中得到这样一个教训：认识到消费者破产问题是一种系统性风险之后，需要对国内法律和机构进行现代化建构，确保各法域能有效和高效率地处理个人过度负债的风险……认识到政策观点、价值观、文化偏好和法律传统的多样性非常重要，这些因素决定了各法域选择处理过度负债问题的具体路径。然而，最近的情况表明，贷款途径的增加、现代金融中介模式的扩张、资本流量的流动性和全球化，可能已经通过类似方式改变了很多经济体中消费者破产风险的性质和规模。”Insolvency and Creditor/Debtor Regimes Task Force Meeting 10 – 11 January 2011, Washington, D. C., Conference Report, Day 2 Best Practices in the Insolvency of Natural Persons.

〔19〕 See World Bank, *Report on the Treatment of the Insolvency of Natural Persons* (World Bank, 2013) [the present author was a drafter of this report along with J. Kilborn (chair), J. Garrido, C. Booth, and J. Niemi]. 这项工作由世界银行工作组内的一个小型学者团队完成，该工作组由律师、政府代表、学者、法官（主要是美国破产法官）和联合国国际贸易法委员会代表组成。

〔20〕 See also J. Garrido, “The Role of Personal Insolvency Law in Economic Development: An Introduction to the World Bank Report on the Treatment of the Insolvency of Natural Persons”, (2013) 5 *World Bank Law Review* 111.

现有破产制度中的小问题,更重要的问题是,在(破产)污名存续的情况下,如何鼓励个人适用破产程序。该报告还讨论了解决破产问题的替代性制度结构,其核心主题是:破产是一种"小赌注游戏",债务人往往无法负担复杂程序的费用,但是,激发参与各方信心的基础架构对于一个制度体系的成功至关重要。

该报告强调了个人破产法的经济和社会意义,但没有采取联合国国际贸易法委员会《破产法立法指南》的形式,以勾勒出可以
157 评估各国个人破产制度运行的最佳方案。该报告采取这种不勾勒最佳方案做法的理由是,"个人破产与社会、政治和文化问题交织在一起,呈现太多的差异,无法统一应对"。[21] 在不同的经济和社会制度背景下,个人破产可能会有所不同。[22] 尽管这些理由具有一定的说服力,但这份报告的路径选择也受到政治因素的影响。世界银行希望尽快发布一份报告。任何试图确定最佳方案的建议都会引发合法性和程序性问题,并有可能触发联合国国际贸易法委员会遵循较冗长的程序接手这项任务的风险。世界银行报告的起草者们非常谨慎地划定了报告的范围,避免涉及联合国国际贸易

〔21〕 World Bank, *Report on the Treatment of the Insolvency of Natural Persons* (World Bank, 2013) [the present author was a drafter of this report along with J. Kilborn (chair), J. Garrido, C. Booth, and J. Niemi], para. 12.

〔22〕 World Bank, *Report on the Treatment of the Insolvency of Natural Persons* (World Bank, 2013) [the present author was a drafter of this report along with J. Kilborn (chair), J. Garrido, C. Booth, and J. Niemi], paras. 28 - 29.

法委员会标准范围内的相关领域。该报告承认私人企业和消费者债务的重合,表明报告主要关注的是破产的个人维度而非商业维度。[23]

根据世界银行的惯例,它不会在报告的讨论和建议中涉及任何具体的国家。这也是出于政治原因。提及美国这种有影响力的国家可能被解读为殖民主义。该报告主要参考了发达的欧洲制度、美国和盎格鲁—英联邦制度。例如,法国确立了解决过度负债问题的“一站式服务商”制度结构。[24] 在世界银行报告的研讨中,美国制度常常显得与众不同。[25] 尽管该报告批评欧洲将自愿和解设定为个人破产的强制前置程序(往往是低效的),并为没有清偿能力的自然人

〔23〕“ICR标准适用于从事商业活动的自然人零售商或批发商的破产,报告集中关注破产的个人,这些破产的自然人一般没有从事重大商业活动,但也有些自然人属于‘零售商’‘批发商’‘企业家’的情况。报告避免使用‘消费者破产’这一表达方式,是因为在许多法律制度中,该表达方式会引出消费者和非消费者之间的区别等类似问题。因此,报告模糊地使用了‘自然人破产’和‘个人破产’这两个表达方式。报告试图解决个人破产所带来的问题,而不是商业活动与商业信贷相互作用所带来的问题,决策者应自行判断本报告的分析与特定制度中影响破产个人的具体情况的相关性。” World Bank, *Report on the Treatment of the Insolvency of Natural Persons* (World Bank, 2013) [the present author was a drafter of this report along with J. Kilborn (chair), J. Garrido, C. Booth, and J. Niemi], para. 18.

〔24〕 World Bank, *Report on the Treatment of the Insolvency of Natural Persons* (World Bank, 2013) [the present author was a drafter of this report along with J. Kilborn (chair), J. Garrido, C. Booth, and J. Niemi], para. 175.

〔25〕 如在讨论程序准入问题,以及无须尝试清偿就迅速重新开始的时候。

制订长期的清偿计划;欧洲制度仍然具有重大的影响力。[26] 该报告含蓄地批评了德国的制度。[27] 美国、英格兰和加拿大都将清偿计划设置为免责的一般性条件,但也都规定了,在例外情况下债务人可能相对迅速地获得免责。

158 该报告的影响依赖世界银行的权威和声望,[28] 因为报告和联合国国际贸易法委员会的《破产法立法指南》不同,IMF 没有将接受报告作为提供贷款的条件。[29] 世界银行和 IMF 之间的竞争关系决定了该报告不太可能被 IMF 所接受,[30] 尽管它可能通过学者承担"模式推广者"的工作,渗透到改革措施中。

通过外来强制和技术官僚推动的欧洲破产法改革

经济衰退和欧元区危机促使欧盟产生了新的治理机构,例如,欧

---

〔26〕 See e. g. World Bank, *Report on the Treatment of the Insolvency of Natural Persons*(World Bank, 2013), [the present author was a drafter of this report along with J. Kilborn(chair), J. Garrido, C. Booth, and J. Niemi], para. 21.

〔27〕 See further J. Kilborn, "Reflections of the World Bank's Report on the Treatment of the Insolvency of Natural Persons in the Newest Consumer Bankruptcy Laws: Colombia, Italy, Ireland", (2014)26(3) *Pace International Law Review*(winter 2014).

〔28〕 它影响了哥伦比亚的改革,也是南非改革的模板。它也可能促使欧盟采取更强力的行动来发展个人破产准则。

〔29〕 See T. Halliday and S. Block-Lieb, "Duelists: The Recursive Politics of the Text in International Trade Law" in A. Perry-Kessaris, *Socio-Legal Approaches to International Economic Law: Text, Context, Sub-text* (London, Routledge, 2013).

〔30〕 IMF documents such as Liu and Rosenberg do not cite to the World Bank report.

洲银行管理局[31]、欧洲稳定机制(European Stability Mechanism)和欧洲“三巨头”。作为强化执行各项稳定协议的一项措施,通过欧洲学期机制[32]以及与受援国之间签署备忘录(MoUS)(附援助条件),[33]欧盟对接受援助国的国内政策获得了影响地位。[34]

经济大衰退和欧元区危机为 IMF 提供了机会,展示了其作为世 159

---

〔31〕 See Regulation (EU) No. 1093/2010 establishing a European Supervisory Authority(European Banking Authority)[2010] OJ L 331/12. 第 9 条规定:“在促进消费金融产品和消费金融服务市场的透明、简易和公平的过程中,监管机构应当发挥主导作用。”包括:采用指南和建议促进“监管实践的一致性”(第 9 条第 2 款),发出警告(第 9 条第 3 款),实现调整和监督产品创新方式的协调一致(第 9 条第 4 款);暂时禁止或限制“威胁金融市场有序运作和完整性,或威胁欧盟整个或部分金融系统稳定性”的活动(第 9 条第 5 款)。在《2014 年欧洲银行管理局消费者趋势报告》中,“趋势和问题”部分包括“负债和负责任的信贷;不当销售、家庭借贷和金融知识”。欧洲银行管理局对欧盟抵押贷款指引的通过进行了监督,并于 2013 年发布了两项关于负责任的抵押贷款和如何处理清偿困难的抵押贷款人的良好方案的意见。2014 年的报告指出,前述内容可能会转化为行为指南。

〔32〕 《欧洲联盟运作条约》(TFEU)第 136 条明确承认了适用条件的。在本章中,我们不可能讨论这些治理变化更广泛的影响。克里斯蒂安·约尔格(Christian Joerges)指出,欧盟“转向紧缩型共同体”导致“欧洲粗暴地践踏劳工法和社会法应当考虑的问题”(Joerges, EUI WP 2013/09),欧洲“三巨头”象征更加专制的欧盟。See also e. g. W. Streeck, “The Crisis of Democratic Capitalism”, (2011) 71 *New Left Review* 5; M. Wilkinson, “The Spectre of Authoritarian Liberalism: Reflections on the Constitutional Crisis of the European Union”, (2013) *German Law Journal*. For an overview of the conditionality programmes see DG Internal Policies, Economic Governance Support Unit(EGOV), *Committee Study on the Troika and Financial Assistance in the Euro Area: Successes and Failures* (February 2014).

〔33〕 2013 年 6 月,西班牙被指示按照该程序审查其个人和企业破产的框架。Council of the European Union 10656/1/13 UEM 207, *Recommendation on Spain's* 2013 *national reform programme and delivering a Council's opinion on Spain's stability programme*.

〔34〕 这些发展可以参见 D. Schiek (ed.), *The EU Economic and Social Model in the Global Crisis* (Farnham, Ashgate Publishing, 2013)。

界金融体系问题的全球解决者,具有持续的重要性。欧盟“在解决重大金融问题上没有什么经验”,因此,德国政府坚持要求IMF的介入。[35] 2007年IMF自1976年以来首次参与欧洲援助计划。[36] 它承诺为欧洲国家提供大量贷款的规模超过以往其他遭遇危机的国家。它通过附条件贷款、技术援助,以及《国际货币基金组织协定》第4条规定的年度协商程序向受援国施加非正式压力,积极参与了希腊、拉脱维亚、立陶宛、爱尔兰、西班牙和塞浦路斯的改革进程。

就经济危机后家庭债务迅速去杠杆对宏观经济的重要性,IMF提出了新的论述。它在2012年《世界经济展望》(*World Economic Outlook*)中总结,相比其他事件引发的经济衰退而言,家庭债务引发的经济衰退恢复起来可能更缓慢。[37] 因此,在政府采取推动“家庭债务的减免”并防止止赎拍卖的“干预”纾困措施外,还存在另一种

〔35〕 See T. Jost and F. Seitz, “The Role of the IMF in the European Debt Crisis”, (2012) *Discussion Paper no*. 32 9 - 10, 载东巴伐利亚安贝格—魏登应用技术大学官网, www. oth-aw. de/fileadmin/user _ upload/Aktuelles/Veroeffentlichungen/WEN-Diskussionspapier/wen_diskussionspapier32. pdf。欧洲中央银行反对向IMF请求援助,认为这是软弱的表现。这篇文章还指出,与更早的亚洲金融危机期间对韩国等国的捐款相比,国际货币基金组织发放给欧盟的贷款规模非常庞大。IMF在欧洲当前的工作概述,参见IMF的相关报道,载国际货币基金组织官网,www. imf. org/external/np/ exr/facts/europe. htm。

〔36〕 IMF的介入——匈牙利,2007年;拉脱维亚,2008年;罗马尼亚,2009年;希腊,2010年;爱尔兰,2010年;葡萄牙,2011年;塞浦路斯,2014年;罗马尼亚,2014年。

〔37〕 “家庭破产之前的家庭总债务大幅上升与经济活动的大幅紧缩有关。” IMF, *World Economic Outlook* 2012, 91.

经济现象。[38] 针对平均收入低、“边际消费倾向”较高的消费者的措施可能会推动经济复苏。[39] IMF 在 2014 年关于欧元区的报告中，再次呼吁去杠杆。持续高水平的家庭债务限制了经济增长，欧洲国家需要更加灵活地“处理个人和企业破产”问题。[40] 但是，IMF 也清楚地认识到，借款人和贷款人的道德风险、防范策略性债务拖欠的必要性都必须纳入考量。此外，建立个人破产制度时的分配性冲突可能会带来导致政策无效或政治僵局的“社会摩擦”。

阿蒂夫·迈恩和阿米尔·苏菲的《家庭债务》[41]——该书据称可能是“关于 2008 年大衰退最为重要的书籍”[42]——为“快速减免 160
家庭债务”的叙事提供了进一步的智识支撑。他们指出，21 世纪初债务推动的房地产市场繁荣导致了消费支出人为地增加。房地产泡沫的破裂导致消费开支急剧缩减，个人成为主要的危机“减震器”。

---

〔38〕 如何最好地解决抵押贷款债务问题，仍然是一个挑战，参见 J. R. Andritzky, “Resolving Residential Mortgage Distress: Time to Modify?”, IMF Working Paper 14/226。

〔39〕 IMF, *World Economic Outlook* 2012, ch. 2.

〔40〕 See IMF Report on the Euro Area Article IV Consultation 2013 at 10. See also F. Bornhorst and M. Arranz, “Growth and Importance of Sequencing Debt Reductions Across Sectors” in M. Schindler, H. Berger, B. Bakker, and A. Spilimbergo (eds.), *Jobs and Growth: Supporting the European Economic Recovery*, (IMF, 2014) ch. 2.

〔41〕 A. Mian and A. Sufi, *House of Debt: How They (and You) Caused the Great Recession and How We Can Prevent it from Happening Again* (Chicago, University of Chicago Press, 2014).

〔42〕 “阿蒂夫·迈恩和阿米尔·苏菲撰写的《家庭债务》可能是 2014 年最重要的经济学书籍，它可能是关于 2008 年金融危机及其后的大衰退最重要的一本书，尽管它面临严重质疑。” L. Summers, “Did the response to the financial crisis focus too much on banks while neglecting over-indebted homeowners?”, *Financial Times* (6 June 2014).

2008 年大衰退反映了一种周期更长的历史模式,危机的严重程度取决于危机前信贷扩张的水平。[43] 公共政策的一个核心目标应当是允许个人快速减免债务,以减少债务积压对消费支出的拖累。这也属于分配性递进,因为家庭房贷债务人通常比富裕的银行股东更难承担违约风险。[44]

迈恩和苏菲的结论与传统的经济研究哲学——"银行贷款"观点——相矛盾,前述传统观念认为,经济衰退中最重要的政策,包括对银行进行资本重组,不能采取任何可能威胁银行稳定、导致贷款体系崩溃的措施。如果经济复苏问题取决于贷款的需求方而非供给方,传统结论就受到挑战。在认识到金融危机中的政府必须采取措施保障金融体系的同时,他们推断出:政策制定者过于强烈地支持"银行贷款"观点,以致过多地关注债权人和银行的股东,而不重视解

---

〔43〕"据我们所知,我们首次发现:在发达国家一个多世纪的现代经济史中,扩张中的信贷积累与随后的衰退的严重性之间存在密切关系……我们的研究表明:金融危机的经济成本可能会有很大差异,这取决于上一个扩张阶段所采用的杠杆。" A. Mian and A. Sufi, *House of Debt: How They (and You) Caused the Great Recession and How We Can Prevent it from Happening Again*, (Chicago, University of Chicago Press, 2014) 9.

〔44〕"富人对穷人的资金支持并不是邪恶的。但关键要记住,贷款采取的是债务融资的形式。当富人拥有银行的股票和债券时,他们反过来又拥有银行的抵押贷款,房屋所有人支付的利息通过金融系统流向了富人。" A. Mian and A. Sufi, *House of Debt: How They (and You) Caused the Great Recession and How We Can Prevent it from Happening Again*, (Chicago, University of Chicago Press, 2014) 21.

决家庭债务问题。[45] 他们批判，美国政府过于保护银行及其贷款能力，而不是通过强有力的债务减免政策解决家庭债务危机。在另一篇文章中，他们推断，金融危机不太可能给消费者等分散的群体带来较大利益。反之，金融业等集中的群体可以更好地组织起来，并有力地抵制改革。[46]

IMF对家庭债务是全球经济的一个难题的认识，使家庭债务在各国央行的政策制定议程中占据了更重要的地位。目前，前述议程包括在金融稳定报告中对家庭债务问题进行更多的讨论。[47] 瑞典 161
中央银行在金融稳定报告中对瑞典居民高水平债务的担忧，就是这种新理念传播的例证，该报告在瑞典引发了讨论。[48]

在欧元区危机后的援助行动中，IMF的技术专家得到了将前述观点付诸实践的机会。对欧洲具有影响力的欧洲中央银行、欧盟经济与金融事务总署等机构对家庭破产几乎一无所知。但是，他们对破产普遍采用一种教科书式的分析，将破产视为某种形式的保险，因

〔45〕“当金融危机爆发时，立法者和监管者必须合力解决银行体系内的问题。他们必须努力防止挤兑和保持资金流动。但立法者已经偏离得太远了，表现得好像其唯一的政策目标就是保护银行债权人和股东的价值。” A. Mian and A. Sufi, *House of Debt: How They (and You) Caused the Great Recession and How We Can Prevent it from Happening Again*, (Chicago, University of Chicago Press, 2014) 133.

〔46〕 A. Mian and A. Sufi, “The Political Economy of the US Mortgage Default Crisis”, (2010) 100 *American Economic Review* 67.

〔47〕 随后的中央银行金融稳定性报告中提到了这个主题。

〔48〕 参见本书第五章，原著第133页。

此产生了道德风险的问题。欧洲中央银行在拟议的破产改革意见中反复提及道德风险和“维持信贷规范”的问题。[49] 2011年欧盟经济与金融事务总署对制定中的爱尔兰个人破产法表示关注，认为该法应该“避免清偿规范的恶化”并“应该谨慎制定，防止对借款人的行为造成不利影响，防止给爱尔兰银行的盈利能力带来意外的后果”。[50] 这些评价促使爱尔兰立法调整了破产适用的门槛和对债权人实施强裁的范围。关于个人破产的各种叙事和表达相互矛盾与冲突，金融机构拥有政治影响，这些因素导致了爱尔兰破产法的纷繁复杂与模糊不清。欧盟委员会也告诫爱尔兰政府，不应允许议会推行可能影响金融保障措施的改革。不能让民主程序推翻技术专家的

〔49〕 See e. g. in relation to Greece Opinion of the European Central Bank of 22 May 2012 on debt arrangements for over-indebted individuals. “欧洲央行强调，拟议修正案应当设置避免道德风险的必要保障措施，因为我们需要保证债务人有动力履行法院处理程序所确定的清偿义务。”CON/2012/40，载欧洲中央银行官网，https://www. ecb. europa. eu/ecb/legal/pdf/en_con_2012_40_f. pdf. 2012年，爱尔兰央行也发布了类似观点。See Opinion of the Central Bank on certain measures relating to personal insolvency CON/2012/70 para. 2. 2，“欧洲央行支持法律草案致力降低个人破产程序的成本，加快程序运行的速度和提高效率，同时降低道德风险和维持信贷规范。”2013年，欧洲央行评论称，希腊对个人破产法的修正案应当维持一种平衡：“欧洲央行重申，对过度负债的个人债务处理框架的改革应确保两方面足够平衡：一方面，债务人应恪守履行清偿义务的一般责任，这将提升清偿文化，维护希腊信贷机构的健全性，防止道德风险；另一方面，需要向处于财务困境的个人提供帮助”，载欧洲稳定机制官网，https://www. ecb. europa. eu/ecb/legal/pdf/en_con_2013_34_f_sign. pdf。

〔50〕 See European Commission DG ECFIN, Economic Adjustment Programme for Ireland Winter 2011 Review 24 and DG ECFIN, Economic Adjustment Programme for Ireland Autumn, 2012. 5(2013).

“专业技能”。[51]

国际上个人破产制度最佳方案的缺失,[52]削弱了国际机构要求接受援助国推行个人破产免责制度的谈判能力。在缺乏国际标准的 162
情况下,相关国家推行免责制度往往是一个有争议的问题。政治家要求了解推行这项改革的国际基础准则。“道德风险”通常是一个很大的顾虑。政治家担心改革对选民的影响,因为选民可能会抱怨自己的邻居根据个人“有权不清偿债务”的法律摆脱债务;政治家也担心这项改革对金融业的影响。尽管各国改革的结果因具体政治结构的差异而有所不同,[53]但为了克服最初的阻力,改革往往需要给药丸加些“甜头”,并向选民保证可以解决道德风险的问题。

IMF 最初的目标是呼吁实施“良好方案”,例如,关于立陶宛的建议。[54] 2013 年 IMF 的一名律师兼经济学家反思了他们建议和劝说

〔51〕 See DG EC-FIN Economic Adjustment Programme for Ireland Summer 2012 Review 35:“重要的是,应确保这些保障措施在法案通过议会审查时以维持。”

〔52〕 See IMF, Republic of Lithuania, Technical Assistance Report on Proposals for Reforming the Insolvency Regime, (IMF, November 2011) 5. 该报告指出,“个人破产领域没有国际公认的最佳方案”。这项目标的完成依赖从个人破产制度已经运行一段时间的国家(法国、德国、日本、拉脱维亚、西班牙、荷兰、英国和美国)中提炼出来的“良好方案”。它认为,个人破产的主要目的是“债务人在特定期限中清偿债务,并在满足特定条件后免除剩余债务,从而获得再生,并回归正常的经济生活”。

〔53〕 例如,博勒(Bohle)关于中欧和东欧对抵押贷款危机的不同回应,以及匈牙利和爱沙尼亚之间的对比。D. Bohle, “Post-Socialist Housing Meets Transnational Finance: Foreign Banks, Mortgage Lending, and the Privatization of Welfare in Hungary and Estonia”, (2014) 21 (4) *Review of International Political Economy* 913.

〔54〕 IMF, Republic of Lithuania, Technical Assistance Report on Proposals for Reforming the Insolvency Regime, (IMF, November 2011) 5.

欧盟各国政府(如希腊、拉脱维亚、立陶宛和西班牙)制定或者修改个人破产制度的经历。[55] 他们认为,有必要在“维持信贷规范”和“为财务上负责任的债务人提供新的起点并建立充足的制度架构”之间保持适当平衡。笔者从“早期的跨境经验”中概括出“经济高效的个人破产法的基本设计特征”,包括:

——在个人破产程序结束后(一般是3~5年之后),免除财务上负责任的个人的剩余债务,使其能够重新开始;

——适当的申请标准,确保个人债务人可以适用破产程序,同时最大限度地减少程序滥用;

——充分保护债权人利益的同时,自动和暂时中止强制执行程序;

——清偿计划能够准确地反映债务人的清偿能力,确保债务人能真正地重新开始;

——承认外国破产程序,通过跨境合作避免破产迁徙。[56]

---

〔55〕 Y. Liu and C. Rosenberg, "Dealing with Private Debt Distress in the Wake of the European Financial Crisis, A Review of the Economic and Legal Toolbox", IMF WP/13/44. See also M. Erbenova, Y. Liu and M. Saxegaard, "Corporate and Household Debt Distress in Latvia: Strengthening the Incentives for a Market-Based approach to Debt Resolution", IMF WP/11/85. 该文对2010年拉脱维亚法(第18页)的介绍如下:新法律规定,当破产期间结束时,有财务责任的个人债务人在变卖非豁免财产并满足规定的清偿条件时,获得剩余债务的免除,并重新开始。

〔56〕 Y. Liu and C. Rosenberg, "Dealing with Private Debt Distress in the Wake of the European Financial Crisis, A Review of the Economic and Legal Toolbox", IMF WP/13/44, 15 (emphasis added). IMF 2013年关于西班牙的咨情报告还建议:“法律应当为那些没有清偿能力的人提供救济。”IMF Country Report, Staff Document Selected Issues 13/245 (July 2013) at 25.

以上描述都是一些模糊的、开放式的原则，允许各种各样务实的 163
解决方案。这些原则可以防止个人破产制度的种种异常规则的出现，例如，立陶宛最初关于10年免责考察期的规定，但许多不同的个人破产制度都会宣称已经“适当地”平衡了各种因素。平衡是在面对实证不确定性的情形下进行内在政治性决策的过程。所谓“经济高效的个人破产法”缺乏实质性分析，只是一些清谈高论或浮言巧语。因为欧洲个人破产制度的实证研究非常有限，所以“跨境经验”不足以成为一种精确的“资源”。“本土社会（或文化）条件不同”这一观点可能总是被提出，意味着上述原则为政治争论提供了起点。国际专家的影响力取决于他们和某个国家关系的性质——包括在（贷款）条件设置上施加强大的影响力，通过技术咨询和国际货币基金协定第4条规定的年度监督。能否成功地引进或修改个人破产的措施，可能取决于国家内部拥护改革的团体和专家所能提供的支持力。

西班牙、爱尔兰、希腊和塞浦路斯的实例说明了前述原则在实践中的发展。西班牙在陷入危机时颁布了有利于债权人的止赎拍卖法，而没有制定包含债务免责的个人破产法。抵押的房屋会被止赎拍卖，个人无法免除剩余的抵押贷款债务。2010年《纽约时报》严厉地批评了这种现象，[57]来自西班牙内部和欧盟的压力最终促进了解

〔57〕 See S. Daley, “In Spain homes are taken but debt stays”, *New York Times* (27 October 2010).

决抵押贷款债务措施的出台。[58] 但是,西班牙政府可能是受到强大的银行业的影响,[59]最初拒绝引进个人破产免责制度,声称可能引发的道德风险堪忧,改革更是会摧毁西班牙良好的“清偿文化”,并指出西班牙法院处置债务人的制度性局限。西班牙没有接受援助和附加条件,但是 IMF 曾于 2013 年劝说西班牙政府开始改革,理由是:尽管不存在国际最佳方案,但是“跨境经验”表明,“适用条件严格”的个人破产法可以保留“西班牙浓厚的清偿文化”。IMF 在 2014 年重申了这一劝诫,并建议西班牙引进像德国模式一样,最初设置较长的良好行为期,在利益相关者逐渐适应这一过程后再进行个人破产制
164 度的调整。这样的制度框架将“维护金融行业的利益并保留西班牙浓厚的清偿文化”。最后,西班牙确实建立了一个非常有限的个人破

〔58〕 关于这些措施的主要讨论,参见 I. Ramsay,“Two Cheers for Europe: Austerity, Mortgage Foreclosures and Personal Insolvency Policy in the EU” and P. G. de Cabiedes and M. C. Gamito,“Country Report Spain” in H-W Micklitz and I. Domurath (eds.), *Consumer Debt and Social Exclusion in Europe* (Farnham, Ashgate Publishing, 2015) at 214 – 17 and 67 respectively。欧洲法院对“穆罕默德 · 阿齐兹诉加泰罗尼亚储蓄银行案”(C – 415/11 Mohamed Aziz v. Caixa d'Estalvis de Catalunya EU:C:2013:164)的判决促使西班牙对抵押止赎拍卖法进行了改革。On political action see e. g., “Victims No Longer: Spain's Anti-Eviction Movement”, 载开放民主网, www. opendemocracy. net/opensecurity/carlos-delcl%C3%B3s/victims-no-longer-spain%E2%80%99s-anti-eviction-movement。

〔59〕 See X. Vidal-Folch, “Groupes de pression dans L'Espagne actuelle”, (2008) *Pouvoirs* 1 (no. 124).

产免责模式(具体内容见表6.1)。[60]

表6.1 西班牙、IMF和欧洲学期(2013～2015年)

相关文件	相关表述或改革
IMF 2013年关于西班牙的第4条咨情报告,2013年7月	展望未来,一种更全面的路径包括有效的个人破产制度,为实质破产的人规定严格的适用条件,明确债务人需要处置分配包括其房屋在内的财产,债务人在一段合理的期限(通常为3～5年)内清偿剩余债务并承担财务责任后,才能获得重新开始(第18段)。 西班牙官方的答复: 最近的措施是充分的……个人破产制度(包括处理抵押贷款的不同方式)将加重法院的负担,导致策略性的债务违约,并危害西班牙浓厚的清偿文化(第19段)
西班牙对IMF第13/245号国别报告的官方回复: 西班牙:2013年第4条咨情报告——部分问题	我们需要考虑……引进特别的、可以重新开始的个人破产制度,设定严格的条件以保持西班牙浓厚的清偿文化,保障金融稳定(第23段)。 ……尽管个人破产法领域还没有国际最佳方案,但已经可以从跨境经验得出一部经济、有效的个人破产法应具有的关键准则,***包括严格的准入要求、对自己的财务负责的债务人免责(通常3～5年后)和准确反映债务人清偿能力的清偿条款,确保只有债务人的行为满足条件并获得确认后,才能有效地重新开始***(第6段)。 没有得到救济的破产家庭具有长期停留在非正式部门的强烈动机。此外,企业家精神也会因缺少可以重新开始的制度而受到损害……最后,金融稳定的风险被过分夸大,因为一个有效的个人破产制度会使损失确定的程序缩短、更加具备可预测性并且成本更低(第9段)

〔60〕 我十分感谢哈维尔·阿里亚斯(Javier Arias)就西班牙法律的发展与我进行的讨论和通信,以及发送给我的文稿资料(作者保存的未发表文稿)。See also P. Gutierrez de Cabiedes and M. C. Gamito, “Country Report Spain” in H. W. Micklitz and I. Domurath (eds.), *Consumer Debt and Social Exclusion*, (Farnham, Ashgate Publishing, 2015) ch. 5.

续表

相关文件	相关表述或改革
165 IMF 理事会 2013 年 8 月 2 日新闻稿	破产法领域应该持续改进。一些理事鼓励西班牙当局考虑在未来引入个人破产制度
欧洲理事会 2013 年建议书(西班牙)	审查公司和个人破产的框架,包括限制企业家的个人责任和放宽失败的企业获得重生机会的条件……
—	西班牙 2013 年 14 号法案为个体企业家提供了适用庭外和解制度的可能性
IMF 国别报告 2014 年 7 月	西班牙可以修改它的破产制度,将自然人破产纳入其框架之内,免除清算后未清偿的剩余债务。与现代立法和其他欧洲国家(如德国、爱尔兰、意大利、拉脱维亚)保持一致。西班牙将实质性地受益于这样的制度,该制度在债务人经过一定年限的良好行为期后,将所有非豁免财产(包括住所)用以清算后,有机会免除全部剩余债务。[该法案的拟订者之一是曼弗雷德·鲍尔茨(Manfred Balz),德国《1994 年破产法》的规划者。]尽管欧盟委员会建议,免责考察期不超过 3 年,但是西班牙可以在制度设立初期将免责考察期规定为(~年)……在此期间,债权人的财务总体上不会受到消极影响……债务人仍有动力适用破产程序并鼓励他们在现有资产清算后施展谋生技能。当利益相关主体遵守并适应程序一段时期后,可以考虑将良好行为期进一步缩短(第 19 段)
西班牙:2014 年咨情报告第 4 条 关于任务的总结 马德里,2014 年 5 月 27 日	西班牙应在最近改革的基础上进一步加快破产制度的建设,重点关注包括企业家破产在内的中小型企业破产问题,这也应该有利于减少债务。在个人破产框架的考量上,可以引进破产债务人放弃非豁免财产,并为清偿剩余债务作出相当长一段时间的善意努力之后,获得重新开始的模式。欧洲其他国家的经验表明:这种结构既符合金融部门的利益,又能够保持西班牙浓厚的清偿文化
—	西班牙 2015 年 2 月 27 第 1 号法律制定了允许 5 年清偿计划和注销公共债务的提议

续表

相关文件	相关表述或改革
IMF 2015 年关于西班牙的咨情报告 2016 年 12 月 13 日	最近的个人破产改革是帮助私营部门去杠杆的重要步骤。与前几份官方建议书一致，西班牙于 2015 年年初为企业家和消费者引进了“重新开始”制度。这一新机制允许有条件地免除个人破产清算后的剩余债务。这将鼓励那些企业债务与个人债务难以区分且无法存续的企业（如个人独资企业）进行清算，并帮助家庭将债务降低到可承担的水平……（第 26 段）。 如果个人破产制度能够有效实施，“重新开始”可以刺激正规经济部门的需求和创业活动，同时保留西班牙浓厚的清偿文化。IMF 评估报告指出，这一制度会使家庭债务存量减少 3% ~4%，企业债务水平比基准水平降低 1% ~2%，有助于增加个人消费和投资……（第 27 段）。 但是，制度实施也面临巨大挑战，包括： 应尽可能明确清算后的清偿计划和撤销重新开始决定的条件，减少债务人面对的不确定性，防止潜在的破产滥用，最终能最大限度地发挥改革的积极效应。 官方观点： 西班牙当局也普遍同意 IMF 评估报告关于破产制度改革的意见。他们同意有必要理清“重新开始”改革中的某些关键要素，并指出议会已经通过了相关的修正案……当局大体上同意，最近的个人破产改革对银行盈利的短期影响是有限的，并强调需要审慎检视改革对西班牙浓厚的清偿文化的影响

166

希腊和塞浦路斯为欧洲“三巨头”主导的个人破产改革提供了进一步的机会。希腊于 2010 年出台了消费者破产法，[61] 该法以相对

〔61〕 See Law 3869/2010. 这部法律并不适用于商人。最近，关于希腊现行立法的概述可参见 G. Mentis，“The Dimensions of the Crisis and the Response of Greek Private Law—A General Overview” in F. Ferretti (ed.), *Comparative Perspectives of Consumer Over-Indebtedness*, (The Hague, Eleven International Publishing, 2016) ch. 12。

严格、和解程序强制前置和有较长的“良好行为期”的德国个人破产
167 法为模板。[62] 希腊将免责考察期缩短至 4 年(2015 年修订案颁布后,免责考察期缩短至 3 年),如果债务人同意在 20 年内清偿相当于其住宅价值 80% 的款项,则可以保留其住宅(取决于住宅价值的限制)。该法律实质上并不是保护债务人的权利宪章,然而不幸的是,希腊还没有足够的基础架构(法院、债务顾问以及和解程序指南)来实施此项立法,债权人最初也是满怀疑虑。最终,司法前置和解程序遭到预料之中的失败,法院因案件过多而不堪重负,听证会迟延数年之久。希腊政府还引进了对债务人的主要住宅暂停止赎和拍卖的规定,有效期至 2013 年。

面对希腊不良贷款数量的不断增加,IMF 在 2012 年断定:希腊破产法是失败的。[63] 全面暂停止赎拍卖被批评为“为借款人提供了全面保护,包括那些策略性地选择不履行义务的借款人”,这种暂停与“正在形成的最佳方案”相抵触。希腊同意修改法律框架,承诺将

---

〔62〕 对德国法的实证批判,参见 W. Backert, D. Brock, G. Lechner, and K. Maischatz, “Bankruptcy in Germany: Filing Rates and the People Behind the Numbers” in J. Niemi, I. Ramsay, and W. Whitford (eds.), *Consumer Credit Debt and Bankruptcy; Comparative and International Perspectives*, (Oxford, Hart Publishing, 2009) 288。他们指出,许多债务人没有清偿能力;他们评论道:“当债权人明显没有可预期收入,而且有证据显示债务人生活质量很差的时候,为什么还要给债务人课以经济缓刑?”即使在 2013 年改革之后,也很少有债务人可以在 3 年清偿期达到清偿债务 35% 的要求。

〔63〕 See IMF Country Report No 13/153(2013).“处理家庭债务的现有框架——围绕银行采用的逐案分别处理方式、一部无效的破产法和两次全面暂停止赎拍卖财产(事实上防止了财产止赎拍卖)——都存在缺陷。”

保障“银行规范……通过锁定真正需要程序帮助的借款人，将道德风险降至最低”，[64]报告补充道，它“不会支持任何可能破坏希腊清偿文化的举措”。[65] 希腊将取消暂停拍卖，取而代之的是针对“脆弱债务人”的救济，并“根据欧盟的最佳方案”对破产法进行现代化改造。[66] 然而，激进的新左翼联盟政府在2015年提议重新开始暂停拍卖，并在同时追究“策略性拖欠债务者”的责任。[67] 欧盟于2015年7月让希腊接受的后续协议备忘录包括一系列与破产有关的措 168
施，并附加了实施这些措施的严格的时间表。欧洲稳定机制要求希腊：

> 根据欧盟2014年的建议书，将企业家的免责考察期缩短至3年；应该根据跨境立法经验修改家庭破产法规则，制定有时限的执行中止规则；建立更严格的甄别程序，以防止

〔64〕 Greece, *Letter of Intent MOU*, December 2012, 14 – 15.

〔65〕 参见联合国国际贸易法委员会《破产法立法指南》第38段，聚焦“制定一部关注从事经营活动的债务人的破产法”。(Greece, Letter of Intent MOU, December 2012, 15).

〔66〕 Greece, *Letter of Intent*, 14 May 2014.

〔67〕 K. Hope, “A Closer Look at Greece’s Proposed Reforms”, *Financial Times* (24 February 2015). 在2015年2月，希腊财政部长瓦鲁法基斯(varoufakis)致函欧洲集团：“我们将与银行管理层、银行机构合作，在未来一段时间内避免拍卖收入低于一定额度的家庭的主要住宅，同时惩罚策略性拖欠债务者，以期：(a)维持社会对政府广泛的改革计划的支持，(b)防止房地产资产价格进一步下跌(这将对银行本身的投资组合产生不利影响)，(c)尽量减少无家可归者人数的增加对财政的影响，以及(d)促进强有力的清偿文化。我们将采取措施，支持那些无力清偿贷款的最弱势的家庭。”

> 策略性地拖欠债务人根据法律提出破产申请，将公共债权人的债权纳入法律调整的范围，为符合条件的债务人提供重新开始的机会，严格控制主要住所保护规则的适用标准，采取措施解决大量积压的案件（例如，增加法官和司法人员的数量，优先处理高价值案件，对无收入无财产债务人适用简易程序）。[68]

欧盟在2016年重申了通过增加法官数量减少案件积压的提议，同时也建议为债务人提供包括金融基础知识在内的更多信息和支持。[69] 这一改革进程将借鉴"独立的专业知识"、外部咨询意见和"跨境经验"。[70]

2015年塞浦路斯在欧洲"三巨头"的指导下改革了个人破产法。

---

〔68〕 Memorandum of Understanding between the European Commission acting on behalf of the European Stability Mechanism and the Hellenic Republic and the Bank of Greece, (August, 2015) 18－19，载欧盟委员会官网，http://ec.europa.eu/economy_finance/assistance_eu_ms/greek_loan_facility/pdf/01_mou_20150811_en.pdf。

〔69〕 European Stability Mechanism, Supplemental Memorandum of Understanding 16/6/2016，载欧洲稳定机制网，http://www.esm.europa.eu/assistance/Greece/index.htm? lang=-en。

〔70〕 Memorandum of Understanding between the European Commission acting on behalf of the European Stability Mechanism and the Hellenic Republic and the Bank of Greece, (August, 2015) 15－17，载欧盟委员会官网，http://ec.europa.eu/economy_finance/assistance_eu_ms/greek_loan_facility/pdf/01_mou_20150811_en.pdf。希腊前财务部长瓦鲁法基斯对谅解备忘录的批评，载希腊前财政部长瓦鲁法基斯个人网，https://varoufakis.files.wordpress.com/2015/08/mou-annotated-by-yv.pdf。

IMF坚称,应实施经过改革的止赎拍卖规则和破产法,解决大量不良贷款问题。本次立法包括清偿计划、针对无收入无财产债务人的程序以及3年后的破产免责程序。塞浦路斯成立了破产管理署,负责破产制度的运行。IMF指出,新的破产框架“部分借鉴了最佳国际方案和跨境经验”。然而,塞浦路斯抵押品止赎拍卖制度的改革遭到来自国内的严重质疑,IMF在改革法案颁布之前扣留了部分贷款。它批评塞浦路斯议会在“最后一刻”赋予债务人更大权利的修正案偏离了“国际准则”,当局承诺将立即复查这些条款。IMF担心,这些权利可能会“动摇清偿规范,导致债务人实施策略性行为”。[71]

IMF和欧洲“三巨头”经历了这样一个过程,从2010年的缺乏最佳方案,到2013年形成“新兴的最佳方案”,再到2015年总结出“最佳国际方案”,为塞浦路斯的改革提供了正当性理由。“跨境经验”是前述这些方案的基础。来自IMF的信息显示,2012年爱尔兰个人 169
破产法可能已经成为一种具有影响力的范式,克里斯·拉加德(Christine Lagarde)称其为具有“典范意义”的爱尔兰破产法,[72]但是,在2015年脱离欧洲“三巨头”的监管和指导之后,前述观点因为

---

[71] See IMF Cyprus, Fifth, Sixth and Seventh Reviews under the Extended Fund Facility: Request for Waiver of non-observance of a performance criterion; and rephrasing of access—Press Release; Staff Report; and Statement by the Executive Director for Cyprus IMF Country Report No. 15/155, 11.

[72] “Lagarde: Ireland's bankruptcy laws exemplary”, *Irish Examiner* (28 January 2014).

爱尔兰需要实施使破产法更容易适用的改革而受到削弱。

这些法律和“新兴的最佳方案”代表了政策的融合——一种名副其实的拼装。一些改革体现出了潜在的激进理念，例如，无收入无财产债务人的快速程序和将公共债务纳入免责范围的制度。其他一些措施，如出于道德风险的考虑而实行“更严格的筛选”程序，可能产生较高的运行成本，并阻碍那些真正需要免责的债务人适用破产程序。西班牙的实践表明，个人破产法规范传播的过程具有对话的性质；在缺乏明确国际指标的情况下，该领域的国际谈判力是有限的；总是浮夸虚空地打着文化牌。关于个人破产法及其影响的实证证据有限。希腊缺乏真实可靠的经验数据，意味着没有人知道所谓的“策略性拖欠债务者”这种情形的程度。IMF 承认，试图衡量塞浦路斯债务法的影响是“推测性的”。[73] 技术官员结合其对理性算计的破产债务人的形象，对道德风险、效率和“策略性拖欠债务者”进行经济学论证并提供了一种科学的表象，但人们很难不将其视为一种务实的政治“平衡”，因为国际机构通过折中地借鉴、比较过往经验，对不同国家采取不同的解决方案。而在将破产规范强加于一个国家的情况下（如塞浦路斯），个人破产制度的权威性与合法性问题依然存在。

---

〔73〕 IMF Cyprus, Fifth, Sixth and Seventh Reviews under the Extended Fund Facility: Request for Waiver of non-observance of a performance criterion; and rephrasing of access—Press Release; Staff Report; and Statement by the Executive Director for Cyprus IMF Country Report No. 15/155, 47.

第三节　欧盟消费信贷政策和个人破产

欧盟致力建立一体化的信贷和资本市场，这是“高度竞争的社会市场经济”的一部分，并能“减少社会排斥和社会歧视”。[74] 欧盟内部有不同的社会供给模式和资本主义类型。[75] 自从中东欧新成员加入欧盟以来，欧盟的基尼系数（衡量不平等程度的一个标准指数）高于美国。毫无疑问，新自由主义影响欧盟的政策走向，[76] 社会排斥政策越来越多地与支持市场准入或者提高生产力的措施相关联， 170
而不是与将个体排斥在市场之外的措施相关联。[77]

因为社会领域具有其特定的政治和文化属性，传统上属于各成员国保留的领域，故欧盟在社会领域的影响力是有限的。欧盟层面

---

〔74〕 Articles 3,4 TFEU（《欧洲联盟运作条约》）。

〔75〕 这些区别可能体现于成员国的4种传统资本主义国家群体中：大陆社会化市场经济国家、盎格鲁—撒克逊新自由主义国家、中东欧新自由主义国家和北欧附带安全网的自由主义国家。

〔76〕 See e. g. V. A. Schmidt and M. Thatcher (eds.), *Resilient Liberalism in Europe's Political Economy* (Cambridge, Cambridge University Press, 2013)；竞争政策受到了奥尔多自由主义（新自由主义的一种变体）的影响。D. Gerber, *Law and Competition in Twentieth Century Europe: Protecting Prometheus* (Oxford, Oxford University Press, 1998).

〔77〕 See discussion in M. Dawson, *New Governance and the Transformation of EU Law* (Cambridge, Cambridge University Press, 2011). See also D. Schiek, "The EU's Socio-Economic Model(s) and the Crisi(e)s—Any Perspectives?" in D. Schiek (ed.), *The EU Economic and Social Model in the Global Crisis* (Farnham, Ashgate Publishing, 2013).

的社会权利主要涉及健康和安全、歧视和工人自由流动的权利。社会保险、医疗服务、福利服务、教育和住房等公共产品仍然属于成员国国内事务的范畴。但是,欧盟在经济权利(如自由流动)方面对成员国社会权利的影响已经增强,成员国在国家层面调整前述领域的能力正在受到越来越多的限制,〔78〕以及考虑欧盟应当具有一副自己的社交面孔,最终导致了软性治理方式的发展。试图强加统一解决方案将遭遇强烈政治抵触的认识和观点,也使采取前述软性路径成为必要。

欧盟的私法专家也在尝试进行私法编纂的背景下,对"社会"的含义以及人权法在合同中发挥的横向效力进行了讨论。一种有影响力的理念将个人破产法视为私法中福利主义"需求导向"的组成部分,承认了失业和疾病对个人清偿能力的影响。〔79〕

个人过度负债和个人破产同时引发了经济问题和社会问题。然而,在2008年金融危机前,欧盟在实现一体化进程中致力信贷市场

---

〔78〕 See e. g. F. Scharpf, "The European Social Model: Coping with the challenges of diversity", (2002) *Journal of Common Market Studies* 645.

〔79〕 See T. Wilhelmsson, "Varieties of Welfarism in European Contract Law", (2004) 10(6) *European Law Journal* 712; Study Group on Social Justice in European Private Law, "Social Justice in European Contract Law: A Manifesto", (2004) 10(6) *European Law Journal* 653; see also discussion in H. Micklitz (ed.), T*he Many Concepts of Justice in European Private Law* (Cheltenham, Elgar, 2011). 关于一条人权路径, see C. Ondersma, "A Human Rights Framework for Debt Relief", (2014) 36 (1) *University of Pennsylvania Journal of International Law* 269。

的“前端”，以促进信贷的获得和信贷市场的竞争。1987 年的两项消费信贷指令和后来的 2008 年指令主要侧重推动欧盟市场的增长和信贷市场的“前端”，2008 年指令也对负责任的信贷表示认可。这种市场发展的路径忽略了破产作为统一市场基础规则的作用。尽管欧盟在 1995 年对 1987 年指令的评论中承认了“欧洲普遍存在过度负债问题”，但欧盟认为，这是一个最好在成员国内层面解决的社会问题。因此，卫生和消费者总署（消费者保护总署）在 2001 年指出，“应对过度负债问题的各国社会立法之间存在巨大的差异……信贷指令 171
的目标不是统一社会立法，社会立法仍属于国家职权的范围。”〔80〕2008 年指令最初包括了严格的“负责任借贷”提议，旨在防止过度负债问题。然而，当金融部门在各成员国和欧盟层面进行大量游说之后，〔81〕指令对债权人审查债务人的资信背景的要求变得十分温和。消费者信贷没有全球危机或者如疯牛病之类的丑闻，意味着消费信贷的公众重视度较低。消费者的选择和信贷作为“经济生活的润滑剂”是当时的主流观点，反映了新自由主义在欧盟委员会内部的影响力日益增强。具有讽刺意味的是，2008 年指令在 2008 年雷曼兄

〔80〕 See T. Vissol, “Updating and Revising the Consumer Credit Directive (87/102)” (2001)，载美国经济周期研究所官网，http://www.ecri.eu/new/system/files/10 + Vissol.pdf。

〔81〕 I discuss this in I. Ramsay, “Changing Policy Paradigms of EU Consumer Credit and Debt Regulation”; D. Leczykiewicz and S. Weatherill, *Images of the Consumer in EU Law: Legislation, Free Movement and Competition Law*, (Oxford, Hart Publishing, 2016) 166 – 168.

弟(Lehman Brothers)破产前几个月颁布。

在此期间,欧盟委员会确实根据开放式协调方法(open method of co-ordination)资助了应对过度负债问题的温和措施。开放式协调方法是欧盟继《里斯本条约》之后发展起来的、为成员国实现共同目标提供"合作框架"的社会问题治理方法。它为完善"最佳方案"确立目标、设计指标、开展国家间的相互评估,并提供"最佳方案"的创制基准。但是,它没有计划引入硬性法律(如法规和指令)。[82] 对"软性"开放式协调方法的普遍批评是,这种方法象征着欧盟内部社会事务问题仅具有从属地位。[83]

"软性"开放式协调方法在债务整理领域的应用取得了有限的成果。[84] 公开发表的数篇学术报告提出了一系列相当一致的观点:应当将清偿计划作为免责条件,没有希望的债务人应当立即免责,专业

〔82〕 参见《欧洲联盟运作条约》(TFEU)第152条第2款第a项规定:"合作,促进信息和最佳方案的交流,推动路径创新和经验评估。"

〔83〕 欧盟的消费者政策也同样受到批评,因为它主要关注确保消费者的市场准入和消费者的选择,而不是保护消费者免受消费金融市场的冲击。See e. g. discussion in H. Micklitz, "Social Justice and Access Justice in Private Law" in Micklitz (ed.), *The Many Concepts of Justice in European Private Law* (Cheltenham, Elgar, 2011). See D. Korczak, *Amnesty of Debts: Amicable Agreements and Statutory Solutions* (Brussels, DG Employment, Social Affairs and Equal Opportunities, 2006).

〔84〕 See D. Korczak, *Amnesty of Debts: Amicable Agreements and Statutory Solutions* (Brussels, DG Employment, Social Affairs and Equal Opportunities, 2006).

债务顾问担任中介。[85] 关于过度负债问题的研究还将其与金融包容和贷款获取问题联系起来。一个关键问题似乎是欧洲对过度负债没有形成统一的定义。[86] 欧盟委员会还支持发展欧洲消费者债务 172
网之类的非政府组织网络平台。

2007 年欧洲理事会发布了一系列稍显“强硬”的提议，包括预防和处置措施，例如，在无法采取其他方式减免债务的情况下，债务免除可以作为“最后的救济”。[87] 尽管报告的行文没有指向具体的人权，但报告将过度负债界定为人权问题。防止社会排斥和尊重人格尊严是组织主题。

与此同时，欧盟的破产改革进程没有提及消费者或个人过度负债的问题，而是聚焦企业家和企业破产。欧盟统一破产法实体规则的尝试因担保债权处置的分歧而宣告失败，因此，2000 年《欧盟委员会破产条例》仅仅解决了承认和管辖问题，旨在防止挑选法院，保障欧盟内部各成员国对破产程序的相互承认。

---

〔85〕 See e. g. N. Huls, *Overindebtedness of Consumers in the EC Member States: Facts and Search for Solution*, (1993) summarised in N. Huls, "Towards a European Approach to Overindebtedness of Consumers", (1993) 16 *Journal of Consumer Policy* 215; Reifner et al., *Consumer Overindebtedness and Consumer Law in the European Union* (EC, 2003).

〔86〕 EU Commission, "Towards a Common Operational European Definition of Over-indebtedness", DG Employment, Social Affairs and Equal Opportunities; European Commission (2008) "Financial Services Provision and Prevention of Financial Exclusion" Report prepared for DG Employment, Social Affairs and Equal Opportunities.

〔87〕 Council of Europe, *Legal Solutions to Debt Problems in Europe*.

第四节 经济危机后欧盟的个人破产政策

危机过后,欧盟几项截然不同的政策开始重合。第一,欧盟对迅速有效的破产法予以关注,将之视为债务去杠杆和释放资源用于投资和消费的机制。第二,欧盟对更宽容的破产免责促进创业精神更感兴趣。第三,关于消费者的研究更多地讨论个人破产的重要性。2014 年欧盟委托的一项研究指出:"利益相关者在应对过度负债时被报道得最多的变化,往往涉及相关立法措施,让处于财务困境的消费者更容易适用破产程序。"〔88〕第四,面临止赎拍卖这一经济困境的房屋所有人提出了在破产程序中保护住房的问题。第五,缺乏统一的欧盟破产体系潜在地增加了跨境投资成本和信贷成本,并可能导致挑选法院的有害行为。这些政策走向提出了消费政策和生产政策,欧盟委员会、〔89〕欧洲议会、欧洲央行的不同部门,以及诸多公民社会团体之间相互交集的问题。因此,由行业资助的欧盟智囊团声称,美国经济在崩溃后的韧性,反映了美国家庭通过无追索权的抵押

〔88〕 See Civic Consulting, *Final Report. The Over-indebtedness of European Households: Updated Map-ping of the Situation, Nature and Causes, Effects and Initiatives for Alleviating its Impact*, (Brussels, 2014) 13.

〔89〕 所有的强势部门(欧盟经济及金融事务总署、欧盟企业和工业总署)和不那么强势的部门(欧盟卫生和消费者总署)。

贷款和宽松的破产法迅速去杠杆的能力,[90]一些消费者团体可能也认同这一观点。[91] 173

第五节　欧盟叙事

一、欧盟通过个人破产推动创业精神:新“灵丹妙药”

快速破产,经常破产。[92]

“更宽容的免责程序将促进创业精神和冒险精神”的观点,在破产法历史上反复出现。朱利安·霍皮特(Julian Hoppitt)描述了

---

〔90〕 See Daniel Gros, CEPS Commentary, “Thinking Ahead for Europe”, 2 August 2014,载匹兹堡大学欧洲一体化档案网,http://aei. pitt. edu/53145/1/DG_Transatlantic_Growth_Gap. pdf。欧盟官员促进欧盟国家劳动力和产品市场的结构性改革的做法是正确的。但他们也应该关注修改和加快破产程序,以便更快地确认损失,让过度负债的家庭能够重新开始,而不是被束缚经年。

〔91〕 See Financial Services Users Group, Position Paper(2013) A sentiment endorsed by DG Justice. See “Insolvency law in Europe—Giving People and businesses a second chance”, Věra Jourová, Commissioner for Justice, Consumers and Gender Equality(speech at conference “Insolvency Law in Europe: current trends and future perspectives”, Jurmala, Latvia, 23 April 2015).

〔92〕 在 *Fail Fast, Fail Often, Fail Everywhere* 一书中,约翰·多诺霍(John Donohue)对所谓“硅谷咒语”的国际传播所作的有趣讨论。*The New Yorker*(31 May 2015).

18世纪英格兰破产法发展过程中对冒险精神价值的认知,[93]威廉·O.道格拉斯(William O. Douglas)指出了自由免责对推动美国实验精神发展的意义,[94]21世纪初,新工党政府于2002年接受了创业精神,实现了英格兰免责程序的宽松化。[95] 2014年德国将有能力清偿部分债务的个人免责考察期从6年缩短至3年,也是为了促进创业精神。[96] 部分欧洲国家(如丹麦、法国和西班牙)也出台了特别规定,使创业者的破产更容易。

约瑟夫·熊彼特(Joseph Schumpeter)认为,创业者在资本主义
174 的持续发展中发挥了关键作用。在熊彼特看来,创业者是创新者,但不一定是发明者或者资本家。简而言之,是"尝试……新事物或者以新的方式完成现有任务"的人。[97] 熊彼特用"创造性毁灭"这个短语来描述创业者如何通过新的生产方式、新的分配方式等推动资本主

---

〔93〕 See J. Hoppitt, *Risk and Failure in English Business* 1700 – 1800, (Cambridge, Cambridge University Press, 1987) 23.

〔94〕 W. O. Douglas, "Bankruptcy", *Encyclopedia of the Social Sciences* (London, Macmillan Publishing Co., 1937).

〔95〕 英国破产管理署2014~2015年年度报告(The Insolvency Service Annual Report 2014 – 2015)开篇即指出"创业精神和企业发展的动力与企业的成败息息相关"。

〔96〕 弗兰克·福森(Frank Fossen)援引德国司法部部长的话,"破产法改革是商法最重要的课题之一","那些表现出创业精神的人应该得到法律的保护,以鼓励他们作出自主创业的决定"。F. Fossen, "Personal Bankruptcy Law, Wealth, and Entrepreneurship—Evidence from the Introduction of a 'Fresh Start' Policy", (2013) 16(1) *American Law and Economics Review* 269, 274, quoting Leutheusser-Schnarrenberger.

〔97〕 J. Schumpeter, "The Creative Response in Economic History", (1947) Ⅶ(2) *The Journal of Economic History* 149, 151.

义的变化和更新。一个成功的创业者可能会刺激一大批跟随模仿者，带来激增和繁荣，随后则不可避免地走向衰败和崩溃。熊彼特与马克思的观点不同，马克思认为，资本主义竞争必然导致利润减少，最终导致资本主义的灭亡；熊彼特则认为，只有少数创业者能够成功，因此，个人的高回报必然与许多失败者的负回报相平衡。

熊彼特在20世纪40年代写道，随着管理层控制的大型公司的兴起，创业精神正在衰退。但是，到20世纪90年代末，曼纽尔·卡斯特（Manuel Castells）描述了新信息经济中自主创业复苏的情况。[98] 特雷莎·沙利文、杰伊·劳伦斯·韦斯特布鲁克和伊丽莎白·沃伦在1981年的破产研究中重新关注了创业精神与破产之间的联系。他们指出，那个时代的传统观念认为，随着大公司的崛起，个体经营将逐渐消失。然而，他们发现，有一大批个体经营者破产，他们总结道：“对小企业问题更多的系统关注应当列入破产政策制定者的日程。”[99] 到21世纪初，《纽约时报》又翻出了熊彼特的观点，认为他是互联网时代萧条和繁荣的预言家。[100]

欧盟《里斯本条约》承诺将欧盟建成世界上最具竞争力的地区，

---

〔98〕 See M. Castells, *The Information Age: Economy Culture and Society: The Rise of the Network Society*, (Oxford, Blackwell, 1998) Vol. 1, 221.

〔99〕 T. Sullivan, E. Warren, and J. Westbrook, *As We Forgive Our Debtors*, (Oxford, Oxford University Press, 1989) 121.

〔100〕 Sharon Reier, "Half a Century Later, Economist's 'Creative Destruction' Theory is Apt for the Internet Age: Schumpeter: The Prophet of Bust and Boom", *Your Money* (10 June 2000).

自2000年以来,促进创业精神一直是欧盟政策的一个核心议题。从司法部和经济部抽调的各国专家在企业总署的协调下,撰写了一系列报告,调查当时欧盟的法律制度在何种程度上为企业家提供重新开始的机会。该报告确立了个人破产的指标和最佳方案。2007
175 年[101]和2008年欧洲的《小企业法案》要求各成员国确保“诚实的企业家”能够迅速获得重生的机会,随后又有更多的相关报告相继出炉。2007年的报告读起来就像是对熊彼特的致敬,提到了美国和欧盟“持续的创造性毁灭过程”。2011年的一项研究表明,欧盟只有4% ~6%的破产是欺诈性的,但在一项民意调查研究中,49%的企业家认为,创业的主要风险是可能遭遇破产。[102]《欧盟2020年

---

〔101〕 Communication from the Commission to the Council, The European Parliament, The European Economic and Social Committee and the Committee of the Regions, *Overcoming the Stigma of Business Failure—For a Second Chance Policy Implementing the Lisbon Partnership for Growth and Jobs* COM(2007)284 final,载欧盟技术法规数据库,http://eur-lex.europa.eu/LexUriServ/LexUriServ.do?uri=COM:2007:0584:FIN:en:PDF。该报告举例说明了“公司的衰亡如何与经济活力相一致”。该报告还参考了经济合作与发展组织(OECD)的一项研究,该研究表明,我们有理由相信,日益激烈的全球竞争正迫使企业家们作出更加迅速灵活的反应,甚至关闭自己的企业后,再创建另一家企业。有数据证明,无论是欧盟还是美国,市场进入率和退出率之间存在高度相关性,这展示了一个持续的创造性破坏过程,低生产率的企业退出市场,新企业取而代之。

〔102〕 Flash Eurobarometer No.283 “Entrepreneurship in the EU and Beyond”,载欧盟委员会官网,http://ec.europa.eu/ public_opinion/flash/fl_283_en.pdf。

愿景》[103]鼓励债务人进行债务整理和“自由而无污名”的破产条款,减少了对未免责破产人的限制,并规定了3年或3年以下的免责考察期,以鼓励小企业承担风险。最近,关于欧洲资本市场的提案认为,成员国之间个人破产法的差异阻碍了年轻企业家的发展。[104] 2014年欧盟委员会司法总署“建议”(软性模范法的一种表现形式)[105]为“诚实的企业家”提供“第二次机会”,在不超过3年的清偿期后自动免责。[106] 2016年这一建议被纳入了一份破产指令提案中。

---

〔103〕“‘企业家精神行动计划’是一个蓝图,旨在采取果断行动,释放欧洲的创业潜力,消除现有障碍,并彻底改革欧洲企业家精神的文化传统。” See Entrepreneurship Action Plan, Re-Igniting the Entrepreneurial Spirit in Europe [COM(2012)795 Final] at 17 – 18.《小企业法案》第2项原则,旨在确保“面临破产的诚实企业家迅速获得重新开始的机会”。Communication from the Commission to the Council, the European Parliament, the European Economic and Social Committee and the Committee of the Regions, “Think Small First”, *A Small Business Act for Europe* SEC(2008)2101.

〔104〕“建议还要求成员国确保诚实的破产企业家在第一次失败后,最长3年之后可以重新开始。这将确保年轻的企业家不会因为失败的风险而不再创新,使他们可以带着从第一次失败中获取的经验,重返有生命力的经济生活。有证据表明,和第一次创业者相比,第二次创业者成功的机率高出40%。” Commission Staff Working Document, “Initial reflections on the obstacles to the development of deep and integrated EU capital markets”, accompanying the document Green Paper, *Building a Capital Markets Union* COM(2015)63 final, 20.

〔105〕See Art 288 TFEU(《欧洲联盟运作条约》). 关于这种软法的概述,参见 D. Chalmers, G. Monti, and G. Davies, *European Union Law* 2nd edn, (Cambridge, Cambridge University Press)102。

〔106〕See Commission Recommendation on a New Approach to Business Failure and Insolvency C(2014)1500. 参见事实叙述第20部分:“即使有证据表明破产后的企业家在第二次创业时会有更多的机会获得成功,破产的影响,特别是社会污名、法律后果以及持续无力清偿债务的事实,仍然是希望创办企业或获得第二次机会的企业家的重大顾虑。因此,需要采取措施降低破产对企业家的负面影响,制定可以让企业家在特定的最长期限后获得完全免责的法律。”

尽管该提案针对的是企业家,但委员会认识到自然人过度负债是一个重大的经济和社会问题,因此,建议各成员国"将免责原则的适用范围……扩大到非企业家的自然人……帮助消费者重返经济支出周
176 期,是良好运作的市场和零售金融服务业的重要部分"。[107] 这种经济理论强调了破产救济的市场价值而非社会意义,让人联想起了美国破产救济和信贷开放社会之间的联系。

欧盟的破产叙事有学术支持。一项被广泛引用的计量经济学研究表明,破产免责的严格程度与个体经营的水平(在这项研究中,它是企业家精神的代表)之间存在长期的相关性。[108] 然而,这项研究并没有讨论应当受到鼓励的个体经营的质量或创新性。另一项研究表明,破产制度和企业家创新精神之间没有联系。[109] 英格兰和威尔士破产管理署发现,2002年宽松的免责程序与创办新企业(创业精

---

〔107〕 参见欧洲议会和委员会关于预防性重组框架、第二次机会和提高重组、破产和免责程序效率措施的指令提案,以及修订指令,2012/30/EU COM(2016)723 22.11.2016, 4,14,Recital 15。欧盟委员会在提案第14页中指出:"委员会将继续研究成员国如何改革其国家的制度框架,并监测它们如何执行提案中第二次机会这一具体条款,以便审视消费者过度负债的情况。"

〔108〕 See J. Armour and D. Cumming, "Bankruptcy and Entrepreneurship", (2008) 10 (2) *American Law and Economics Review* 303.

〔109〕 D. Primo and W. Green, "Bankruptcy Law and Entrepreneurship", (2011) 1 (2) *Entrepreneurship Research Journal* Issue 5. 本研究采用了两个维度,即自主创业和一国内不同程度的风险投资。后者旨在抓住创业精神的"创新"本质。See R. Lawless, "Striking Out on their Own; The Self-Employed in Bankruptcy" in K. Porter (ed.), Broke: How Debt Bankrupts the Middle Class, (Stanford, 2012) ch. 6.

神的代表)之间没有联系。[110]

对企业家更宽容的破产法可能会对贷款发放、利率和担保条件产生影响。在美国一些住宅豁免范围较大的州,更多的房屋所有人可能会拥有自己的企业,但可能需要支付更高的贷款利息。[111] 弗兰克·福森声称,1999 年德国《破产法》的实施鼓励了不够富裕的个人成为创业者,进一步表明破产的保险效应超过了潜在的更高的借贷成本。[112]

研究个人破产法对创业精神的效应会对界定创业者身份带来困难。自主创业本身就涵盖了从"非常充分的自给自足到极度脆弱"的

---

〔110〕 See The Insolvency Service, *Enterprise Act* 2002—*The Personal Insolvency Provisions*:*Final Evaluation Report November* 2007, (London, Insolvency Service, 2007) 41 – 42 citing to statistical analysis conducted by DBIS.

〔111〕 See W. Fan and M. White, "Personal Bankruptcy and the Level of Entrepreneurial Activity", (2003) 46 (2) *Journal of Law and Economics* 543; J. Berkowitz and M. White, "Bankruptcy and Small Firms Access to Credit", (2004) 35 (1) *RAND Journal of Economics* 69. A. Mathur, "Does the US Bankruptcy Code Provide a Fresh Start to Entrepreneurs?", (2013) 37 (11) *Journal of Banking and Finance* 4198. (该文指出,对于破产企业家来说,能够获得贷款和价格合理的贷款是持续存在的问题。)

〔112〕 F. Fossen, "Personal Bankruptcy Law, Wealth, and Entrepreneurship—Evidence from the Introduction of a 'Fresh Start' Policy'", (2013) 16 (1) *American Law and Economics Review* 269, 274, quoting Leutheusser-Schnarrenberger. 福森认为,1999 年德国《破产法》引进了"重新开始"制度。大多数评论家都不认为德国 1999 年《破产法》中最初的 7 年清偿计划是一种免责条件或是一种"重新开始",因此,该观点需要进一步审视。一位德国企业家适用 1999 年德国《破产法》的痛苦经历得出的教训,参见 A. Koark, *Back to Start and Nevertheless Successful*, EUI Working Paper EUI Working Papers Law 2011/09 LAW 2011/09 Consumer Bankruptcy in Europe Different Paths for Debtors and Creditors。

177 广泛范围。[113] 创业者可能包括那些曾有过工作，但现在处于不稳定状态、低收入、几乎没有社会保障的个人。经济合作与发展组织对企业家采取了与熊彼特相似的定义，[114] 但也有人会强调创业精神的“冒险精神”性质。[115] 欧洲各地的许多中小型企业都采用非公司制，[116] 创业者可能将自己的房屋作为商业贷款担保，并将个人信用卡用于企业经营。这样的现实使区分消费者债务与企业债务、破产的个人效应和企业效应变得更加困难。

---

〔113〕 M. M. Westerveld, "The 'New' Self-Employed: An Issue for Social Policy", (2012) 14 (3) *European Journal of Social Security* 15, 19, referring to the analysis by M. D. Amours and S. Crespo, "The Dimensions of Heterogeneity Among Own Account Self-Employed: Elements for a Typology", (2009) 59 (3) *Industrial Relations* 459. See Guy Standing, *The Precariat: The New Dangerous Class* (London, Bloomsbury, 2011). 欧盟指令将企业家简单定义为“从事贸易、商业、工艺或专门职业的自然人”。F. Fossen, "Personal Bankruptcy Law, Wealth, and Entrepreneurship—Evidence from the Introduction of a 'Fresh Start' Policy", (2013) 16 (1) *American Law and Economics Review* 269, 274, quoting Leutheusser-Schnarrenberger, Art 2 (13).

〔114〕 经济合作与发展组织在组织——欧盟统计局创业指标的方案中，将企业家定义为“通过发现和开发新流程或新市场，创造或扩大经济活动，寻求创造价值的人（企业主）”。*The Missing Entrepreneurs: Policies for Inclusive Entrepreneurship in Europe* OECD/EU (2013) 18.

〔115〕 M. Mazzucato, The Entrepreneurial State: Debunking Public v. Private Sector Myths (London, Anthem Press, 2013)，在书中第58页指出，“与经济发展一样，创业精神是经济学中最难理解的主题之一”，弗兰克·奈特（Frank Knight）将创业精神视为“冒险精神”的观点与熊彼特的生产创新观点形成对比。马祖卡托（Mazzucato）赞同奈特所说的“企业家的行为是一个人愿意拿自己的职业生涯和经济安全来冒险，并为实现某种想法冒险，把时间和资本置于某种不确定的风险之上”。M. Mazzucato, *The Entrepreneurial State: Debunking Public v. Private Sector Myths*, (London, Anthem Press, 2013) 58.

〔116〕 See W. Bergthaler, K. Kang, Y. Liu, and D. Monaghan, "Tackling Small and Medium Sized Enterprise Problem Loans in Europe", (Washington, IMF, 2015) 6.

美国破产法激励和启发了希望通过破产制度促进创业精神的欧洲政策制定者。“快速失败,低成本地失败,然后继续前行”是与硅谷相关的箴言,但关于美国破产企业家的社会法研究并不总能为个人提供“重返”商业社会的乐观前景。[117] 鲍勃·劳利斯(Bob Lawless)提及,谷歌创始人最初通过“我们所有的信用卡、朋友的和父母的信用卡”来为企业融资的美国神话。[118] 他引用斯科特·谢恩(Scott Shane)在《创业的幻觉》[119]中的观点,说明初创小企业的神话和现实之间的差距。大部分小企业都失败了,只有少数高新技术领域的小企业存活了下来,它们只为社会贡献了不多的就业机会。基于人道主义的视角,更宽容的破产法当然是合理的,但是,破产法能否通过创业精神促进经济增长仍然有待论证。此外,有人在解释小企业在瑞典获得发展时强调,“国家强大的福利制度也可以促进冒险精神”。

人们还会质疑冒险的企业家与其他企业家之间的区别。越来越多的人受到鼓励,成为负责任的冒险者,通过接受有偿的财务教育或

---

〔117〕 See Lawless, “‘Striking Out on their Own’: The Self-Employed in Bankruptcy” in K. Porter(ed.), *Broke: How Debt Bankrupts the Middle Class*, (Palo Alto, Stanford Universtiy Press, 2012) ch. 6.

〔118〕 See Lawless, “‘Striking Out on their Own’: The Self-Employed in Bankruptcy” in K. Porter(ed.), *Broke: How Debt Bankrupts the Middle Class*, (Palo Alto, Stanford University Press, 2012) ch. 6.

〔119〕 S. Shane, *The Illusions of Entrepreneurship* (New Haven and London, Yale University Press, 2008).

178 培训,在日益金融化的文化氛围下规划未来的财务。[120] “作为企业家的自我”这一概念,是指那些必须在反复出现的经济危机和动荡不安中书写“传奇”的人,表明企业家和消费者之间的严格分界实际上是穿透的、通融的。[121]

叙事的力量不仅源于经验事实,更源于创业精神的叙事,“冒险精神”已经成为一种国际范式,与新自由主义的“自主创业者”概念、奥尔多自由主义对“企业家推动创新与变革”的推崇相关联。

二、金融包容和社会包容

欧盟诸多关于消费者过度负债文件的一个主题是,有必要通过破产和债务整理程序防止金融排斥和社会排斥。法国专家撰写的欧洲文件采纳了这一观点。[122] 欧洲理事会在2007年关于债务整理的提案中指出,应当“鼓励对过度负债的个人和家庭给予有效的金融包容和社会包容,特别是通过促进他们进入劳动力市场”。[123] 2014年

〔120〕 See N. Fligstein and A Goldstein, “The Emergence of a Finance Culture in American Households, 1998 – 2007”, (2015) *Socio-Economic Review* 1.

〔121〕 但是媒体的话语仍然可能通过描述企业家如何“从破产中复苏”,展示企业家与消费者之间的区别。See“Bouncing back from bankruptcy”, *The Guardian* (29 October 2012).

〔122〕 See e. g. Communication from the Commission to the European Parliament, the Council, The European Economic and Social Committee of the Regions The European Platform against Poverty and Social Exclusion: *A European Framework for Social and Territorial Cohesion* COM/2010/0758 final 1. “委员会认识到:‘我们社会中最脆弱的人承受了经济危机的主要影响。与此同时,收入最低的那些人状况继续恶化,他们现在面临更大的债务和破产风险’。”

〔123〕 Council of Europe, Recommendation CM/Rec (2007) 8 of the Committee of Ministers to member states on legal solutions to debt problems.

欧洲经济和社会委员会将“避免社会排斥”确定为债务整理计划的目标,[124]该报告提出了一项指令,要求成员国提供免费的债务整理程序,程序启动时暂停诉讼程序,债务人保留主要住所的能力,“为了使消费者迅速重新融入经济和社会生活,在债务极为繁重的情况下可以考虑免除债务,有义务让过度负债者保留足够的财产维持体面的日常生活”。[125] 各成员国的个人破产法应该“探寻这样一种解决方案,使债务人的家庭免受社会排斥,并在可能的情况下尽其所能地清偿债务”。[126]

在欧盟关于消费者过度负债的叙事中,金融包容和社会包容是 179
有影响力的观点,[127]但正如笔者在第一章所指出的那样,金融包容是这样一个概念,它与从快速重新开始到良好行为期的广泛政策相适应,或者与提供信贷咨询的要求相一致,以便个人重新融入社会。

---

[124] Opinion of the European Economic and Social Committee on Consumer protection and appropriate treatment of over-indebtedness to prevent social exclusion (exploratory opinion), Rapporteurgeneral: Reine-Claude Mader [2014] OJ C 311/38.

[125] Opinion of the European Economic and Social Committee on Consumer protection and appropriate treatment of over-indebtedness to prevent social exclusion (exploratory opinion), Rapporteurgeneral: Reine-Claude Mader [2014] OJ C 311/38.

[126] Opinion of the European Economic and Social Committee on Consumer protection and appropriate treatment of over-indebtedness to prevent social exclusion (exploratory opinion), Rapporteurgeneral: Reine-Claude Mader [2014] OJ C 311/38 at 5.1.

[127] See e. g. Civic Consulting, *Final Report. The Over-indebtedness of European Households: Updated Map-ping of the Situation, Nature and Causes, Effects and Initiatives for Alleviating its Impact*(Brussels, 2014),文章第 11 页指出:“按照利益相关者的说法,过度负债很可能导致金融排斥。”

破产免责是一个让债务人获得“帮助”(而不是“恩赐”)成为负责任的信贷消费者的机会,符合社会政策服务于市场目标的观念。瑞典和法国等国与个人破产相关的国家层面的社会措施之间的配合非常有限,有时甚至严重不协调;作为破产应配套措施的组成部分,金融知识的重要性日益提高,体现了与市场目标联系更加紧密的破产观念。

对社会排斥状况的改善也可以用维持尊严和自尊的权利加以解释,事实上,欧洲理事会在2007年报告中就已经将破产免责与“维持尊严和自尊的权利”联系在一起。然而,关于人权问题的话语还没有在破产领域产生影响,尽管它已经渗透到金融危机之后关于住房保护的讨论之中。

第六节　破产迁徙、监管竞争和监管学习[128]

“克莱先生的客户名单中包括医生、药剂师、律师,还包

〔128〕 关于破产迁徙的分析,可参见 I. Fannon, “Bankruptcy Tourism—Why and How?”, (2013) 26 (6) *Insolvency Intelligence* 85; T. Hoffman, “The Phenomenon of Consumer Insolvency Tourism and its Challenges to European Legislation”, (2012) 35 (4) *Journal of Consumer Policy* 461; A. Walters and A. Smith, “Bankruptcy Tourism under the EC Regulation on Insolvency Proceedings: A View from England and Wales”, (2009) 19 (3) *International Insolvency Review* 210。

括一位身负1600万英镑债务的成功管理顾问。”〔129〕

欧洲各国制度在免责考察期上的差异在一定程度上引发了破产迁徙。免责考察期较长、破产制度严格地区的债务人可能会将他们的主要利益中心（COMI）转移到破产制度更宽松的国家（通常是英格兰或阿尔萨斯—洛林）。〔130〕 英格兰和威尔士的个人破产法因为具有快速免责、破产程序直接适用以及破产申请无须事先通知债权人 180
的特点，对债务人极具吸引力。〔131〕

德国和奥地利的专业人士和小企业主是第一批破产迁徙者的代表，金融危机期间及之后，少数知名的爱尔兰债务人、一些来自波罗的

---

〔129〕 “Manager of an agency specializing in assisting Germans to declare bankruptcy in England and Wales”, *Daily Mail*（23 September 2009），载每日邮报网，http://www.dailymail. co. uk/news/article-1215506/Britainbust-Bankruptcy-tourists-flock-UK-advantage-lax-insolvency-laws. html。

〔130〕 欧盟的破产管辖根据破产程序开始时个人的主要利益中心予以确定。2017年以前，这项规则规定在欧盟2000年5月29日颁布的第1346/2000号关于破产程序的欧盟理事会条例（OJ L 160）中。改革后的新条例于2017年中期生效。Regulation（EU）2015/848 of the European Parliament and of the Council of 20 May 2015 on Insolvency Proceedings（recast）[2015] OJ L 141/19. 根据该条例第3（1）条的规定，个人的主要利益中心是其经常居住地或个人定期管理其主要利益的地方。

〔131〕 英格兰和威尔士在历史上有非常自由的管辖权规则，仅要求本人在提出申请之日在英格兰即可，参见英国《1986年破产法》第265条。但是，如果案件与英格兰和威尔士没有联系，法院对驳回申请具有宽泛的自由裁量权。行使前述自由裁量权需要考虑的因素的最新讨论，参见2014年瑞吉斯特·贝斯雷（Register Baister）对“克汉姆案”（Re Kekhman）的判决，在上诉时大致都得到了摩根·杰（Morgan J）的支持。参见JSC Bank of Moscow v. Kekhman and others [2015] EWHC 396（Ch.），处理一位前俄罗斯百万富翁商人在英格兰和威尔士申请的破产。

海诸国和波兰的债务人也紧随其后。一批咨询公司纷纷涌现,向德国人、爱尔兰人及其他国家的潜在客户提供如何在英国建立主要利益中心的咨询。在爱尔兰破产者中,几位企业家的房地产企业在爱尔兰房地产泡沫破裂时倒闭。[132] 这些人往往为他们的房地产公司提供个人担保。他们试图逃避爱尔兰破产法长达12年免责考察期的苛刻规定,他们经常受到爱尔兰银行的追查,爱尔兰银行因为接手爱尔兰其他银行的诸多不良资产而成为“坏银行”。这些人可以算作欧洲政策制定者所支持的冒险企业家,尽管一些媒体将他们称为逃离航船的“商业精英”,受到救助的银行业的政府愤怒地追查。[133] 尽管英格兰的破产制度比爱尔兰更宽松,但这些人仍将受到收入清偿承诺的约束,并应依法放弃大量财产。他们不可能在破产程序中毫发无损。

2000年《欧盟委员会破产条例》[134]中的法院挑拣规则主要是针对公司破产的,该规则没有就个人管辖问题界定主要利益中心,仅推定主

---

〔132〕 例如,律师和房地产开发商布赖恩·奥唐奈(Brian O'Donnel)欠爱尔兰银行7100万欧元,约翰·弗雷明(John Fleming)欠10亿欧元,帕迪·肖弗林(Paddy Shovlin)欠2.8亿欧元,德莫特·奥利里(Dermot O'Leary)和雷吉·塔特希尔(Reg Tuthill)欠1亿欧元,肖恩·奎因(Sean Quinn)欠28亿欧元,及破产出版商伊万·耶茨(Ivan Yates)。See discussion in I. Fannon, "Bankruptcy Tourism—Why and How?" (2013) 26 (6) *Insolvency Intelligence*. See also H. Vallender, H. Allemand, S. Baister, P. Kuglanz, H. Mahijsen, B. O'Neill, E. Collins, and S. Potamitis, "A Minimum Standard for Debt Discharge in Europe", (2013) *Insolvency Intelligence* 97, footnote 2.

〔133〕 See e. g. H. McDonald, "Irish Dodge Debts Through UK Bankruptcy Tourism", *The Guardian* (27 May 2012).

〔134〕 Council Regulation (EC) No. 1346/2000.

要利益中心是个人定期管理利益的地方。[135] 英格兰法院制定了一些规则,试图平衡个人在受破产威胁时的迁徙自由,原则上要求主要利益中心在第三方看来应具有客观确定性,并具有某种永久性。法院决定,前述管辖问题应当在破产程序启动之时确定,但法官也可以综合考虑破产程序启动前的事实。[136] 于是,这就要求对中心地变更的情况进 181
行大量具体事实分析。英格兰法院对破产迁徙的监管日渐严格,要求更多的证据证明债务人主要利益中心的实质性变更。[137] 英格兰官方接管人(official receiver)以前并不热衷管理这类破产案件。目前,他们改变了做法,确保对破产迁徙进行更多的调查,[138] 并关闭了

---

〔135〕 See Recital 13, Council Regulation(EC) No. 1346/2000. 先前的一份报告表明,非专业人士的主要利益中心是其“经常居住地”。

〔136〕 Shierson v. Clive Vlieland Boddy [2005] EWCA Civ. 974.

〔137〕 See e. g. Re Eichler(A Bankrupt)(No. 2); Steinhardt v. Eichler [2011] BPIR 1293 annulling a bankruptcy order made by the same registrar in 2007. For other bankruptcy tourist cases see e. g. Schrade v. Sparkasse Ludenchild [2014] EWHC 1049(ch.); Sparkasse Hilden Ratiyen Velbert v. Benk [2012] EWHC 342(Ch.); Re Hagemeister(a bankrupt) [2010] BPIR 1093; Official Receiver v. Mitterfellner [2009] BPIR 1075; O'Donnell v. Bank of Ireland [2012] EWHC 2432(Ch.); Irish Bank Resolution Corp'n v. Quinn [2012] BCC 608.

〔138〕 2010 年,《专业技术手册》进行了修改,就处理外国人破产的相关问题应采取的步骤提供了更多准则。例如,有专门针对德国的准则:“在处理与德国有关的破产人事务时,官方接管人应当注意证实命令本来应当在英格兰和威尔士作出。43.1.3 寻求英格兰和威尔士法院保护的德国人英格兰和威尔士面临德国人申请破产案件数量的增加,他们声称:提出申请之日,他们的主要利益中心在英格兰和威尔士。通常情况下,这些人在英格兰和威尔士的居住时间似乎不到 12 个月,并且有相当一部分人的主要利益中心似乎并没有真正地从德国转移,他们提出申请是为适用更有利的破产法而弄虚作假……43.1.5 债权人官方接管人需要获得破产人已将其迁往英国的情况通知其债权人(包括该通知的日期)的证据。官方接管人也可以选择询问破产人的债权人:破产人何时就其迁往英国发出通知,并询问他们是否获知任何表明破产人在英国境外生活或工作的信息。” www. insolvencydirect. bis. gov. uk/technicalmanual/Ch37 - 48/chapter43/Chapter%2043 - 1/Part%201/Part%201. htm.

几家就如何利用宽松的英格兰破产法向德国人提供整套建议的公司。

表 6.2 2008～2013 年英格兰和威尔士破产迁徙数据

单位:件

国家	年份					
	2008	2009	2010	2011	2012	2013
奥地利	8	11	1	5	4	2
比利时	0	0	0	0	1	0
爱沙尼亚	0	0	0	1	1	0
法国	0	0	0	1	1	4
德国	43	107	103	141	131	63
爱尔兰	0	1	4	20	42	34
意大利	0	0	0	0	0	0
拉脱维亚	0	0	0	8	10	9
立陶宛	0	0	0	0	6	10
荷兰	0	0	0	0	2	0
波兰	0	0	1	4	7	9
斯洛文尼亚	0	0	1	0	0	0
西班牙	0	0	0	1	1	2

资料来源:破产管理署,按照英国《信息自由法》(FOI)对信息开示申请作出的回应。数据显示了官方接管人指出的情况:“债务人在英国居住了似乎不到 12 个月,且其披露的全部或大部分债务的债权人都位于英国之外,此时,债务人系外国人。”这些破产案件中只有一小部分最终被宣告无效。

表6.2表明，潜在的破产迁徙者相对较少，尽管具体数据可能被低估。[139] 然而，破产迁徙在展示自由流动对其他国家资源（在这里是指法院的时间成本和监管者成本）的影响方面仅具有象征意义。在“乌尔夫·卡齐默尔兹·拉齐耶耶维奇诉瑞典执行局案”（Ulf Kazimierz Radziejewski v. Kronofogdemyndighten）中，欧洲法院确认了破产背景下的自由流动是一项重要原则。[140] 该案涉及一名在比利时生活和工作的瑞典人，他希望在瑞典申请债务重整，但斯德哥尔摩执行局却以“他没有住在瑞典”为由拒绝了其请求。欧洲法院认为，瑞典法律关于居住地的要求侵犯了个人根据《欧盟运作条约》第45条规定享有的自由流动权。自由流动意味着个人可以自由地迁徙到其他国家，以改善其经济状况，其中可能包括债务免除和早日实现复苏。 182

主张抑制破产迁徙的观点认为，债权人在外国出庭会产生大量费用，相关国家处理该类破产案件需要更高的成本费用。债权人会根据破产迁徙的可能性对信贷的授予和价格进行调整。然而，只有富裕的债务人才有能力迁徙到国外适用更宽容的破产法，这让无法

---

[139] 破产数据必须谨慎处理。这些数据是债务人破产后，官方接管人与债务人面谈时收集的。案件数量的变化可能是由于破产登记官驳回了更多的破产申请。经验丰富的执业者向我提供的轶事信息表明，这些数据低估了潜在的破产迁徙者的总数。

[140] See case C－461/11 Ulf Kazimierz Radziejewski v. Kronofogdemyndighten i Stockholm. 在这个案件中，债务人的企业于1996年破产。他从1997年开始履行瑞典执行局的收入扣押令（！）。他在比利时为一名瑞典雇主工作，并于2011年向瑞典执行局申请债务免除，但最终由于他在瑞典没有一个登记了的住所而被驳回申请。欧洲法院认为，瑞典关于居住的条件侵犯了他根据《欧盟运行条约》第45条规定享有的自由流动权。

同样迁徙适用外国法律制度的普通债务人感到不公平。这可能激发了爱尔兰人对破产迁徙者的敌意。

破产迁徙论还强调了英格兰应对企业破产和个人破产的司法程序有所不同。英格兰法院对公司迁徙其主要利益中心以利用英格兰重组法采取了赞成的态度。英格兰法院支持公司变更主要利益中心
183 以适用英格兰重整法,得到了英国政府的支持。[141] 这种立场使伦敦保持了具有吸引力的企业救济中心的地位,并支持了利润丰厚的破产和重整行业的发展。《卫报》更加激进地断言,伦敦可能会成为"破产妓院"。[142] 这种寻求成为最自由、最有利于债务人的重整制度的监管竞争,无疑对其他国家产生了影响,推动了企业重整程序的趋同。相比之下,英格兰不愿意成为个体经营者或消费债务人迁徙的目的地。个人破产和公司破产法律路径的差异并不仅仅是因为企业重整中各方的情况都有所改善(或者至少不会带来不

---

〔141〕 See Re Hellas Telecommunications(Luxembourg) Ⅱ[2010] BCC 295.(在该案中,公司在破产程序启动前3个半月才搬到伦敦。)伦敦的公司重整运用了一套专业技术性"债务整理方案",没有纳入《欧盟委员会破产条例》,"债务整理方案"为管辖提供了自由宽松的基础,以期吸引外国公司将伦敦作为重整地点。

〔142〕 See Elena Moya, "London Risks Becoming 'Brothel' for Bankruptcy Tourists" *The Guardian* (31 January 2010). 作者指出:"理查德·内文斯(Richard Nevins)是伦敦卡德瓦拉德律师事务所的重整合伙人,他认为,破产迁徙的主要好处是,它可以让律师事务所摆脱某些麻烦的债权人。例如,希腊的风赫拉斯(Wind Hellas)(电信运营商)和汽车零部件制造商舍菲纳克(Schefenacker)快速地将总部迁到英国,以适用英格兰的管理程序。企业只需要在此停留几个星期,并支付律师费,就会拥有一个英国地址。'这就像内华达州成为美国的离婚之城一样',内文斯说,'我认为这类案例还会增多'。"

利）。诉诸英格兰的破产程序可能会对某些债权人群体实施“强裁”。由于涉及成本收益分析和价值判断，故很难区分“好的”和“坏的”挑拣法院。[143]

破产迁徙凸显了单一国家法律的有限性，如德国和爱尔兰较长的免责考察期。爱尔兰政府迫切地要求采取欧盟层面的行动，提供普遍的解决方案，这一问题在《欧盟委员会破产条例》改革谈判中被提出。[144] 波兰担心，尽管个人可能善意地搬到了英格兰，但他们在波兰可能仍有重要的债权人，这些债权人将受到英格兰的 1 年免责 184
考察期（而非波兰的 5 年免责考察期）带来的不利影响。几个成员国提议设立“回顾期”或“质疑期”，在这段时间内发生的主要利益中心的迁徙不能得到承认。由于伦敦的重整行业可能会受到影响，[145] 英

---

〔143〕 参见“克汉姆案”（Kekhman）（参见本章注释 131），在最近这名俄罗斯百万富翁的破产案件中，在承认个人财务复苏是现代破产法的目的的基础上，法院愿意考虑俄罗斯个人破产程序的缺失，以及英格兰法律可能填补外国法律的空白。但他们似乎不太愿意承认爱尔兰 12 年的免责考察期是一个缺点。

〔144〕 爱尔兰副总理埃蒙·吉尔摩（Eamon Gilmore）说，“我们希望避免出现这种情况，一些人可以到处寻求购买和适用最宽松的破产法……这就是应该有一种欧洲层面的路径之所以重要的原因。” Quoted in J. Smyth, “Couple fail to overturn bankruptcy ruling”, *Financial Times* (6 March 2013); See also J. Smyth, “Dublin pushes for insolvency overhaul”, *Financial Times* (6 July 2012)；爱尔兰司法部部长阿伦·谢特（Alan shatter）表示：“拥有一个共同市场的本质在于，破产立法需要共同的规则，而不是那些看起来相互冲突、会诱使人们筹划破产迁徙的规则。” See “Shatter asks Britain to crack down on light touch bankruptcy tourism”, *Irish Examiner* (4 February 2013)，载爱尔兰观察报网，http://www.irishexaminer.com/ireland/shatter-asks-britain-to-crack-down-on-light-touch-bankruptcy-tourism-221574.html。

〔145〕 特别是在债务整理方案上。英国成功地将债务整理方案排除在欧盟 2015 年第 848 号条例的适用范围之外。

国政府与其他成员国结成联盟限制采纳该提议。因此,2015 年的条例没有采用明确的排斥规则,而是采用了可反驳的推定方式。[146]

一些国家(如法国)继续将它们的消费者方案排除在《欧盟委员会破产条例》的适用范围之外,而英国排除了债务纾缓令的适用。[147] 排除的理由是,债务纾缓令没有向债权人进行任何财产分配,其费用和程序规则也不是为处理复杂的跨境案件或承担确定主要利益中心的成本而设计的。[148] 破产管理署可能也担心管理这些破产案件会导致增加成本。然而,这将使获得债务纾缓令的波兰工作者处于不利地位,这些员工在返回波兰后仍可能被波兰债权人起诉。在关于条例修订的谈判中没有消费者债务人代表参与(或通过国家,或通过团体),故而导致了这一特定结果的发生。

拟议定的欧盟指令既承认了免责考察期较长的法域内过度负债的企业家迁徙到他国的潜在高成本,也承认这种迁徙给债权人带来

---

〔146〕 修订后的条例假设,在没有相反证据的情况下,非商人的主要利益中心是其经常居住地。但是,如果个人在破产程序开始后 6 个月内迁徙到另一个成员国,则不适用前述推定。类似地,3 个月推定也适用于个人主要营业地或注册办公地的迁徙。See Regulation(EU)2015/848 of the European Parliament and of the Council of 20 May 2015 on Insolvency Proceedings(recast)[2015] OJ L 141/19. art 3(1).

〔147〕 这些内容都没有规定在附录 A 中,修订后的欧盟 2015 年第 848 号条例第 16 段规定,该条例不应适用于这种程序:"如果这种类型的程序没有规定债务人向债权人进行清偿,低收入和财产很少的自然人可以经由这类程序获得免责。"

〔148〕 Email from Insolvency Service,11/04/15.

的成本消耗。[149] 免责考察期不再超过3年的基本要求演绎了从破产迁徙中“学习破产监管”[150]的可能性，同时，可以让成员国自由地引入更宽松的免责制度。

第七节　走向欧洲范式

大多数联邦制国家都将破产法置于联邦管辖范围内。19世纪，统一德国的第一批立法就包括制定统一破产法。欧盟委员会指出， 185
破产法的协调一致可以确定最低标准，减少各国破产制度之间的差异，并改善较落后的破产制度。支持这些建议的叙事主要出于经济方面的考虑，包括促进经济需求、鼓励企业家精神和投资。[151]《欧洲联盟运作条约》第53条和第114条为此提供了法律依据，分别制定了个体经营的自由设立规则和解决欧盟单一市场内竞争扭曲问题的统一规则。后一规则在个人破产的背景下更难成立，因为只有少量跨境家庭贷款存在，这也可能是消费者不适用3年法定免责考察期

[149] 参见欧洲议会和委员会关于预防性重组框架、第二次机会和提高重组、破产和免责程序效率的措施指令提案，以及修订指令，Directive 2012/30/EU COM(2016)723 22.11.2016，Recital 4。

[150] See S. Deakin, "Legal Diversity and Regulatory Competition: Which Model for Europe?", (2006) 12 *European Law Journal* 440.

[151] See Inception Impact Statement, March 2016, 8.

的原因之一。[152] 尽管欧洲议会已经敦促欧盟委员会考虑破产问题对个人的影响,2016年的"初期影响报告"几乎没有提及债务的"社会"影响。因此,消费者破产改革搭上了企业破产改革的"便车",是商业破产改革的溢出效应。

本章表明,个人破产领域确实形成了一种新兴的欧洲范式,它尽可能地优先考虑清偿计划,并在立法中或实践中为无收入、无财产债务人快速免责提供可能。尽管如此,各国的个人破产制度在适用条件、制度结构、免责考察期和不能免除的债务等方面存在巨大差异。从英格兰相对自由的标准到瑞典的严格标准,适用标准在各发达国家之间有所不同。某些国家的税收债务不能免除,而其他国家可以免除,或在特殊情况下可以免除。[153] 一些清偿期较长的破产法似乎很少有免责例外的规定。[154] 这些差异并不代表国家之间深刻的文化差异;更多的是源于利益集团的影响;或者源于制度法令中的政治妥协,短时间内仍难以改变(如瑞典)。一些欧洲国家(如法国和西班牙)仍对商人和非商人进行显著的区分,对消费性债务和经营性债务的处理也有所区别。这也许意味着这一领域的法律统一仍然存在一定的障

---

〔152〕 委员会指出,基于跨境借贷的有限性,这一问题应当首先在本法域层面予以解决。参见欧洲议会和委员会关于预防性重组框架、第二次机会和提高重组、破产和免责程序效率的措施指令提案,以及修订指令。2012/30/EU COM(2016)723 22.11.2016.15.

〔153〕 如在德国,如果债务人实施了税收方面的犯罪,则其税收债务不能被免除。

〔154〕 关于这一现象有趣的讨论参见 T. Linna, "Consumer Insolvency: The Linkage between the Fresh Start, Collective Proceedings and the Access to Debt Adjustment", (2015) 38 *Journal of Consumer Policy* 357。

碍。然而，任何对商人和消费者进行区别对待的法律都存在合法性问题。在这个不平等和财政紧缩日益严重的时代，如果普通消费者必须挣扎着经历更长的清偿期或在跨越更多障碍之后才能重新开始，那么促进企业重整和快速重新开始的正当性可能更加难以令人信服。

关于欧洲法律实践的实证研究为数不多，它们常常描绘出有 186
问题的景象，即个人获得专业帮助或免责考察期被长期拖延，以及个人受制于官僚们的任意摆布。[155] 这些研究还表明，[156] 如前所述，许多债务人没有清偿能力。这些债务人包括使用法国个人恢复程序的个人，德国和瑞典大量的零计划债务人，以及在英格兰和威尔士获得债务纾缓令的债务人。这一群体的绝大多数人是租房者而不是房屋所有人。英格兰和威尔士的初步研究表明，这一群体几乎有 2/3 是女性，[157] 其中很多人都是单亲父母。这一群体的大多数人处于失业状态。他们通常不仅拖欠金融机构（包括信用卡发行机构）的债务，还拖欠中央和地方政府债权人及公共事业机构的

---

〔155〕 See e. g. J. Heuer, " Social Inclusion and Exclusion in European Consumer Bankruptcy Systems", (on file with author) and chs 4 and 5 above.

〔156〕 See review in I. Ramsay, " Between Neo-Liberalism and the Social Market: Approaches to Debt Adjustment and Consumer Insolvency in the EU", (2012) 35 (4) *Journal of Consumer Policy* 421 and discussion in ch. 1 section Ⅲ. B.

〔157〕 See Insolvency Service, "DROS—Initial Evaluation Report", (London, Insolvency Service, 2010) 9. 报告指出，这类债务人中，63% 是女性。适用法国个人恢复程序的债务人中，59% 是女性。"Household Over-indebtedness: 2014 Typological Survey", (Paris, Bank of France, 2015) 17，载法兰西银行官网，https://www.banque-france.fr/fileadmin/user_upload/banque_de_france/La_Banque_de_France/Enqu%C3%AAte-typologique-EN.pdf。

债务。[158] 这一群体的免责凸显了社会政策和住房供给政策的重叠，而此等社会政策和住房供给政策又取决于国家福利制度的具体形式，表明欧洲对该群体制定共同规则存在潜在困难。

"居者有其屋"是欧盟一项重要的经济和社会制度，欧盟民众平均房屋拥有率达到70%。[159] 在欧元区危机期间，欧盟出台了一系列解决抵押贷款债务过剩问题的措施，包括暂停止赎拍卖、减免本金、识别有止赎拍卖风险的个人的规程以及抵押贷款利息的国家转移支付。欧洲法院对"阿齐兹案"(Aziz)[160]的判决刺激了西班牙对止赎

---

〔158〕 破产管理署早期的一项调查指出，适用债务纾缓令的债务人主要是"低收入、平均拥有6个债权人的失业者；超过53%的债务的是拖欠银行、住房协会和信用卡公司的"。See Insolvency Service, "DROS—Initial Evaluation Report", (London, Insolvency Service, 2010) 3. 经济衰退以来，更多的非正式数据表明，公共债权人现在可能更重要。See e. g. A. Pardo, J. Lane, P. Lane, and D. Hertzberg, *Citizens Advice: Unsecured and Insecure*? (2015)(作者指出，在过去5年中，主要问题是，拖欠的债务从主流贷款转变为拖欠市政税款、租金和能源消费账单。5年前，信用卡债务是我们主要关注的债务问题，现在，欠缴市政税款已经成为头号问题).

〔159〕 关于这一点，详细论述参见 I. Ramsay, "Two Cheers for Europe: Austerity, Mortgage Foreclosures and Personal Insolvency Policy in the EU" and PG de Cabiedes and MC Gamito, "Country Report Spain" in H-W Micklitz 204 – 212。

〔160〕 See Case C – 415 – 11 Mohamed Aziz v. Caixa d'Estalvas de Catalunya EU: C: 2013:164. For a commentary see H. Micklitz and N. Reich, "The Court and Sleeping Beauty: The Revival of the Unfair Contract Terms Directive(UCTD)", (2014) 51(3) *Common Market Law Review* 771. See the later direct reference by Advocate General Wahl in Case C – 482/12 Peter Macinský, Eva Macinská v. Getfin sro, Financreal sro [2014] OJ C 184/22, para 82: "如果相关程序处理的财产是消费者的住宅，则必须提供专门的保障。不提供这种保障可能会构成一些基本权利层面的问题。事实上，失去家庭住宅是对消费者权利最极端的干预方式之一。出于对住房是《欧盟基本权利宪章》第7条所保障的一项权利的尊重，必须根据该条规定对第93/13号指令进行解释，任何可能面临这种程度的干预风险的债务人，都应该由独立的司法机构审查这种干预措施是否妥当。" See also Rousk v. Sweden App No. 27183/04(ECtHR, 25 October 2013 final)[瑞典对防止税务机关收回和出售财产缺乏有效的程序保障，违反了《保护人权和基本自由公约》(the Convention for the Protection of Human Rights and Fundamental Freedoms)第8条的规定]。

拍卖法的改革,该判决也暗示了保护住宅在人权层面的意义。欧洲 187
破产改革的一个问题是,破产时应在多大程度上保护债务人的住房,才能防止社会排斥,并确保债务人能够重新开始。本书第二章不仅论述了美国住宅豁免在促进创业精神和维护经济稳定方面的重要作用,还讨论了大衰退后《美国联邦破产法》第 13 章强裁条款缺失带来的问题。鉴于欧盟成员国在住宅保护方面存在的差异,解决这些问题对欧盟构成了政治挑战。在许多成员国,住房抵押贷款债务占据了家庭债务的最大比例,同时也是银行贷款组合的重要组成部分。在欧洲议会的压力下,2014 年欧盟《抵押贷款指令》制定了一些关于止赎拍卖的激励措施,欧洲银行管理局可能制定与止赎拍卖相关的原则,为住房抵押贷款的跨境市场设置最低标准。

个人破产欧洲化中的问题主要在于政治层面,而非文化层面。对特定债权人(如公共当局或税收机关)的优惠待遇,反映了政治倾向和利益集团的影响。个人破产的制度结构反映了偶然性和路径依赖的特点。反对该领域加强协调统一的一个主要的理由是,缺乏关于欧洲个人破产制度的大量实证研究,许多国家的个人破产制度相对新颖,需要进一步地学习和掌控个人破产的监管。这种立场并不妨碍制定最低标准和原则。

第八节　结论

2008年经济危机使家庭债务从一国金融体系的边缘问题转变为国际金融体系要面对的问题。但在传统上,个人破产仍被视为受当地文化、社会和政治影响的国家内部事务,没有关于个人破产的权威国际政策规范。IMF和世界银行所力推的叙事版本,强调了一系列实用主义的观点,主张对个人破产采取更自由的免责程序(将经营债务和消费者债务同时涵盖)。这些主张与中央银行关于“道德风险”的担忧直接发生冲突,在某些情况下,由于部分受到金融利益群体的影响,有些国家的政府也不愿承担引入个人破产免责可能带来
188 的政治风险。现在,促进创业精神的叙事版本推动了欧盟的改革,消费者也受益于改革所带来的溢出效应。企业家与消费者之间难以进行严格的区分,为进一步的改革提供了潜在空间。最长3年的免责考察期的概念和无收入无财产债务人可能适用快速免责一起成为一种新兴的欧洲范式。在主流经济叙事中,金融包容的概念是帮助个人重新进入市场,而不是将债务咨询和债务清偿计划视为个人重新融入社会的必要条件的这样一种社会性叙事。

第七章　结论:21 世纪个人破产的未来

本书记录了 21 世纪初美国和 3 个欧洲国家对个人破产制度的关注及制度发展中的叙事,以及关于个人破产的新兴国际叙事。本章就个人破产的作用以及债务豁免的不同考量和当代叙事得出一些结论。本章还将讨论个人破产的作用和目标。

第一节　有影响力的利益集团

金融利益群体通过政治和市场影响公共及私人领域的信贷政策

与个人破产政策。金融机构往往是长期重复的政策制定参与者。[1]它们可以通过影响正式立法、在政策制定共同体内进行非正式沟通以及寻求有利的判例来影响规则的制定。[2] 在大多数个人破产案件中,它们作为重要的债权人影响法律实践,在某些情况下削弱了诸如重新开始这样的主张政策。美国的金融公司1978年[3]以前的实践和英格兰银行业在20世纪90年代中期[4]关于个人自愿安排的实践,都是它们影响现行法律实施的实例。在瑞典,银行业的寡头垄断性质使它们对重整制度改革有重要的否决权。在法国,金融界不仅在一定程度上通过财政部发挥作用,而且过度负债委员会中也有他们的代表,他们紧盯着委员会的运行。[5]

190 金融资本不仅是另一个利益集团。查尔斯·林德布鲁姆(Charles Lindblom)曾提到过"商业的特权地位"。[6] 他的意思是,企业不需要持续不断地公开宣扬自己的观点,因为政府能敏锐地意识到经济成功以及选举成功对商业的依赖程度。政府不赞成对企业

---

〔1〕 M. Galanter, "Why the 'Haves' Come out Ahead: Speculations on the Limits of Legal Change", (1974) 9 *Law & Society Review* 95.

〔2〕 M. Galanter "Why the 'Haves' Come out Ahead: Speculations on the Limits of Legal Change", (1974) 9 *Law & Society Review* 100.

〔3〕 参见本书第二章第三节,原著第42页。

〔4〕 参见本书第三章,原著第68页。

〔5〕 参见本书第四章第五节,注释92,原著第124页。

〔6〕 See C. Lindblom, *Politics and Markets: The World's Political-Economic Systems* (New York, Basic Books, 1977).

进行猛烈的批评,因此,传统观念更倾向强化商业的特权地位。[7]林德布鲁姆的结论在金融资本的情景下也可以适用。各国政府担心个人债务减免可能对金融和银行资本的获得产生潜在影响,尤其是在经济衰退时期,支持银行资本重组比家庭债务减免更重要。在美国、英格兰和瑞典,人们往往不断强调,个人破产的自由化会导致信贷愈加难以获得。无论这种说法的实证合理性如何(其实际效应往往被夸大,如"400 美元的破产税"),它都会对决策产生重大影响,尽管自 2008 年大衰退以来,许多国家的金融业都受到了持续性的批评。

引入"无收入、无财产程序"是可以接受的,因为该程序对信贷发放的影响被认为是最小的,尽管在这种情形下仍然需要防范道德风险的控制措施。如果个人破产会导致信贷获得机会的减少,那么那些依赖持续贷款的广大消费者不太可能支持个人破产的自由化,并很有可能会宣称:他们不应该为其他消费者的"不负责任"埋单。因此,政治家们很难决定是否引进准入宽松的破产程序,因为这种宽松的破产程序没有对程序准入的重大限制和对不负责任债务人的控制予以保障。但是,施加的这些控制又经常使许多人无法利用破产程序,导致程序的适用率较低,所以,为了破产程序更容易适用,又要常常对相关立法进

---

〔7〕 沃尔夫冈斯·特雷克(Wolfgang Streeck)认为,国际金融资本和债券市场是一个特殊的政治选区。他指出,作为现代国家的第二种"选民",债券持有人的重要性得到了提升。W. Streeck, *Buying Time: The Delayed Crisis of Democratic Capitalism*, (London, Verso Books, 2014) 79.

行修改。[8] 这一过程表明，金融利益群体并不总是无所不能的，为了保持正当性与合法性，政府必须对立法最初的负面效应作出反应。这使法律随着时间的推移逐步确立。

政府部门是欧洲国家重要的“左膀右臂”。例如，英国、法国和瑞典的司法部都希望降低法院系统运行的公共成本。他们担心，法院会因为处理主要是行政性而非法律性的小额债务案件而负担过重，认为在这种
191 情况下应该鼓励个人和解。法官们也支持这种立场，有时会对“小案件”表现出缺乏兴趣。然而，在财政紧缩的时期，各国都不愿意在债务免除的管理方面投入大量的公共资源。英国利用管控公共和私人的“过度负债产业”来解决这一问题。英国行政性的债务纾缓令试图降低债务解决过程中所有参与者的成本。法国越来越多地将法兰西银行的工作转移给社会机构。在最近发布的赫德伯格报告中，瑞典认识到，为债务人提供充分的支持是一项挑战。但美国是一个例外，专门的破产司法机构和律师抵制单独的行政程序或至少不受司法机构监督的行政程序。

个人债务人或破产人很少形成自己的利益集团，因此，他们不直接参与政策制定过程。因此，他们的利益通常由其他群体代表，如一般的消费者团体、政府机构或中介机构。在最后一类中，美国律师和法官在描述债务人和债务人利益时扮演的角色，对美国破产法的塑

---

〔8〕 此事发生在2014年的波兰，该国修改了2009年的法律，废除了将不可抗力要求作为程序适用条件的规定。为了改变个人破产程序适用率较低的情况，爱尔兰于2015年修改了2002年的法律。这与法国之前的修法历程相似。参见本书第四章第三节，原著第108页。

造产生了重要影响。尽管这些群体可能会同情过度负债的债务人,但他们提出的政策方案却在一定程度上反映出他们自己的意识形态或金钱利益。因此,债务咨询顾问可能会将更多的咨询视为债务人的解决方案;有的人则认为,个人不应在没有改变其行为模式的情况下,就能简单地"逃离"债务。在 20 世纪 70 年代,由律师主导的美国破产委员会认为,修订后的《美国联邦破产法》第 13 章是大多数债务人的最佳解决方案。破产的个人也可能受益于针对其他群体(如破产企业)的政策带来的间接效应或溢出效应。

第二节　个人破产的当代叙事

个人破产被界定为以放弃非豁免财产为代价换取债务的快速免除,欧洲的个人破产作为对过度负债问题的一般救济方式,越来越成为一种不鼓励的政治选择。债务的立即免除只适用于那些无明显收入、无财产且债务规模有限、值得救助的穷人。[9] 爱尔兰[10]、英格兰

〔9〕 罗纳德·曼(Ronald Mann)提出了一个有用的观点,即"无收入无财产"这个描述用词不当。这种程序救济针对的是总体负债有限的穷人,而不是为那些在申请程序救济时没有收入的人群设计的。See R. Mann, "Making Sense of Nation-Level Bankruptcy Filing Rates" in J. Niemi, I. Ramsay, and W. Whitford (eds.), *Consumer Credit, Debt and Bankruptcy*, (Oxford, Hart Publishing, 2009) 243.

〔10〕 See Personal Insolvency Act 2012.

和苏格兰最近的改革都显著地呈现这种趋势。[11] 它们的政策倾向
192 将通常历时 5 年的清偿计划作为主要的救济程序。本书第三章和第四章中图 3.1 和图 4.3 分别显示了英格兰和法国的这种趋势。法国为陷入“无可挽回的困境”的债务人提供了完善的救济，他们往往符合低收入、低财产债务人的特征。其他国家并未正式承认这一类型。没有清偿能力的债务人虽然可以制订零清偿计划，但他们必须等待 5 年（瑞典）或 6 年（德国）后才能免责。英格兰和威尔士确实在理论上提供了一种相对迅速的破产免责作为普遍的救济，但是，有影响力的叙事版本都将它视为最后的救济措施，几乎没有利益群体支持将破产作为一般救济程序，专业中介机构对推动破产成为一般救济程序没有多少兴趣。欧洲相关国际机构的工作强化了对“直接破产”作为一般救济方式的压制，这些机构倡导推行修订后的德国个人破产模式，辅之以最近才明确的“无收入无财产程序”。《美国联邦破产法》第 7 章的直接破产免责依然是过度负债者的重要救济途径，但即便如此，该程序（在全世界）仍然是一种例外情况。

关于创业精神的国际主流话语提倡尽快免责以激励冒险精神，可能惠及那些没有区分商人和非商人的国家的消费者。欧盟指令规定企业家 3 年免责考察期的标准可能惠及消费者。然而，区别商人和非商人的历史阴影仍然继续影响很多国家的改革，例如，在瑞典、

[11] See Bankruptcy and Insolvency Scotland Reform Act 2014.

法国和西班牙,最初只有“企业家”才可以适用更宽松的破产规则。

欧洲个人破产法改革不仅反映了理念的影响,而且反映了一种务实的“摸索前进”,在这个过程中,各国(地区)借鉴和移植其他国家(地区)的制度,调整现有的法律。[12] 瑞典借鉴丹麦和英格兰的制度,英格兰则借鉴新西兰的制度制定了债务纾缓令。各国(地区)很少简单、直接地采用外国的模式,因为即便是在苏格兰、英格兰和威尔士这样紧密联系的法域之间,也会出现重大差异。法国 1989 年的试验性法案,以及让法兰西银行担任管理者的独特思路,创设了一种消费者破产的新制度。在随后的 2003 年改革中,法国的改革者参考了很多域外经验,将个人破产法植入法国“民事破产”(faillite civile)这一形式中,虽然没有沿用“民事破产”这个概念。因此,不同国家处理类似问题的方式中蕴含的偶然性可能会产生长期影响,如法国独特的债务减免制度结构。

当代欧洲和美国对个人破产的叙事没有根本上的区别。二者均
强调,在重新开始与个人责任之间寻求平衡,确保个人重新进入市 193
场,但也表现出对道德风险的担忧,主张应当维持“能够清偿则应当清偿”的理念,但同时承认:无清偿能力或者无明显财产的债务人需要获得相对迅速的免责。

---

〔12〕 Reminiscent of Alan Watson's original thesis in *Legal Transplants: An Approach to Comparative Law* (Edinburgh, Edinburgh University Press, 1974).

第三节 个人破产改革中的专家政治与民主政治

个人破产法改革既提出了专业性的法律问题，也提出了重大的经济和社会问题。分配问题常常隐藏于技术细节之中。因此，改革过程的结构十分重要。授权和委托相关利益群体制定改革议程和政策，可以利用破产业内人士的知识和经验。这类委员会或者协商会议能够达成一些共识，节省时间去审议那些更具有争议的问题。许多个人破产的政策制定都采取了这种“沉默政治”的形式，[13]允许破产业内人士对那些政治重要性较低的政策制定产生实质性影响。把“沉默政治”运用到破产法中不一定是进步的，但也不一定是倒退的。在1978年之前，美国的破产政策一直由破产业内人士主导，采取的是“温和的倾向债务人”的立场。后来，破产政策向更具有公共性、党派性的方向转变，导致2005年不太利于债务人的美国《破产滥用预防及消费者保护法》的出台。[14] 在英格兰和威尔士，个人自愿安排

〔13〕 P. Culpepper, *Quiet Politics and Business Power: Corporate Control in Europe and Japan* (Cambridge, Cambridge University Press, 2011).

〔14〕 美国的法律学者普遍对破产政策自20世纪70年代以来的“政治化”深表遗憾——当时，以精英律师和学者为代表的专家们屈从于被游说和金钱操纵了的利益集团政治。美国2005年《破产滥用防止及消费者保护法》受到的普遍批评是，不仅国会的立法程序被债权人的利益群体所俘获，政客和利益集团的操控带来了起草得非常糟糕，有时甚至是不可理喻的立法。

委员会的组成及偏好使政策朝向更有利于债权人的方向发展。这种对破产业内人士的赋权也可能导致政策陷入僵局或达至平衡。政府为打破僵局而进行干预的成本应该很高。像经济大衰退这样的危机或信用卡债务引起的道德恐慌可能会使公众对改革施加压力,但随着最初的公共关注逐渐减弱,破产业内人士能够对政策执行的所有重要细节施加影响,因此,激进变革的机会可能难以维持。“业外人士”有时也可能带来戏剧化的变革。在法国,政治家让·波尔洛推动了法国债务整理法转变为破产制度。但是,由于过度负债行业和金融机构的影响,即便是更广泛的公共目标引发的、看似具有决定性意义的变革,也不会有太显著的长期影响,如 2002 年英格兰破产免责 194
的自由化改革。

虽然“有证据支持的政策”这一概念已经颇具影响力,但在美国之外,关于个人破产法的影响和效应的系统性实证证据仍不多见。实证数据之所以非常重要,是因为它们可以质疑那些由参与破产制度的业内人士或专业人士推动的影响力叙事,它们的缺失经常意味着个人破产法改革是在偶然的智识下进行的,并产生了意想不到的后果。即使是美国《1978 年破产改革法》这样的系统性改革,也缺乏对改革的核心内容(修订和扩展后的第 13 章)带来影响的系统性认识。从科克[15]开始,英格兰破产法改革很少建立在个人破产制度运

---

〔15〕 参见本书第三章,原著第 68 页。

行的系统性经验知识的基础上，现行制度反映了偶然性与政府部门、金融机构以及中介机构的影响的混合作用；当破产政策与更广泛的经济目标相关联时（例如，美国《2002 年企业法》与创业精神相联系），偶尔也会遇到来自外部的干预。

第四节　个人破产的局限

个人破产法的主要目标是与债务减免相关联的“重新开始”。《世界银行自然人破产处理报告》确定了个人破产和破产免责的诸多目标：脱离困境，提高生产力，促进创业精神，减少社区、医疗和家庭成本的外部性因素，鼓励负责任的贷款，以及确保更准确地会计实践。该报告还提倡了防止金融排斥和社会排斥的基本理念。

一个根本性的问题是，在实践中，个人破产制度是否真的实现了上述目标？令人惊讶的是，关于个人破产纵向效应的研究少之又少。美国一些研究表明，很多人并没有实现“重新开始”，破产家庭很可能再次遭遇财务困难，并继续使用昂贵的信贷渠道，如发薪日贷款。凯瑟琳·波特（Katherine Porter）和德博拉·索恩（Deborah Thorne）发现，在破产一年后，25%的债务人难以负担日常开销，33%的债务人的财务状况与申请破产时相差无几。[16] 由此可见,破产制度仅为1/3的债务人提供了有效援助,破产在整体上无法提供有效的救济。波特还总结道,《美国联邦破产法》第 13 章往往不能保护房屋所有人 195
免予止赎拍卖。[17] 韩宋(Song Han)和李庚(Geng Li)总结道:“破产家庭更有可能再次遭遇财务上的困难,积累更少的财富,也更可能使用发薪日贷款这样昂贵的信贷渠道。此外,财务困难在破产申请后的 10 多年里依然存在。”[18] 这种不甚乐观的观点与最近的一项研究[19] 结论截然相反,该研究分析了那些在 1992 ~ 2005 年申请第 13 章破产的债务人随后的收入、死亡率和房屋止赎拍卖的经历。该研究的作者通过随机调查[20] 发现,在破产申请后前 5 年中,和被驳回破产保护申请的债务人相比,被批准破产债务人的财务状况明显更

---

〔16〕“我们发现,仅在破产后的 1 年,1/4 的债务人连维持日常开销都很吃力,1/3 的债务人报告的总体财务状况与他们申请破产时相似或者更糟。对这些数据的分析表明,稳定和充足的收入是实现破产后财务健康的关键。导致家庭收入下降的因素,如失业、就业不足、疾病、受伤以及衰老等,摧毁了债务人获得经济复苏的机会。这些数据揭示了破产作为社会安全网的局限性,并强调了美国家庭经济状况的脆弱。我们据此推断:破产并不是能完全帮助那些陷入经济困境的人复苏的工具。”K. Porter and D. Thorne,“The failure of Bankruptcy's Fresh Start”,(2006)92(1)*Cornell Law Review*.

〔17〕 See K. Porter,“The Pretend Solution:An Empirical Study of Bankruptcy”,(2011) 90 *Texas Law Review* 104.

〔18〕 See S. Han and W. Li,“Household Borrowing after Personal Bankruptcy”,(2011) 43 *Journal of Money Credit and Banking* 491,514.

〔19〕 W. Dobbie and J. Song,“Debt Relief and Debtor Outcomes:Measuring the Effects of Consumer Bankruptcy Protection”,(2015)105(3) *American Economic Review* 1272.

〔20〕 破产申请是随机分配给法官的,而法官们批准进行破产保护的概率各不相同。因此,作者能够观察那些处于边缘地带,可能被随机批准也可能被随机拒绝的个体。

好。他们在5年内的死亡率和房屋止赎拍卖率都明显更低。两组债务人之间的差异表现在:没有获得破产保护的债务人状况显著恶化,这意味着破产缓解了破产前的财务低迷对个人的影响。由于破产能保护债务人的工资免受扣押,[21]并有利于维护个人经济稳定,[22]个人就没有太强的动机转入地下行业或流动到其他州以避免工资被扣押,因此,破产保护能够激励个人重返工作。通过冻结强制执行,债务人的房屋不会立即止赎拍卖,这增强了经济稳定性。

这些发现引起了欧洲政策制定者的兴趣,因为这项研究涉及《美国联邦破产法》第13章、清偿的选择,以及欧洲国家的主导理念。在美国颁布2005年《破产滥用防止及消费者保护法》之前,第13章程序债务人的清偿期通常是3年而不是5年。欧洲个人破产体系中普遍较长的清偿期以及对住宅保护的缺乏,可能不会像《美国联邦破产法》第13章那样给债务人带来较宽泛的利益。

欧洲为数不多的研究表明,相当一部分人在债务整理后仍面临
196 债务问题。[23] 在英格兰,关于债务纾缓令的研究表明,它确实提供

〔21〕 作者通过分析各州不同的工资扣押法的效力验证了这一点。

〔22〕 通过分析个人在同一行业工作的概率,以及个人在选定的基准郡工作的概率进行检验。

〔23〕 See e. g. the study by R. Ahlström, S. Edström and M. Savemark, "Is Debt Relief Rehabilitative? An Evaluation of Debt Relieved Persons' Health, Life Quality and Personal Finances Three Years after Conducted Debt Relief", 2014: 15 (Stockholm, The Swedish Consumer Agency, 2014) and studies in Finland cited by T. Linna, "Consumer Insolvency: The Linkage Between the Fresh Start, Collective Proceedings, and the Access to Debt Adjustment", (2015) 38 *Journal of Consumer Policy* 357, 371 – 372.

了显著的短期效益,但人们对它的长期影响仍知之甚少。这些研究均说明,在解决与失业和低收入有关的结构性问题,以及免责与住房和福利政策之间的相互作用方面,有必要对破产可以实现的目标维度作进一步研究。

前述研究通常将个人破产界定为社会安全网的一部分。个人破产可能只是填补福利制度漏洞的次优解决方案,但其确实发挥了作用。然而,苏珊娜·斯韦登伯格认为,破产是新自由主义治理中社会控制的一种规训机制,它使责任个人化,中和了集体对债务的反应并化解了政治冲突。[24] 斯韦登伯格还认为,资本正越来越多地通过信贷系统剥削工人,这种二次剥削形式虽然以高成本的信贷取代了停滞不涨的工资,但仍未解决利润和生产率持续下降的老问题。正如"工作福利制"将劳动力市场秩序强加于失业者一样,"债务福利制"也是将高成本的信贷市场规制强加于穷人。这种针对穷人的"债务福利制"是新自由主义国家[25]的组成部分,它在新自由主义国家的发展中发挥了强制性与合法化的作用。因此,通过"信贷民主化"、"消费者保护"和"金融包容"这些言辞,向穷人扩张信贷已经常态化。破产法必须通过规制债务人和破产制度的合法化来调和制度体

〔24〕 S. Soederberg, *Debtfare States and the Poverty Industry—Money, discipline and the surplus population* (Abingdon, Routledge, 2014).

〔25〕 斯韦登伯格将货币主义、企业福利主义和工作福利主义视为新自由主义国家的其他组成部分,参见 S. Soederberg, *Debtfare States and the Poverty Industry—Money, Discipline and the Surplus Population*, (Abingdon, Routledge, 2014) 52 – 65。

系内在的矛盾。因此,个人应当通过参与破产程序成为负责任的主体,获得成为负责任的信贷用户的二次机会。斯韦登伯格应用的例子是美国破产法,她从前述批判的视角审视了美国个人破产制度自1978年以来的发展,认为美国2005年《破产滥用防止及消费者保护法》通过“冒犯性和羞辱性的收入测试”,取消了债务人在第7章程序和第13章程序之间进行选择的权利;通过债务咨询的规范机制,使“个人失败导致个人破产”的观点合法化,从而使得该法成为债务福利制国家的“组成部分”。[26]

斯韦登伯格没有提供系统的实证数据以支撑其关于个人破产法作用的观点,她对美国破产人群的描述与沙利文、沃伦以及韦斯特布鲁克的实证研究结果不一致。沙利文等人将破产刻画为一种可能影响广泛民众的中产阶级现象。[27] 然而,个人所遭遇的破产是不是一种规制和“羞辱性”的经历,仍是一个待研究的重要问题。污名化一
197 直是破产的一个方面,[28]但关于2005年美国破产法改革(如关于强

〔26〕 S. Soederberg, *Debtfare States and the Poverty Industry—Money, Discipline and the Surplus Population*, (Abingdon, Routledge, 2014) 86 – 90.

〔27〕 T. Sullivan, E. Warren, and J. L. Westbrook, *As We Forgive Our Debtors: Bankruptcy and ConsumerCredit in America* (New York, Oxford University Press, 1989); T. A. Sullivan, E. Warren, and J. L. Westbrook, *The Fragile Middle Class: Americans in Debt* (New Haven, Yale University Press, 2000).

〔28〕 For a very useful recent review, see P. Ali, L. O. ’ Brien, and I. M. Ramsay, “Short of a Few Quid: Bankruptcy Stigma in Contemporary Australia”, (2015) 38 (4) *New South Wales Law Journal* 1575.

制性债务咨询）为数不多的研究表明，债务咨询对债务人几乎没有影响，很多债务人认为咨询只是在浪费时间，或者是因为他们的破产是由外部事件造成的，或者是因为咨询提供的信息没有帮助。[29] 这种现象虽然并未否认咨询的潜在象征意义，但确实表明，人们并不一定认同新自由主义的观点——个人失败导致个人破产。

然而，斯韦登伯格强调，应当慎重考虑以下问题：个人破产作为“安全网”的潜在作用，它是否将集体问题个人化，能否化解政治冲突以及是否要求对债务问题作出更多的集体回应。在西班牙，陷入抵押贷款的债务人无法通过破产摆脱困境，触发了一场政治运动。成立于 2009 年的抵押贷款受害者平台（Plataforma de Afectados por la Hipoteca），受此影响而设立的平台动员民众推动立法改革，很多公众示威活动都是在止赎拍卖带来巨大痛苦的背景下发生的。

斯韦登伯格还强调了个人破产法的社会控制功能，这在可能导致非法律制裁方面（如不良信用评分）往往是最重要的。信用评级和征信报告日益成为一种分类和规制措施，个人对于破产的主要顾虑就是它对信用评级的影响。[30] 信用档案上的个人破产记录可能对个人生活产生重大影响。斯韦登伯格的分析还指出，对于许多“过剩人口”来说，重新开始可能仅仅意味着重新进入高成本和严重剥削的

---

〔29〕 M. D. Sousa，“Just Punch My Bankruptcy Ticket：A Qualitative Study of Mandatory Debtor Financial Education”，（2013）97 *Marquette Law Review* 391.

〔30〕 破产记录可能在美国的信用记录中保留 10 年，英国则是 6 年。

信贷市场，而这被委婉地被描述为金融包容。

法律程序可能粗略地划分为“对人进行处理”的程序（如刑事程序）和为个人提供资源并赋予个人权利的程序（如设立小额索偿法院）。个人破产法打破了这种二分法，会导致一部试图平衡这些目标的复杂法律的产生。

新自由主义的兴起使之成为一种主导性的世界理念和治理方法，紧随其后的是个人破产法在欧洲和其他地区的兴起。经济体内部家庭信贷和债务的增加以及许多国家不平等的加剧，是新自由主义的两个突出问题。由于富人收入中储蓄部分超过了支出部分，所以，经济增长依赖的是中低收入者通过信贷资金而增加的支出。但这种经济模式可能会导致持续的经济危机和债务累积。因此，某种形式的个人破产法是这种经济模式中不可或缺的组成部分。笔者认
198 为，个人破产法的形式特征部分取决于利益集团的作用、偶然性和利益集团成功推广个人破产方案中数量有限的某种工具的能力。即使个别金融机构认为自由的破产免责不符合其短期利益，但它仍然是维持债务经济的方法之一。一个更具有挑战性的问题是：经济中是否存在过多的家庭信贷？[31]

---

[31] See e. g. A. Turner, *Between Debt and the Devil: Money, Credit and Fixing Global Finance* (Princeton, Princeton University Press, 2016).

附　录

术语表

图书在版编目(CIP)数据

21世纪个人破产法：美国和欧洲比较研究 /（英）伊恩·拉姆齐（Iain Ramsay）著；刘静译. -- 北京：法律出版社，2021

（推开个人破产之门丛书）

书名原文：PERSONAL INSOLVENCY IN THE 21ST CENTURY：A Comparative Analysis of the US and Europe

ISBN 978-7-5197-5584-3

Ⅰ. ①2… Ⅱ. ①伊… ②刘… Ⅲ. ①破产法－对比研究－美国、欧洲 Ⅳ. ①D912.290.4

中国版本图书馆CIP数据核字(2021)第082016号

著作权合同登记号
图字:01-2020-2670

出版发行	法律出版社	**开本**	A5
编辑统筹	法治与经济出版分社	**印张**	12.375
策划编辑	沈小英　陈　妮	**字数**	256千
责任编辑	陈　妮　毛镜澄	**版本**	2021年8月第1版
装帧设计	马　帅	**印次**	2021年8月第1次印刷
责任校对	杨锦华　王沁陶	**印刷**	中煤(北京)印务有限公司
责任印制	吕亚莉	**经销**	新华书店

地址:北京市丰台区莲花池西里7号(100073)
网址:www.lawpress.com.cn　　销售电话:010-83938349
投稿邮箱:info@lawpress.com.cn　　客服电话:010-83938350
举报盗版邮箱:jbwq@lawpress.com.cn　　咨询电话:010-63939796
版权所有·侵权必究

书号:ISBN 978-7-5197-5584-3　　**定价**:86.00元
凡购买本社图书,如有印装错误,我社负责退换。电话:010-83938349